Gerhard Regenthal

Imagekonzepte

Positionierung, Präsentation
und Profilierung der Schule im Wettbewerb

Handlungsfeld: Öffentlichkeitsarbeit & Kooperationen

Gerhard Regenthal

Imagekonzepte

Positionierung, Präsentation und Profilierung der Schule im Wettbewerb

Carl Link 2015

Bibliografische Information der Deutschen Nationalbibliothek
Die Deutsche Nationalbibliothek verzeichnet diese Publikation in der Deutschen Nationalbibliografie; detaillierte bibliografische Daten sind im Internet über http://dnb.d-nb.de abrufbar.

ISBN 978-3-556-06921-9

www.wolterskluwer.de
www.schulverwaltung.de

Umschlagkonzeption: Martina Busch, Grafikdesign, Homburg-Kirrberg
Titelbild: © fotomek - Fotolia.com
Satz: Innodata, Noida, Indien
Druck: Williams Lea & Tag GmbH, München

∞ Gedruckt auf säurefreiem, alterungsbeständigem und chlorfreiem Papier

Inhaltsverzeichnis

Vorwort: Worum geht es?

Imagebildung – Luxus oder Notwendigkeit?

Öffentlichkeitsarbeit in Schulen wird meist nur aktionistisch, nicht aufeinander abgestimmt, verzettelnd und ohne echte Profilschärfung betrieben. Ganz nach dem Motto: „Wir müssen mal wieder in die Zeitung!“ Die Öffentlichkeitsarbeit der Schulen ist meist mehr isoliert und anlassorientiert – mehr auf den aktuellen Bedarf ausgerichtet. Die Wirkungen, die damit erzielt werden, sind eher zufällig, nicht aufeinander abgestimmt und zum Großteil behindern sie sich gegenseitig oder heben sich manchmal sogar auf – das Schulprofil diffundiert...

Die zentrale Frage heißt: Warum brauchen wir überhaupt Öffentlichkeitsarbeit?

„Warum brauchen wir überhaupt Öffentlichkeitsarbeit für unsere Schule und was bringt uns das? Wenn das wirklich notwendig ist, warum müssen wir da mitmachen? Wir können so etwas nicht – das müssen besser Fachleute machen! Und wenn die, die Zeit und Lust dazu haben und das machen wollen, können sie das ja gern machen, aber wir nicht! Wir machen lieber guten Unterricht!“

Ohne die Klärung des „Warums“ gibt es keine Öffentlichkeitsarbeit...

Professionelle Öffentlichkeitsarbeit ist eine gemeinsame Aufgabe für die ganze Schule!

Gefragt ist also eine professionelle Öffentlichkeitsarbeit, die wirklich Profil bildend ist und die Angebote und Leistungen der Schule im rechten Licht darstellt. Sie muss zielgerichtet sein, aufeinander abgestimmt und vernetzt, in das Schulkonzept konzeptionell eingebunden sein, nach innen und außen wirken und letztlich durch einen gemeinsamen Schulentwicklungsprozess von der Mehrheit getragen werden, damit sie nicht nur image- sondern auch identitätsbildend ist und nachhaltig durch eine begleitende Qualitätssicherung konsequent umgesetzt wird. Ein gutes Image baut auf eine gute Identität auf. Eine zukunftsorientierte und ganzheitliche Öffentlichkeitsarbeit verbindet innere und äußere Wirkungen und Prozesse miteinander, die sich gegenseitig ergänzen und Synergieeffekte schaffen.

Was ist eigentlich Öffentlichkeitsarbeit für Schulen?

Starten Sie zunächst mit einem Selbsttest! Gehen Sie mit mir Schritt für Schritt die folgenden Fragen durch und entscheiden Sie sich spontan bei den Antworten. Klären Sie so für sich, was alles als „Öffentlichkeitsarbeit" angesehen wird und was das dann für Sie eigentlich schlussfolgernd bedeutet (vgl. dazu Abb. 1).

A) Machen Sie Öffentlichkeitsarbeit für Ihre Schule?

☐ Nein, das ist für uns überflüssig – wir brauchen das nicht!

Dann machen Sie unbewusste Öffentlichkeitsarbeit, denn alles hat eine Wirkung. Die Außenwirkung ist Ihnen egal – Sie wollen sie nicht selbst gestalten…

☐ Ja, das machen wir – natürlich!

Dann machen Sie eine bewusste Öffentlichkeitsarbeit und wollen Ihre Außenwirkung verantwortlich selbst mit gestalten und nicht dem Zufall überlassen…

B) Wenn Sie bewusst Öffentlichkeitsarbeit gestalten, machen Sie dann eigentlich mehr

☐ eine **informierende Öffentlichkeitsarbeit**?
Sie geben alle Informationen intern und extern über die Verteiler und die Medien bekannt (wann was an Ihrer Schule läuft) und laden entsprechend dazu ein.

Sie verstehen Öffentlichkeitsarbeit hauptsächlich als eine reine Information und Kommunikation des schulischen Angebotes – es geht mehr um den Inhaltsaspekt („Was tun wir alles?") – das „Was" steht im Vordergrund. („Reklame")

☐ eine **werbende Öffentlichkeitsarbeit**?
Sie machen sich mehr Gedanken um die Wirkungen Ihrer Öffentlichkeitsarbeit und welches Ansehen Sie bei den einzelnen Zielgruppen erreichen wollen: ***Wir wollen ein gutes Ansehen und ein gutes Image – es geht mehr um den Selbstoffenbarungs- und den Beziehungsaspekt („Wie wollen wir von außen gesehen werden? Wie wollen wir auf andere wirken? Welches Bild wollen wir von unserer Schule***

vermitteln?") – das „Wie" steht im Vordergrund. **(„Werbung")** Das kann nur durch eine über den Inhaltsaspekt hinausgehende Strategie gehen, die die Schule auch entsprechend in einem guten **Erscheinungsbild mit seinen Facetten,** mit ihren Wirkungen und mit einem **einheitlichen Erscheinungsbild (Corporate Design)** gezielt präsentiert.

- ☐ oder eine **handlungsorientierte Öffentlichkeitsarbeit**?
  Sie machen sich über die Wirkungen hinaus noch gezielter Gedanken um das, was die Angesprochenen dann tun sollten: ***Welche Emotionen, Ausstrahlungen und mögliche Verhaltensweisen wollen wir mit der Präsentation unserer Schule vermitteln? „Was wollen wir tun und dass andere tun? Was wünschen wir uns, dass die anderen tun? Wie sollen sie sich verhalten, was sollen sie machen? Was wollen wir bei den unterschiedlichen Zielgruppen konkret erreichen?" Es geht mehr um den Appell- und den Beziehungsaspekt – das Verhalten „Was tun? und die Beziehung „Wie stehen die zu uns" steht im Mittelpunkt.*** **Was sollen unsere Eltern und Schüler, andere Schulen und Organisationen, Unternehmen und Verbände uns sehen und von uns denken und wie mit uns zusammen arbeiten?** Sollen sie uns als „die Besten und Innovativsten" ansehen, als „qualifizierte Pädagogen" oder als „gute Ansprech- und Kooperationspartner (= **„Markenbildung"**) und deswegen sich für uns einsetzen!?

Mit den „sieben W" für eine erfolgreiche Öffentlichkeitsarbeit können Sie über die reine Information die ***Meinungsbeeinflussung und Verhaltensveränderung*** besser angehen. Öffentlichkeitsarbeit ist eben viel mehr als nur die Öffnung der Schule nach außen – sie hat sehr unterschiedliche Zielgruppen und so auch ganz unterschiedliche zielorientierte Ansätze:

- *Wer?*
- *Wann?*
- *Was?*
- *Wo?*
- *Warum?*
- *Wie?*
- *Wozu?*

Entscheidend dabei ist, dass Sie es durch Ihre gute schulische Arbeit und durch Ihre Öffentlichkeitsarbeit erreichen, dass sich möglichst viele für Ihre Schule engagieren, motiviert mit Ihnen zusammen arbeiten und sich mit Ihrer Schule identifizieren. Es geht um das konkrete Verhalten, das Engagement, die Mitarbeit und die Kooperation, die auf der Identifikation und das Vertrauen eine feste Bindung aufbauen und damit ein nachhaltiges profiliertes Image für Ihre Schule.

Gefordert ist letztlich eine strategische Öffentlichkeitsarbeit.

Zur Vorgehensweise einer strategischen Öffentlichkeitsarbeit

Der weitestgehende, professionellste und wirksamste Ansatz für Öffentlichkeitsarbeit ist der *strategische Ansatz*, der alle anderen integriert und durch seine klare Ausrichtung und Absicht für die Handlungsorientierung die besten Erfolge erzielt. Alle anderen Ansätze sind in ihrer Wirksamkeit beschränkt und zu isoliert. Die sinnvollen und notwendigen Synergieeffekte einer Öffentlichkeitsarbeit kommen nur durch den ganzheitlichen Ansatz zum Tragen. Wenn Sie also anfangen, für Ihre Schule bewusst Öffentlichkeitsarbeit zu machen, sollten Sie sich über die unterschiedlichen Ansätze klar werden, aber natürlich nicht gleich alles auf einmal versuchen. Gehen Sie Schritt für Schritt vor. Gehen Sie mit einer terminlich festgelegten Strategie voran, die als erstes die Grundlagen festlegt; aber auch mit terminlichen Perspektiven für die weiteren Ausbauschritte – zumindest als minimale Basis, die man ja später weiter ausbauen kann.

Öffentlichkeitsarbeit ist viel mehr als nur reine Kommunikation. Professionelle und zukunftsorientierte Öffentlichkeitsarbeit muss über den informierenden Aspekt, besonders den *handlungsorientierten Aspekt (der Verhaltensveränderung, der Meinungsbeeinflussung und des Vertrauensschaffens)* berücksichtigen – die *Markenbildung* beachten und die gewollten Wirkungen einheitlich gestalten (Corporate Design, Corporate Communication, Corporate Behavior) – sowie auch den verhaltensverändernden Aspekt – das *Schulmarketing zur besonderen Profilbildung und Alleinstellung.*

Erst durch die Vernetzung der drei vorhergehenden Aspekte wird Ihre Öffentlichkeitsarbeit wirklich wirkungsvoll und erfolgreich sein. Eine nicht gezielte und strategische Öffentlichkeitsarbeit bleibt zu diffus und damit zu ineffektiv. Formulieren Sie für Ihre Öffentlichkeitsarbeit ganz klare Ziele und richten Sie dann entsprechend der Zielsetzungen und der davon angeleiteten Richtlinien alle Maßnahmen nach innen und außen darauf aus. Eine strategische Öffentlichkeitsarbeit ist somit zielorientiert, vernetzt, nach innen und außen gerichtet und damit professionell und erfolgreich, weil Sie alles miteinander konzeptionell verbindet. Wenn Sie nur isolierte Teilbereiche der Öffentlichkeitsarbeit angehen, wird durch diesen Aktionismus die Gesamtwirkung zerstört. Was wollen Sie wirklich erreichen? Sie müssen sich entscheiden – gute Öffentlichkeitsarbeit kann man nur ganzheitlich machen! Wenn Sie nur einzelne Ansätze angehen, müssen Sie sich darüber klar sein, welche Wirkungen Sie damit nur erreichen können und ob Ihnen die auch wirklich ausreichen. Je mehr Sie erreichen wollen, desto gezielter und mehr müssen Sie tun. Sie müssen entscheiden, was Ihnen ausreicht und was Ihnen wichtig ist. *In welcher Liga wollen Sie sein?*

Es ist effektiver, effizienter, erfolgreicher und einfacher, wenn Sie Ihre Ziele für sich ganz deutlich formulieren und dann kommunizieren – letztlich ist das auch viel glaubwürdiger und damit nachhaltiger...

Die verschiedenen Ansätze und Ebenen von Öffentlichkeitsarbeit für Schulen

Ansätze von Öffentlichkeitsarbeit	Leitfragen/ Aspekte	Absichten/ Zielsetzung	Wirtschaftl. Begriffe	Teilbereiche Teilaspekte
1. Informierende Öffentlichkeitsarbeit	**Was tun wir alles?** (Inhalts-Aspekt)	**Bekanntheit** Ziele (vgl. Checkliste I, Abb. 19)	Reklame	**Informationen** Kommunikation
2. Werbende Öffentlichkeitsarbeit	**Wie wollen wir von außen gesehen werden?** (Selbstoffenbarungs- und Beziehungs-Aspekt)	**Ansehen** Ziele (vgl. Checkliste II, Abb. 20)	Werbung	**Erscheinungsbild Corporate Design**

Ansätze von Öffentlichkeitsarbeit	Leitfragen/ Aspekte	Absichten/ Zielsetzung	Wirtschaftl. Begriffe	Teilbereiche Teilaspekte
3. Handlungsorientierte Öffentlichkeitsarbeit	**Was wollen wir tun und dass andere tun?** (Beziehungs- und Appell-Aspekt)	**Verhalten** Engagement Mitarbeit/ Koop. Identifikation Vertrauen Bindung profiliertes Image Ziele (vgl. Checkliste III, Abb. 21)	***Meinungsbeeinflussung*** Marketing PR, Positionierung i. Wettbewerb	**Profilbildung** **Markenbildung**
4. Strategische Öffentlichkeitsarbeit (mit klarer Absicht und Ausrichtung) a) verbindet ganzheitlich alle vorhergehenden Ansätze b) ist ein gemeinsamer Prozess des Kollegiums c) sorgt für die verlässliche Umsetzung im Schulalltag nach innen und außen d) sowie für eine qualitätssichernde Begleitung und ist somit professionell, prozessorientiert, konzeptionell, zukunftsorientiert und nachhaltig. **© Regenthal**	*verbindet alle anderen Ansätze ganzheitlich miteinander und legt dabei besonderen Wert auf den handlungsorientierten Ansatz*	*verbindet alle anderen Ansätze ganzheitlich miteinander und legt dabei besonderen Wert auf den handlungsorientierten Ansatz*	*verbindet alle anderen Ansätze ganzheitlich miteinander und legt dabei besonderen Wert auf den handlungsorientierten Ansatz*	*verbindet alle anderen Ansätze ganzheitlich miteinander und legt dabei besonderen Wert auf den handlungsorientierten Ansatz* und… Akzeptanzbildung Zuständigkeiten gemein. Prozess Ist-/Soll-Analysen Teilkonzept für Öffentlichkeitsarbeit (Imagekonzept) Kommunikation Erscheinungsbild Corporate Design Corporate Communication Corporate Behavior Profilbildung Alleinstellung Markenbildung Controlling Qualitätssicherung

Abb. 1: Die verschiedenen Ansätze und Ebenen von Öffentlichkeitsarbeit für Schulen

Was ist also die „richtige" Öffentlichkeitsarbeit für Schulen?

Hier eine Operationalisierung, die die wichtigen Aspekte hervorhebt.

Eine **strategische Öffentlichkeitsarbeit** (strategisch = mit klarer Absicht und Ausrichtung)

(a) verbindet ganzheitlich alle vorhergehenden Ansätze und deren Vorteile,
(b) achtet auf eine durchgängige Professionalität in allen Bereichen,
(c) ist nach innen und außen ausgerichtet: Identität und Image,
(d) ist ein gemeinsamer Prozess des Kollegiums, der Akzeptanz, Beteiligung und Engagement erfordert,
(e) ist in das Schulprogramm/Schulkonzept integriert,
(f) arbeitet nach klaren, glaubwürdigen Zielen und Vorgehensweisen,
(g) stellt aktuelle Informationen vor, sorgt für ein einheitliches Erscheinungsbild,
(h) sorgt für die prägnante Profilbildung und Alleinstellung,
(i) macht eine konsequente Markenbildung für die Schule,
(j) richtet sich offen aus auf eine Verhaltensveränderung und Meinungsbeeinflussung,
(k) verbindet Corporate Design, Corporate Communication und Corporate Behaviour,
(l) sorgt für klare Zuständigkeiten und terminliche Verbindlichkeit,
(m) sorgt für die verlässliche Umsetzung im Schulalltag nach innen und außen,
(n) arbeitet mit verbindlichen und entlastenden Checklisten und Prozessabläufen,
(o) sorgt für eine qualitätssichernde nachhaltige Begleitung – ein Controlling,
(p) ist zukunftsorientiert und wird innovative Aspekte aufnehmen und
(q) **fasst in einem Teilkonzept zur Öffentlichkeitsarbeit (= Imagekonzept) alle Aspekte, Zielsetzungen und Maßnahmen konzeptionell und zusammen.**

Definition: Die strategische Öffentlichkeitsarbeit in den Schulen ist eine konzeptionelle Profilierung der Schule durch gemeinsame Prozesse nach innen und gemeinsame Präsentationen nach außen. Sie kommuniziert die Angebote und Leistungen der Schule aufbauend auf das Schulprogramm/Schulkonzept als bewusste Positionierung der Schule im Schulmarkt (Schulmarketing). Die zwei Zielgrößen der Öffentlichkeitsarbeit sind die Entwicklung der pädagogischen

Identität als Selbstverständnis und Basis für das alltägliche Unterrichts- und Schulleben (**Identität**, Leitbildprozess mit Arbeitsprogrammen) und die einheitliche und aufeinander abgestimmte Darstellung und Präsentation dieses Profils mit seinen Leistungen nach außen (**Image**, Bekanntheit, Erscheinungsbild). Dabei muss sie über den informierenden und werbenden Aspekt hinaus, besonders den **handlungsorientierten Aspekt (die Verhaltensveränderung und die Meinungsbeeinflussung)** berücksichtigen, die **Markenbildung** beachten, die gewollten Wirkungen einheitlich gestalten (Corporate Design, Corporate Communication, Corporate Behavior) und auch die **besondere Profilbildung und Alleinstellung**. Grundlage dafür sind ein **identitätsstiftender und qualitätssichernder gemeinamer Prozess** und ein **Imagekonzept**, das alle Aspekte, Zielsetzungen und Maßnahmen zusammenfasst und verbindet und **in das Gesamtkonzept der Schule integriert ist.**

Solche **Imagekonzepte** dienen der grundlegenden Positionierung, Präsentation und Profilierung der Schule im Wettbewerb und schaffen gleichzeitig auch nach innen für die ganze Schule gemeinsame effektive und effiziente Arbeitsstrukturen.

Was ist ein Imagekonzept?

(1) Unter einem Imagekonzept ist hier nicht nur das Teilkonzept zur Öffentlichkeitsarbeit mit allen Zielsetzungen und Maßnahmen zur Umsetzung nach innen und außen (integriert in das Gesamtkonzept der Schule),
(2) die besondere Profilbildung (meist jeweils am Anfang und am Ende – integriert in das Gesamtkonzept der Schule),
(3) die markenorientierte grundlegende Gesamtausrichtung der Schule (durch die Profilbeschreibung und/oder den Slogan als gemeinsame Vision) und die entsprechenden
(4) klaren Zielsetzungen zur Verhaltensveränderung und Meinungsbeeinflussung, sondern auch
(5) der gemeinsame identitätsstiftende und qualitätssichernde Prozess zu verstehen.

Für die schulische Markenbildung zur Profilierung im Wettbewerb (als **Imagekonzept**) braucht man idealtypischerweise ein strukturiertes und verdichtetes ***Schulkonzept*** **als Gesamtkonzept der Schule**, das folgendes beinhaltet, integriert und vernetzt:

(1) **Eine identitätsstiftende Vision, als Slogan oder Leitspruch,** als einladende Zusammenfassung aller pädagogischen Maßnahmen mit der Besonderheit der Schule. Sie dient zur Begrüßung der Neuen, zur Motivation und Identitätsbildung aller in der Schulgemeinschaft und zur Präsentation der Schule insgesamt. (*Slogan*)
(2) **Besonderheiten der Schule, die zur Profilbildung der Schule dienen** und über das normale Angebot hinausgehen. (*Schulmarketing*)
(3) **Ein zusammenfassendes Imagekonzept (Teilkonzept Öffentlichkeitsarbeit),** das alles aufeinander abstimmt und koordiniert. (*Öffentlichkeitsarbeits-Konzept*)
(4) **Eine klare Beschreibung der besonderen Marke mit Grundsätzen zur beabsichtigten Wirkung.** (*Corporate Branding*)
(5) **Einfache und verbindliche Richtlinien zur Gestaltung des Erscheinungsbildes der Schule als CD-Manual.** (*Corporate Design*)
(6) **Wichtige Grundsätze zur Kommunikation und für alle Maßnahmen der Öffentlichkeitsarbeit.** (*Corporate Communication*)
(7) **Gemeinsame Grundsätze für das Verhalten aller.** (*Corporate Behavior*)
(8) **Verbindliche und verlässliche Controlling-Strukturen, Verantwortlichkeiten und Reflexionen, die die Einhaltung der Grundsätze und Richtlinien sicherstellen und für eine konsequente Anwendung und eine Weiterentwicklung sorgen.** (*Qualitätssicherung*)

Ein professionelles Imagekonzept verstärkt also nicht nur das Image, sondern insgesamt auch das wertige Ansehen der unterrichtlichen und pädagogischen Arbeit und damit das Ansehen der ganzen Schule. Mit der Profilbildung Ihrer Schule als Markenbildung verändern Sie letztlich Ihre ganze Schule, weil Sie über die Verbesserung der Außenwirkung direkt auch die Innenwirkungen entsprechend anpassen müssen und damit eine Stärkung der motivierenden pädagogischen Identität schaffen.

Die besondere Bedeutung von Imagekonzepten zeigt sich in ihren unterschiedlichen Funktionen. ***Warum wollen Sie an Ihrem Image arbeiten***? Ein gutes Imagekonzept dient…

- als Anstoß und Anlass für gemeinsame Schulentwicklungsprozesse.
- zur Verbesserung der kollegialen Zusammenarbeit.
- zur Vernetzung aller Projekte und Maßnahmen nach innen und außen.

- zur Anerkennung und Qualitätssicherung Ihrer Arbeit.
- zur gezielteren Präsentation für neue Schüler.
- zur Optimierung der Personalsuche.
- zur besseren Zusammenarbeit mit Ihren Kooperationspartnern.
- zur Bewusstmachung und Verstärkung der begeisternden Schulidentität.
- zur Sicherung der Schule im Wettbewerb.
- zur Schärfung des Schulprofils und Festigung der Schule als Marke.

Öffentlichkeitsarbeit ist ein Prozess

Wo sehen wir unsere Schule in den nächsten drei Jahren? Wir brauchen für unsere Schule gemeinsame Ziele. Wir brauchen einen identitätsstiftenden Prozess (Öffentlichkeitsarbeit ist immer ein gemeinsamer **K**ontinuierlicher **V**erbesserungs-**P**rozess – **KVP,** der durch ein begleitendes Controlling die Qualität sichert), um unsere Ziele zu formulieren, unser Schulprofil zu schärfen und weiter zu entwickeln und damit unsere Leistungen auch besser darstellen zu können. Wie kann man eine professionelle Öffentlichkeitsarbeit grundlegend beginnen?

Öffentlichkeitsarbeit beginnt mit den Fragen:

> *„Wer sind wir? Was ist uns wichtig? Was für Besonderheiten haben wir? Was ist unser besonderes Profil? Wo wollen wir in drei Jahren sein? Welche gemeinsamen Ziele haben wir?"*

Können Sie als Antwort auf diese Fragen Ihre Schule in maximal zwei Sätzen „vorstellen" oder noch besser in einem zusammenfassenden Satz, der alles bündelt, reduziert und motivierend einlädt, an Ihre Schule zu kommen? Beginnen Sie damit, Ihr Selbstverständnis gemeinsam als Antworten auf diese Fragen zu formulieren, um entsprechend dieser Identität Ihre Arbeitsweise effektiv und effizient auszurichten und dann Ihre Imagebildung anzugehen – ohne dass es billige Reklame wird. Schulmarketing macht Ihre unbewusste Schulkultur bewusst und damit gestaltbar und schafft Grundlagen und Vorgehensweisen, um schulspezifisch Ihre Stärken zu verdeutlichen und bewusster und gezielter umzusetzen. Gerade Schulen mit ihren vielen verschiedenen Angeboten können sich leicht verzetteln und in ihren Wirkungen behindern (die haben bei ihrem Schulprofil eine starke Diffusion). Es fehlt die gemeinsame und vernetzte Ausrichtung aller Maßnahmen und Projekte. Schule profilieren beginnt mit der

Schulprogramm- /Leitbildentwicklung und macht so Ihre Identität als Schulkultur bewusst. Das schafft Klarheit, Stärke und Sicherheit. Schule profilieren heißt die besondere pädagogische Identität zu entdecken, zu entwickeln und zu erleben!

Die Strukturen, Anleitungen und Methoden für diese Öffentlichkeitsarbeit sind ganz einfach und praxisorientiert, damit Sie für Ihre Schule sofort loslegen können. Zahlreiche Beispiele und Tipps geben Ihnen Orientierung zur Entwicklung Ihres besonderen Schulprofils. Das Buch holt Sie ab in Ihrem Schulalltag, zeigt Prozesse auf, schafft einen schnellen und klaren Überblick und führt Sie zu einer profilbildenden und professionellen Öffentlichkeitsarbeit. Erfolgreiche Beispiele aus anderen Schulen können Ihnen Impulse und Anregungen geben, ihren eigenen Weg zu finden…

Lesen Sie auch zur besseren Einschätzung ***vorher*** das Ende „Zum Schluss“: Machen Sie sich auf den Weg…

Machen Sie sich auf den Weg, Ihre Schule durch Markenbildung zu profilieren!

Ich wünsche Ihnen und Ihrer Schule viel Freude und Erfolg für diesen Weg und hoffe, dass Sie in diesem Buch viele Anregungen und Orientierungen finden, die Ihnen helfen können.

„1000 Meilen beginnen mit dem ersten Schritt.“ (Sprichwort aus Korea)

Gerhard Regenthal
Corporate Identity Akademie,
Braunschweig 2015
www.ci-akademie.de

Kontakt

Hackelkamp 9, 38110 Braunschweig, Tel. 05307-9119063, Fax 05307-9119064, regenthal@ci-akademie.de, www.ci-akademie.de (hier Fortbildungsangebote)

I. Akzeptanzbildung als Basis für eine identitätsstiftende Profilierung

Die Profilierung Ihrer Schule ist nicht eine rein ästhetische Gestaltungsaufgabe („Das macht besser ein Designer!"), sondern eine gemeinsame Reise zur Gestaltung Ihrer Schule für die Zukunft. Dazu brauchen Sie eine Vision als Reisemotivation, eine motivierte Mannschaft und eine klare Orientierung – einen Kompass. Die einzelnen Schritte dieser Reise können dann aufeinander abgestimmt besser geplant und umgesetzt werden. Die Profilierung Ihrer Schule ist keine Flucht („Wir brauchen unbedingt mehr Schüler!"), kein kurzer und spontaner Ausflug („Wir brauchen mal eine neue Homepage…") und kein aktionistischer und verzettelnder Trip ins Ungewisse („Mal sehen was wird?"). Profilierung Ihrer Schule durch Markenbildung ist eine gemeinsame Reise, die eigentlich nicht endet, ein kontinuierlicher Schulentwicklungsprozess, der die ganze Schule betrifft…

Jede Reise in die Zukunft beginnt mit einer Sehnsucht…

auch bei der Entwicklungsreise Ihrer Schule zur Image-Verbesserung. Sehnsucht nach einer Schule, in der sich alle wohlfühlen, motiviert, erfolgreich lehren und lernen und sich mit Ihrer Schule identifizieren – umso auf die komplexen und vielfältigen Aufgaben in der Zukunft vorbereitet zu sein. Diese Sehnsucht und Hoffnung treibt Sie an, sich auf den Weg zu machen, auch um Ihre Schule in einem besseren Licht erscheinen zu lassen.

In den Schulen ist das Fass am Überlaufen: Die vielen neuen Anforderungen und Veränderungen der letzten Jahre haben die Kolleginnen und Kollegen noch nicht mal aufarbeiten können, da kommen schon wieder neue dazu – auch wieder wenig sinnvoll und aufeinander abgestimmt und wieder ohne die notwendige Ressourcenqualität und Unterstützung. Bei diesem hektischen und aufgesetzten Aktionismus von oben ist eine glaubwürdige und nachhaltige Schulentwicklung kaum machbar und natürlich spiegelt sich das trotz vieler Anstrengungen in den Schulen offen wieder. So ist es durchaus verständlich, wenn die Betroffenen allmählich nicht mehr mitmachen können und wollen – die Belastungen sind einfach zu groß. Die außerunterrichtliche Arbeit lässt kaum noch Zeit und Raum für die eigentliche pädagogische Arbeit – die zentrale Kernkompetenz leidet darunter – der Stress macht die Lehrerinnen und Lehrer krank. „Was sollen wir denn noch alles machen?"

Noch ein ganz anderer Aspekt kommt verstärkend hinzu, der die Schule zwingt, sich jetzt für die Zukunft selbstverantwortlich vorzubereiten. In den nächsten fünf bis zehn Jahren werden nur noch 50 Prozent aller Schulen existieren – alle anderen werden fusioniert oder geschlossen, weil wir immer weniger Kinder haben. Das bedeutet, dass der schon bereits jetzt herrschende Schulwettbewerb noch härter und deutlicher wird und alle Schulen dazu bringt, sich klar zu positionieren. Dabei wird sich der Wettbewerb besonders zwischen den verschiedenen Schularten noch weiter verstärken. Schulwettbewerb, Schulmarketing, Markenbildung für Schulen, Kooperationen der Schulen mit Partnern und die Präsentation der Schule werden in Zukunft aktuelle Themen bleiben und über die Arbeit in den Schulen ganz bestimmend sein. Allein guten Unterricht zu machen und zu hoffen, dass alle es sehen, ist längst vorbei. Es geht um die Professionalisierung, Positionierung und Profilierung der Schule und um ihre Zukunft – der Druck ist jetzt so stark geworden, dass sich alle Schulen entscheiden müssen, wie sie damit umgehen wollen: die Herausforderung annehmen oder sich gegen die Veränderungsstürme „abkapseln" und eine Mauer bauen?

> *„Wenn der Wind des Wandels weht, bauen die einen Mauern, die anderen Windmühlen." (Chinesisches Sprichwort)*

Profilierung der Schulen nach außen wird nur erfolgreich sein, wenn die Vorgaben, Absichten und Zielsetzungen auch wirklich glaubwürdig gelebt werden. Was nutzen blinder Aktionismus und schnelle, oberflächliche Konzepte zum „Abgeben" nach oben oder präsentieren nach außen? Unsere Schulen befinden sich als eigenverantwortliche Schulen in einem steten Entwicklungsprozess und sollten möglichst schnell adäquate Methoden zur Qualitätssicherung und -verbesserung, sowie zur Profilierung der Schule professionell einsetzen, um gute Ergebnisse zu erzielen.

1. Veränderungsbereitschaft und Motivation im Kollegium schaffen – wie geht das?

Das Thema Öffentlichkeitsarbeit, das das Kollegium auch polarisiert („Ist nicht wichtig!" „Ist entscheidend notwendig!") fokussiert das Problem, wie es unter diesen Rahmenbedingungen gelingen kann, das ohnehin unter einer hohen Arbeitsbelastung stehende Kollegium „mitzunehmen" – das ist das zentrale Thema in Schule. Denn wenn Sie das nicht schaffen, bleibt Ihre Öffentlichkeitsarbeit aufgesetzt, unglaubwürdig und wirkungslos:

- Wie können wir die vielfältigen Anforderungen an Schule nachhaltig erfüllen und die Qualität unserer Arbeit und das Profil unserer Schule gemeinsam sichern und herausstellen?
- Wie sehen wir unsere Schule und welche gemeinsamen Ziele haben wir, die wir präsentieren wollen? Welches Selbstverständnis haben wir und welche Angebote und Leistungen wollen wir bieten?
- Was ist das ganz Besondere unserer Schule, das wir herausstellen können, ohne die anderen Aktivitäten zu schmälern? Können wir unsere Schule reduziert in einem Satz einladend und prägnant vorstellen?
- Wie können wir in einen gemeinsamen Prozess kommen und mehrheitlich unsere Schule für die Zukunft weiterentwickeln? Wie schaffen wir es, dass sich möglichst alle an dem Prozess beteiligen und bereit sind, ihre Arbeitsweisen zu reflektieren und zu verbessern, um die Veränderungen durch die Öffentlichkeitsarbeit intern abzusichern?
- Wie können wir das Kollegium motivieren und weitgehend mitnehmen, damit die Ziele auch wirklich nachhaltig und glaubwürdig umgesetzt werden?

11 Argumente gegen Öffentlichkeitsarbeit

Gegenargumente von allen Seiten:
Wir brauchen keine Öffentlichkeitsarbeit (ÖA)!

Gegenargumente	Mögliche Antworten und Erwiderungsansätze...
1. Wir machen doch guten Unterricht, das ist wichtig und zählt!	Das setzen alle als Grundlage voraus, das allein entspricht nicht mehr den veränderten Anforderungen.
2. Wir sind Schule und kein Unternehmen im Wettbewerb!	Schule steht auch im Wettbewerb, ÖA ist nicht wettbewerbsorientiert.
3. Wir brauchen keine billige Reklame oder Werbung!	ÖA ist auch mehr als Reklame und Werbung, ist Öffnung der Schule.
4. Wir sind gut, das haben wir nicht nötig!	Wenn Sie es nötig haben, ist es zu spät. Wer rastet, der rostet!
5. Wir haben schon ein gutes Image!	Kann man schnell verlieren. Lieber langfristig halten und Prävention.
6. Wir machen nicht jede Neuerung mit!	Wichtige besser mitmachen, weil sie notwendig und verstärkend sind.
7. Wir überlassen das dem Schulleiter, der ist dafür verantwortlich.	Dann bestimmt er allein, eine Beteiligung ist sinnvoll und nützlich.
8. Wir können das nicht - das haben wir nicht gelernt!	Das ist leicht erlernbar, macht Freude, bringt gute Ergebnisse - Beratung?
9. Wir haben weder Zeit noch Geld dafür!	Lieber weniger als gar nichts! Kaum Mehrbelastung, Synergieeffekte!
10. Wir sind der Meinung, dass das nicht`s bringt!	Besser selbst konkrete Erfahrungen sammeln/erproben/dann entscheiden Nutzen und Notwendigkeiten verdeutlichen (Akzeptanzschaffung).
11. Wir wollen da nicht mit machen!	Brauchen Sie auch nicht! Wir wollen Keinen zwingen! Wir werden mit der Mehrheit des Kollegiums den Prozess der ÖA konsequent durchführen, weil wir von der Nützlichkeit persönlich überzeugt sind...

Abb. 2: 11 Argumente gegen Öffentlichkeitsarbeit

Was können Sie also tun, um die Veränderungsbereitschaft und -motivation im Kollegium zu initiieren und nachhaltig zu fördern?

Die Schulleitung ist gefordert – sie muss sich persönlich einbringen...

Holen Sie Ihr Kollegium mit ins Boot und stellen Sie sich gemeinsam die zentrale Frage: ***Warum*** **brauchen wir überhaupt Öffentlichkeitsarbeit?**

Können Sie als Schulleitung persönlich und vorbildlich darauf eine klare Antwort geben? Ist das auch alles Ihrem Kollegium klar – lassen Sie nur Ihr Kollegium entscheiden oder den Prozess? Oder geben Sie nur einfach das weiter, was Ihnen von oben angeordnet wird? Was wollen ***Sie*** eigentlich wirklich erreichen? Aus der Verantwortung als Schulleitung müssten Sie auf der Grundlage eines Schulleitungskonzeptes eigentlich diese Frage konkret beantworten. **Die Frage der Profilierung Ihrer Schule ist für Sie als Schulleitung die Chance, innere Prozesse und Äußeres miteinander vernetzt und gleichzeitig anzugehen** (und dem Kollegium damit deutlich zu machen, dass Ihnen die Öffentlichkeitsarbeit zentral wichtig ist!) – Öffentlichkeitsarbeit sollte niemals isoliert betrieben werden, denn dann ist sie nur aufgesetzt!

Tipp: Als Beispiel für das Engagement der Schulleitung

„Wo sehen wir unsere Schule in den nächsten drei Jahren? Unser Jubiläum ist ein guter Anlass darüber nachzudenken und gemeinsame Ziele und Grundlagen zu diskutieren und zu formulieren. „Wer keine Ziele hat, der verläuft sich" – hat A. Lincoln gesagt. Ich wünsche mir einen identitätsstiftenden Prozess mit klaren Strukturen und gemeinsamen Zielen, um unser Schulprofil zu schärfen und uns nicht zu verzetteln und auch, um unsere Leistungen besser darstellen zu können und unsere Schule für die Zukunft zu sichern. Wir müssen über das „Müssen" hinaus, das uns immer mehr in ein reines Reagieren und Abarbeiten von wieder mal `sinnlosen´ neuen Anforderungen bringt, unbedingt unser „Wollen" berücksichtigen und herausstellen. Wenn wir unsere Vorstellungen, Erfahrungen und Interessen zu sehr vernachlässigen, bleiben wir in einem Hamsterrad und kommen aus unserem Stress und den Überlastungen nicht heraus! Die übertriebenen Anforderungen machen uns immer mehr krank – wir müssen gegenhalten und eine Balance schaffen von „Müssen und Wollen", um für uns eine gute Arbeitsgrundlage zu haben und nur so können wir uns auch nach außen richtig profilieren! (vgl. Abb. 3) Wenn wir unsere Öffentlichkeitsarbeit gemeinsam so ansetzen, bringt sie uns vielfältigen Nutzen und ist keine billige Reklame. Sie wirkt nach innen und nach außen – verstärkt unsere Identität und unser Image!"

Abb. 3: Zwischen Müssen und Wollen, Verantwortung und Vertrauen

Als Gegenargumentation kommt bestimmt: „*Warum* brauchen wir überhaupt Öffentlichkeitsarbeit für unsere Schule und was bringt uns das? Wenn das wirklich notwendig ist, warum müssen *wir* da mitmachen? Wir können so etwas nicht – das müssen besser Fachleute machen! Und die, die Zeit und Lust dazu haben, können das ja gern machen, aber wir nicht! Wir machen lieber guten Unterricht!"

Ohne die Klärung des „*Warums*" gibt es keine Öffentlichkeitsarbeit... Wenn das „*Warum*" nicht beantwortet werden kann, wird die Öffentlichkeitsarbeit nicht wirklich umgesetzt und gelebt und ist somit nicht Profil bildend.

Professionelle Öffentlichkeitsarbeit ist eine *gemeinsame Aufgabe für die ganze Schule!*

„Nur wenn das Kollegium wirklich wollen will, wollen sie es wirklich."

1.1 Öffentlichkeitsarbeit erklären...

Der Bereich der Öffentlichkeitsarbeit war noch nie eine Domäne der Schulen. Die Begriffe Werbung und Schule scheinen auch heute noch für einige unvereinbar miteinander zu sein. Öffentlichkeitsarbeit sollte jedoch als pädagogische Chance genutzt werden, um sich über die Außenwirkung der Schule und über ihr Profil Gedanken zu machen. Denn eines steht fest: bei gleicher Unterrichtsqualität entscheidet immer das Image einer Schule über die Anmeldezahlen und damit über die Zukunft der Schule. Daher ist es wichtig, aufbauend auf einer guten Innenstruktur (Unterrichts- und Schulleben, Arbeitsklima, Schulorganisation) eine positive Außenwirkung zu entwickeln mit einem prägnanten Profil und sich dadurch langfristig „einen guten Namen zu machen".

1.1.1 Was bedeutet Öffentlichkeitsarbeit für unsere Schule?

Legen Sie Wert auf eine klare und verständliche Definition und Abgrenzung von Öffentlichkeitsarbeit, um Missverständnisse zu vermeiden und verbinden Sie diese allgemeine Operationalisierung mit einer persönlichen und schulischen Vision oder Zielsetzung. Was bedeutet das für **unsere** Schule? Wohin soll die gemeinsame Reise gehen? Was bringt uns das? Können Sie das selbst in verständliche und kurze Sätze bringen, die das Kollegium auch emotional ansprechen und überzeugen? (vgl. Abb. 1 und 4: Ziele der Öffentlichkeitsarbeit)

Ziele der Öffentlichkeitsarbeit

Öffentlichkeitsarbeit hat unterschiedliche Zielgruppen und vielfältige Zielsetzungen

- Erhöhung des Bekanntheitsgrades / Gestaltung und Profilierung des Images
- Kommunikation mit unterschiedlichen Zielgruppen
- Positionierung im Markt und in der Öffentlichkeit
- Aufbau von Vertrauen und Glaubwürdigkeit
- Schaffung eines positiven Klimas (Puffer)
- Verbesserung des Betriebsklimas und der Motivation
- Schaffung von Verbündeten und Sympathieträgern
- Verbesserung der Berichterstattung in den Medien
- Unterstützung von Anliegen / Projekten gegenüber Behörden und Organisationen
- Verbesserung der Voraussetzungen zur Personalauswahl
- Besseres Verständnis der Öffentlichkeit in Krisensituationen
- Minimierung der Gefahr, durch Gerüchte / Verleumdungen Schaden zu nehmen (Prävention)
- Verbesserung der Kundenansprache / Kundenbindung
- Verbesserung des Angebotes / Absatzes
- Transparenz der Organisationsziele und Erfolge
- Stärkung der Identität nach innen und außen
- Kommunikation der Corporate Identity

Abb. 4: Ziele der Öffentlichkeitsarbeit

1.1.2 Notwendigkeit und Chance für eine Öffentlichkeitsarbeit

Jede Schule macht Öffentlichkeitsarbeit: Wenn der Schulleiter mit dem Briefbogen der Schule die Eltern einlädt, sie dann in der Schule begrüßt und ihnen zum Abschluss Info-Material an die Hand gibt. Egal wie Sie es machen – Sie machen *immer* Öffentlichkeitsarbeit. Wenn Sie keinen besonderen Wert auf die Gestaltung, das Aussehen, das Verhalten oder die Form legen, zeigen Sie damit Ihre Vorstellung und Art von Schule, zeigen Sie Ihre Werte und Ihr Denken. Die Wertigkeit von unprofessionellen schulischen Darstellungen wird bei den Zielgruppen deutlich und verhindert die authentische Darstellung Ihres schulischen Qualitäts-Angebotes. Denn – wir kennen ja alle Watzlawick – der Beziehungsaspekt bestimmt den Inhaltsaspekt – das „Wie" bestimmt das „Was". Gute Leistungen werden durch schlechte Präsentationen klein gemacht und manchmal sogar gar nicht deutlich und bewusst. Natürlich wollen wir andererseits auch keine übertrieben hochwertige Präsentationen, die uns schlechte Ergebnisse verkaufen wollen. Öffentlichkeitsarbeit muss also eine glaubwürdige Balance von Form und Inhalt schaffen, damit das Profil der Schule in seiner Besonderheit deutlich wird.

- Sie machen immer Öffentlichkeitsarbeit – egal was Sie wie machen.
- Schlechte und nicht bewusste Öffentlichkeitsarbeit schadet der Schule und allen Beteiligten.
- Öffentlichkeitsarbeit muss bewusst, gezielt und professionell gemacht werden.
- Öffentlichkeitsarbeit ist eine Balance von zielgruppenspezifischer Ansprache einzelner Zielgruppen (**Motivationsarbeit**) und von Vermittlung, Präsentation und Kommunikation schulischer Angebote und Leistungen (**Medienarbeit**).
- Schulische Leistungen, Öffentlichkeitsarbeit und die Besonderheiten der Schule zusammen machen das Profil der Schule aus, das durch eine Markenbildung professionell entwickelt und gepflegt werden muss.

Wozu eigentlich Öffentlichkeitsarbeit für Ihre Schule? – das müssen Sie letztlich für sich selbst klären (vgl. Abb. 4: Ziele der Öffentlichkeitsarbeit) und gleichzeitig auch anderen vermitteln. Gehen Sie von einer klaren Position der Ablehnung aus (Abb. 2). Ablehnung, Vorurteile und ein ganz anderes

Verständnis von schulischer Arbeit müssen Sie aufnehmen, ansprechen und zumindest soweit entkräften, dass eine gemeinsame Öffentlichkeitsarbeit, die von der Mehrheit getragen wird, nicht verhindert wird. Im Laufe des Prozesses und durch erste gute Arbeitsergebnisse wird die Akzeptanz im Kollegium bestimmt größer werden. Öffentlichkeitsarbeit muss immer zwei Mal gemacht werden – nach innen und nach außen.

Wenn Schule sich verändern muss, neu gestaltet wird und in Zukunft eine neue Position und Qualität bekommt, dann sind die Schulleitungen besonders gefragt und gefordert. Schulmanagement als zentrale Aufgabe ist jetzt besonders wichtig und notwendig, um entsprechende Prozesse zur Schulentwicklung zu steuern, schulinterne Lehrerfortbildungen (SCHILF) und pädagogische Klausurtagungen zu initiieren und damit eine neue Aufbruchsstimmung zu schaffen und die ganze Schule mit allen Beteiligten darauf vorzubereiten.

Schulen in Veränderung? Schulen in Veränderung!

> *„Zu lange haben sich verkrustete Strukturen in den Schulen und in den Köpfen der Lehrer halten können: Schule war nur isolierter Unterricht und mehr Verwalten als verantwortliches Gestalten. Nur wenige sahen die Notwendigkeit, etwas zu verändern. Anspruchshaltung und Jammern verbunden mit Schuldzuweisungen als Ablenkungsmanöver und Besserwisserei und Arroganz führte nicht zu Unrecht zu einem schlechten Schul- und Lehrerimage. Im Durchschnitt findet sich in jedem Kollegium bei ca. einem Drittel diese Unkultur wieder. Das zweite Kollegiums-Drittel ist unentschieden und nur ca. das Restdrittel des Kollegiums setzt sich engagiert für ihre Schüler und ihre Schule ein und ist bereit, Neuerungen auszuprobieren. Können die Schulen so unsere Kinder qualifiziert auf die Zukunft vorbereiten?“*

So sehen viele Kritiker unsere Schulen. Das hat gerade bei den Lehrern zu noch mehr Frust und Stress geführt – sie hätten gern eine wertige Anerkennung ihrer schwierigen Arbeit. Zudem wurde in den letzten Jahren der Veränderungsdruck für die Schulen noch weiter erhöht:

mit immer weniger Ressourcen

immer mehr und besser leisten

in immer weniger Zeit.

Schulprogramme, Schulkonzepte, Schulentwicklung waren erste Auslöser für gemeinsame Veränderungsprozesse in den Schulen. Ging dadurch nun auch „ein Ruck durch die Schulen"? (nach Herzog-Zitat) Noch heute warten viele in den Schulen lieber erst einmal ab, wollen nichts verändern und lieber die „sinnlosen Ankündigungen" abwarten. Einige haben „Baustellen aufgerissen" – aber nur wenige beendet und im Rahmen eines Gesamtkonzeptes wirklich fertig gemacht und zum Laufen gebracht. Die schulische Situation, in der Sie jetzt *„zusätzlich noch mit Öffentlichkeitsarbeit kommen"*, ist gekennzeichnet von:

- blindem Aktionismus, schnellen Reaktionen und Vorzeigeprojekten,
- Konzeptlosigkeit, kein Selbstverständnis zwischen „Müssen und Wollen",
- Entmutigung, Frust, Stress, Burnout, innerer Kündigung,
- Unsicherheit, Orientierungslosigkeit, wenig Selbstbewusstsein,
- Rückzug auf das Kerngeschäft und Abbau des Engagements für andere Bereiche,
- fehlender professioneller Außenberatung,
- fehlenden Methoden, Instrumenten, Ausstattungen, Ressourcen,
- Theorielosigkeit, Verantwortungslosigkeit (Schuldzuweisungen),
- fehlender Vernetzung der einzelnen Projekte, fehlendem Gesamtkonzept,
- fehlendem kontinuierlichen Entwicklungsaufbau mit gemeinsamen Prozessen,
- fehlender Evaluation, fehlendem Controlling, fehlender Qualitätssicherung,
- fehlender gemeinsamer und verantwortlicher Prozesssteuerung,
- fehlender lernender Organisation (Umgang mit Widerständen, Problemen und Krisen),
- fehlendem Mut, fehlender Ausdauer, Widerstandskraft und konsequenter Umsetzung.

Tipp: Das alles müssen Sie bei Ihrem Ansinnen, gemeinsam professionelle Öffentlichkeitsarbeit für Ihre Schule zu machen, berücksichtigen. Die Notwendigkeiten für Öffentlichkeitsarbeit und den Nutzen zu verdeutlichen wird allein nicht ausreichen, um einen Prozess anzuschieben. Sie müssen die CHANCE aufzeigen, gerade mit dieser gemeinsamen Aufgabe der Profilierung Ihrer Schule viele Problemfelder gleichzeitig anzugehen und zwar gemeinsam, selbstbewusst und selbstverantwortlich, um sich aus dem „Hamsterrad" zu befreien und endlich selbst handeln und gestalten können! Eigentlich geht es gar nicht allein um Öffentlichkeitsarbeit, es geht um eine gemeinsame Initiative zur Ausrichtung und Selbstgestaltung Ihrer Schule für die Zukunft!

1.1.3 Corporate Identity für Schulen als Lösung unterschiedlicher Probleme

„Es muss innen glänzen, damit es außen funkelt." (...die Antwort einer Schülerin beim Betriebspraktikum auf die Frage, was Corporate Identity sei.)

Jede Schule sollte sich wie eine Marke mit ausgewählten und besonderen Schwerpunkten präsentieren, die auch wirklich von Eltern und Schülern verstanden und erwartet werden und die letztlich auch wirklich im Alltag gelebt und umgesetzt werden. Reine „Schnellschüsse", Leerformeln, Allgemeinplätze und Absichtserklärungen sind kontraproduktiv und schädigen eher das Image der Schule.

Öffentlichkeitsarbeit beginnt (besonders in Schulen) also zuerst immer nach innen (vgl. Abb. 5).

CI als Selbstbild, Fremdbild und Arbeitsweisen=Schulkonzept

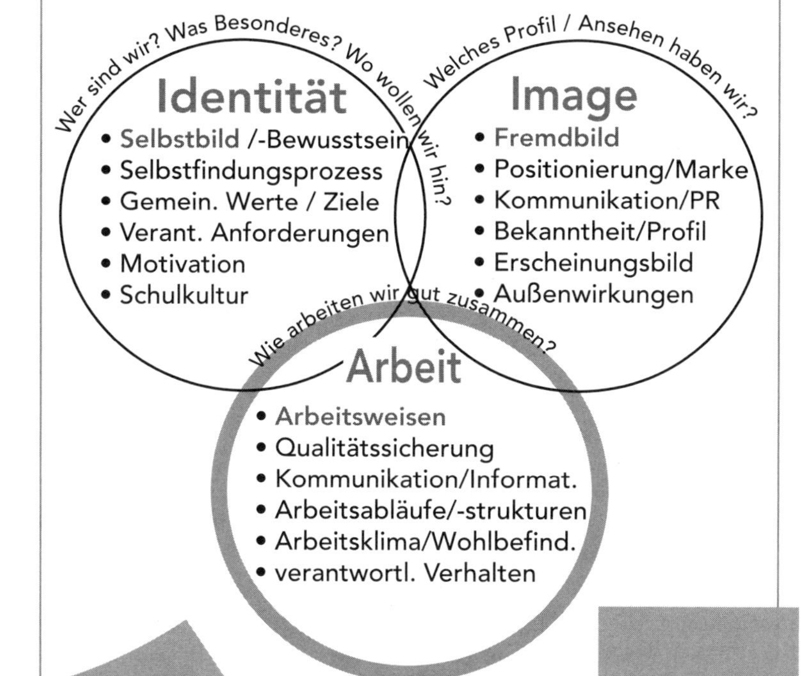

Grundlage zur Profilierung ist ein prägnantes Selbstbild als Antwort auf die Frage: Wer sind wir eigentlich? Können alle Mitarbeiter der Schule in zwei Sätzen darauf eine übereinstimmende Antworten geben? Können Sie mit diesen Aussagen zusammenfassend Ihre Schulkultur, Ihre Werte, Ziele und pädagogisch. Arbeitsweise sichtbar machen? Diese Identität schafft Selbstbewusstsein, Klarheit, Sicherheit und kann von anderen auch besser wahrgenommen werden. Corporate Identity ist dann eine möglichst große Übereinstimmung von Selbstbild, Fremdbild und Arbeitsweisen - dieses Schulkonzept schafft Entlastungen und sichert ihre Schule gut für die Zukunft.

Abb. 5: CI als Selbstbild, Fremdbild und Arbeitsweisen=Schulkonzept

1.1.3.1 Warum Corporate Identity für Schulen?

Ganzheitliches Denken + vernetztes Arbeiten = Corporate und

gemeinsame Ziele + Selbstbewusstsein = Identity

Schulen brauchen Corporate Identity für ihre Zukunftsorientierung, weil

- ganzheitliche pädagogische Denkweisen, ganzheitliche Konzepte und Strategien eine ganzheitliche Theorie brauchen (als gemeinsame Theoriebasis, zur Identitätsfindung).
- sie eine herausragende Positionierung haben und vermehrt in der Öffentlichkeit stehen (zur Markenbildung und Öffentlichkeitsarbeit, zum Schulmarketing und zum Sponsoring).
- sie so viele Projekte haben, die aufeinander abgestimmt werden müssen – sonst bleibt es blinder Aktionismus, mit mehr Belastungen und Aufwand und sich aufhebenden Wirkungen (als gemeinsame Zielsetzung, vernetzende Konzeptentwicklung, zur effektiven Konzentration aller Ressourcen und zur Verbesserung der Zusammenarbeit).

Die Denkweise der Corporate Identity (CI) trifft auch auf pädagogische, soziale und kirchliche Organisationen zu und kann bei den spezifischen Problemen erfolgreich und langfristig helfen. Ob es Schulprogramme, Schulkonzepte oder Leitbildentwicklungen sind – Arbeitsweisen oder Problemlösungen – es geht um ganzheitliche Entwicklungs- und Veränderungsprozesse. Management-Methoden konnten entsprechend der unterschiedlichen Denk- und Arbeitsweisen und der einzelnen Kulturen sehr gut auf diese Bereiche übertragen werden, sodass CI hier schon seit über 20 Jahren gute Ansätze und Erfolge hatte. Diese Organisationen haben sich im Laufe der gestiegenen Erwartungen zu professionellen „Unternehmen" entwickelt, um diese Qualitäts- und Management-Prozesse, Organisations- und Personalentwicklungsprozesse und auch Marketing- und Image-Prozesse miteinander vernetzen zu können. Erst durch diese Vernetzung unterschiedlicher Projekte und der einzelnen pädagogischen Baustellen können die Schulen den Anforderungen, Erwartungen und Veränderungen von außen und innen gerecht werden, Ressourcen einsparen und die Zusammenarbeit verbessern und somit auch die Qualität der Schulen und der anderen Einrichtungen. Die CI-Strategien sind also gleichermaßen auch hier erfolgreich anwendbar, müssen aber natürlich schulspezifisch angepasst werden.

Das Entscheidende für die besondere Profilierung ist nicht mehr allein die Qualität der Fachlichkeit oder die hohe Wirtschaftlichkeit, sondern ein „zusätzlicher Wert", der besondere Wert und der Sinn, mit denen ich mich identifizieren kann: IDENTITÄT. Diese Markenpositionierung geht nur mit einer Corporate-Identity-Strategie – ob Unternehmen oder Schule – es geht um eine glaubwürdige und langfristige Positionierung. Ein starkes Selbstbild, dass gemeinsam nach einem Ablaufplan entwickelt wurde, wird einheitlich und aufeinander abgestimmt im Alltag am Arbeitsplatz gelebt und auch nach außen kommuniziert und schafft somit dann ein profiliertes Image. Bei den Zielgruppen wird somit ein einheitliches Bild der Organisation bewusst eingeprägt – Corporate Branding. Überlassen Sie Ihr Image nicht dem Zufall und schon gar nicht Ihren Mitbewerbern!

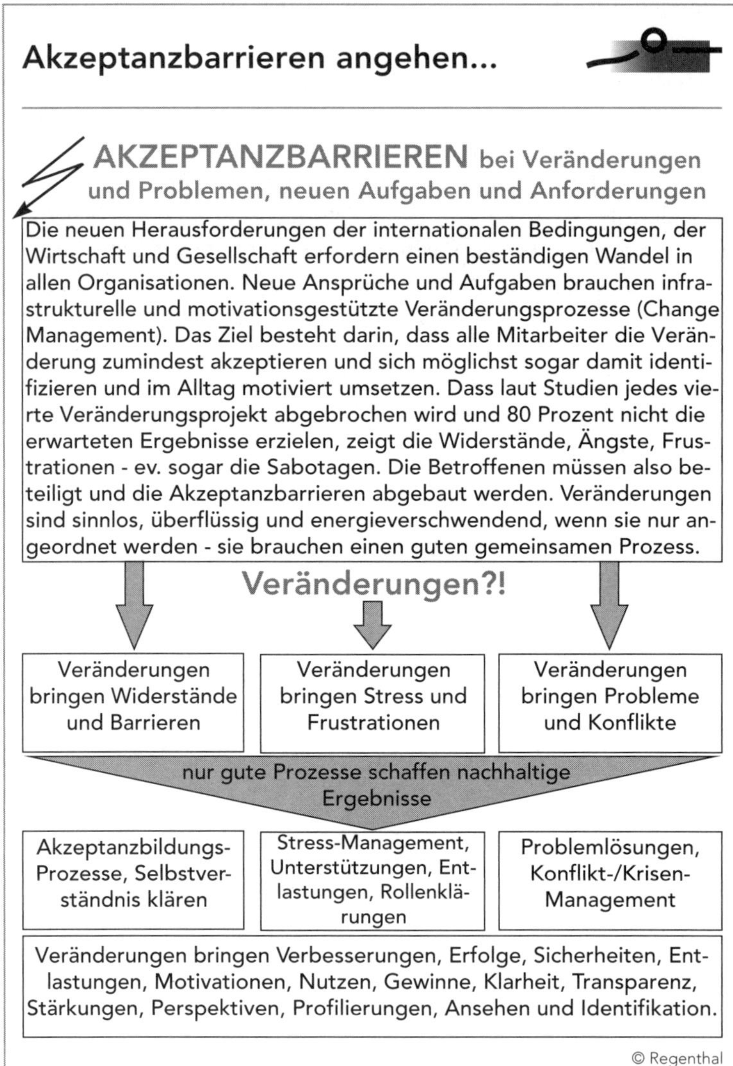

Abb. 6: Akzeptanzbarrieren angehen (weitere Übersichten zur Akzeptanzschaffung haben wir Ihnen online zur Verfügung gestellt)

1.2 Methoden zur Akzeptanzschaffung im Kollegium

1.2.1 Anleitung zur Akzeptanzschaffung mit AIDA

Gerade der erste Schritt in Richtung gemeinsame und bewusste Öffentlichkeitsarbeit muss also nach innen gerichtet sein, um eine solide Basis zu schaffen - eine Akzeptanz im Kollegium. Als Zusammenfassung der unterschiedlichen Aspekte und Möglichkeiten kann die AIDA-Strategie dienen. (vgl. Abb. 7) Versuchen Sie Öffentlichkeitsarbeit für die Schule nicht mit Gewalt und im Alleingang - damit würden Sie jegliche positive Wirkung vernichten und wahrscheinlich in eine sehr schwierige Konfliktsituation kommen. Am besten ist von Anfang an ein Vorgehen mit einem Partner und/oder mit einer Gruppe, damit Ihnen keine persönlichen Profilierungsprozesse unterstellt werden können. Das erste konkrete Ziel - als Zwischenziel/Meilenstein - ist die Einrichtung einer von der Konferenz beauftragten zuständigen Gruppe für Öffentlichkeitsarbeit, die dann verstärkt loslegen kann. (vgl. Abb. 6)

Wenn Sie so Ihre Öffentlichkeitsarbeit angehen und definieren, wird damit die eigentliche Aufgabenstellung klar, kann auch leichter zu anderen Vorstellungen und Vorurteilen abgegrenzt werden und ist auch besser vermittelbar.

AIDA-Strategie zur Akzeptanzschaffung

Man kann einen Menschen nichts lehren, sondern ihm nur helfen, es in sich selbst zu entdecken. Galileo Galilei

- Bei Entwicklungs- und Veränderungsprozessen ist jeder Mensch für sein eigenes Denken, Empfinden und Handeln verantwortlich und für das Miteinander im gemeinsamen Prozess (**Selbstverantwortung**).
- Erfolgreiche Veränderungen erfordern die aktive Beteiligung aller Betroffenen mit ihren Interessen in einem Prozess mit Handlungsspielräumen und Gestaltungsmöglichkeiten (**Selbstgestaltung**).
- Nur durch die Akzeptanz, die Entfaltung der Potentiale der beteiligten Menschen und die wertige Identitätsstiftung werden Veränderungen langfristig glaubwürdig mit getragen und damit nachhaltig erfolgreich im Alltag gelebt (**Selbstbewusstsein und Motivation**).

A	Anregungen und Anlässe aufnehmen Ansprechen der Zielgruppe und Aufmerksamkeit wecken...
I	Interesse wecken und erste Informationen geben mit Ich-Botschaften und Ist-Analysen
D	Direkte Bedürfnisse ansprechen, Direkten Nutzen und Direkte Notwendigkeit klarmachen
A	Anschieben und Alternativen aufzeigen und Anleiten zum Anfangen und Arbeiten

Akzeptanz schaffen mit der AIDA-Strategie, in kleinen Schritten und klaren, aufeinander aufgebauten Meilensteinen, die motivieren.

Abb. 7: AIDA-Strategie zur Akzeptanzschaffung

1.2.2 Die Evaluationsmatrix „Identität und Image" als guter Einstieg und zur Bewusstmachung

Bei einer Konferenz oder Dienstbesprechung können Sie mit der Methode der Evaluationsmatrix einfach und schnell einen guten Einstieg in die kollegiale Diskussion schaffen. Es hat sich bewährt, als zu erfragende Komponenten „Image und Identität" (auf einer Stellwand oder Flipchart) an die Koordinaten-Arme zu setzen – **Image** als Ansehen, Bekanntheit und Fremdbild von außen und **Identität** als Selbstbild von innen, Zusammenarbeit, Arbeitsklima, Zufriedenheit und Motivation. Wenn jeder Kollege nach vorne kommt und ohne Begründung nur sein Kreuz einzeichnet (kann sich vorher auch in „Murmelgruppen" seine Meinung bewusst machen. Einige Schulen drehen die Stellwand auch bewusst um, um eine gewisse Geheimhaltung zu ermöglichen), entsteht schnell ein Bild in den vier Feldern (die ich gern erst hinterher einzeichne und dann alle Kreuze zusammenfassend umrunde – dadurch wird das bisher unsichtbare Profil der Schule sichtbar und gestaltbar gemacht). Die Größe der Streuung – in welchen Feldern sich die Kreuze befinden – zeigt, wie viele Gruppierungen es in Ihrem Kollegium gibt und ob Sie mehrheitlich der gleichen Meinung sind. „Große Streuung" bedeutet großer Handlungsbedarf! Besonders interessant ist dann natürlich die Einschätzung des Images – sind sie hier einer Meinung? Wenn nicht, gibt es einen größeren Diskussionsbedarf um eine gute mehrheitliche Akzeptanzbildung zu erreichen. Desweiteren wird auch die Vernetzung von Innen- und Außenwirkung deutlich – keine isolierte Öffentlichkeitsarbeit! Wenn Sie das Datum dieser Evaluation festhalten, können Sie nach einem Jahr die Befragung wiederholen und vergleichen und hoffentlich eine Verbesserung feststellen! Die Abb. 8 zeigt auch eine Variante, die ich gern dann einsetze, wenn „Identität und Image" zu häufig und zu grob erscheint – es gibt also differenzierte Verfeinerungsmöglichkeiten…

Evaluationsmatrix

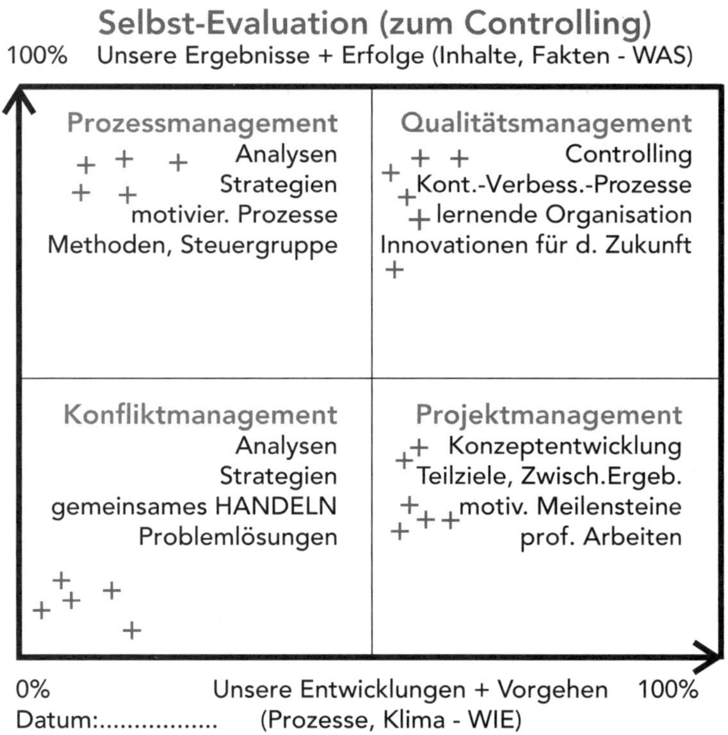

Jeder Beteiligte setzt ein Kreuz als persönliche Bewertung entsprechend der Kriterien (vorher in der Murmelgruppe besprechen "Wo stehen wir als Gesamtorganisation und warum?"): Die Gesamtheit der Kreuze macht Ihr Profil sichtbar, eine große Streuung zeigt unterschiedliche Gruppen auf - es fehlen gemeinsame Ziele. Da wo die Mehrheit der Kreuze sind, müssen die unterschiedlichen Schwerpunkte angegangen werden. Diese effiziente und effektive Trendanalyse zeigt die nächsten notwendigen Schritte auf - was zu tun ist. Eine schnelle Ist- und Soll-Analyse, die allen bewusst macht, was zu tun ist...

Abb. 8: Evaluationsmatrix

1.2.3 Die ZUG-Methode als eine Akzeptanz bildende, effektive und effiziente Prozess-Methode

Eine sehr einfache und professionelle Prozessmethode ist die **ZUG**-Methode: **Z**ufriedenmacher (grüne Karten = das ist gut, sollten wir weiter pflegen) – **U**nzufriedenmacher (rote Karten = das ist schlecht, daran müssen wir gemeinsam arbeiten, das bedrückt uns – dabei nicht selbst veränderbare Bedingungen von oben ausschließen und/oder extra mit rosa Karten herausstellen!) – **G**estaltungsvorschläge (gelbe Karten = Handlungsvorschläge, konkrete Ziele und Handlungsfelder, die wir jetzt professionell gemeinsam angehen!). Diese Methode kann man sehr gut am Anfang des Prozesses einsetzen, damit die unterschiedlichen Positionen, Interessen und Meinungen nicht verzettelnd diskutiert werden, sondern konkret angesprochen und bewusst gemacht werden und in gemeinsame Ziele und Taten handlungsorientiert einfließen (vgl. Abb. 9).

Eine Moderationsgruppe (Steuergruppe) verteilt entsprechend der Zielsetzung/Leitfrage **„Wie können wir gemeinsam unsere Schule profiliert gestalten?"** eine erste Moderationskarte (s.o.) an einzelne „Murmelgruppen" (ca. 4 Kolleginnen und Kollegen – je nach Größe des Kollegiums) mit dem Auftrag: „Formulieren Sie innerhalb von 5 (max. 10) Minuten einen Begriff als Antwort auf die Frage: „Was ist bislang gut an der Profilierung unserer Schule? Womit sind Sie zufrieden?" Schreiben Sie das als Stichwort auf die Karte, die Sie dann auf der Stellwand kurz mit einem Satz vorstellen und clustern können. Durch diese drei Durchgänge (Z-U-G und den einzelnen Fragen „Womit sind Sie bei der Profilierung Ihrer Schule zufrieden? Womit sind Sie bei der Profilierung unserer Schule unzufrieden?" „Was müsste wir Ihrer Meinung nach besser machen? Welche Gestaltungsvorschläge haben Sie?") werden positive und negative Aspekte deutlich und münden ein in konkrete Gestaltungsvorschläge (anschließend Prioritäten setzen – mit drei Bewertungspunkten – 1–2/3 Schwerpunkte auswählen, Ziele formulieren und Verantwortliche und Zeiten festlegen), die dann gemeinsam weiter behandelt und umgesetzt werden. Achten Sie dabei auf eine klare Aufgabenstellung mit festen Zeiten (Gong/Klingel), damit die Diskussion nicht ausufert. Die ZUG-Methode als Moderationsmethode ist effektiv, effizient und entlastend für alle Beteiligte und schafft eine hohe Transparenz, Identifikation und Motivation und letztlich einen guten und erfolgreichen Prozessstart durch hohe Akzeptanz und einen „kollegialen Arbeitsauftrag".

Ziele verwirklichen in 10 Schritten:

(nach der AMC-Strategie)

- Visionen, Ideen, Ziele, Krisen
  → Veränderungswunsch, Anlässe aufnehmen
- ZUG-Methode
  → Akzeptanzschaffung, Aufgaben + Verantwortl. für Prozess
- Strategische Ziele: 8 Leitsätze für Hauptspinne
  → als Grobziele für Grobplanung, Eckwerte finden
- Bewertung der strategischen Ziele (Spinnen-Analyse)
  → Ist-Analysen, + -, Motivation, Handlungsdruck
- Arbeits-Ziel festlegen (Messgrößen, Termine)
  → klare, bewusste, strat. Orientierung, Konzentration
- konkrete Ziele: ca. 8 Leitziele für Unterspinne
  → Konkretion für Feinplanung, (Qualitätsstandards) (smart)
- Kraftfeldanalyse / Rasteranalyse
  → Maßnahmenfindung, Probleme lösen
- Projektmanagement + Handeln, Umsetzen
  → professionelle Planung + Umsetzung, effizient
- Bewertung durch Haupt-/Unterspinne
  → Controlling, Reflexion, Ergebnissicherung, Lernprozesse
- Neue Ziele finden
  → Lernprozesse in Gang halten, KVP …

Abb. 9: Die ZUG-Methode

Die ZUG-Methode: Ziele verwirklichen in 10 Schritten an einem Beispiel (nach der AMC-Strategie)

(1) **Vision:**
Verbesserung der Konferenzkultur
Anlässe, persönliche/schulische Vision, Anforderungen, Aufnahmen von ⊖-Anlässen

(2) **ZUG-Methode**
Gemeinsame Ausgangswerte, Anfangswerte und Handlungsfelder festlegen

Zufrieden„macher"	Unzufrieden„macher"	Gestaltungsvorschläge
⊕ Problemorientierung	⊖ Zwischenrufe	• Gesprächsregeln für Konferenzen (Regelwächter)
⊕ zeitl. Begrenzung	⊖ Störungen	• Akzeptanz schaffen für neue Formen und Methoden
⊕ langfristige Terminierung	⊖ Vielredner vs. „Schweiger“	• Themenprioritäten
		• Störungen/Zwischenrufe bewusst machen (ZUG)

(3) **Grobziele (Hauptspinne)** (Formulierung als Wir-Sätze)

a. Wir gestalten unsere Konferenzen nach gemeinsam entwickelten Gesprächsregeln.
b. Wir bereiten die Konferenz durch gemeinsame Festlegung der Prioritäten vor.
c. Wir gestalten Konferenzen methodisch abwechslungsreich.
d. Wir pflegen eine angenehme wertschätzende Konferenzkultur.
e. Wir sehen eine erfolgreiche Durchführung der Konferenz als gemeinsames Anliegen.
f. Wir sorgen für eine gute zeitliche und strukturelle Vorbereitung und Organisation.
g. Wir sorgen für ein konstruktives und motivierendes Leitungsmanagement.
h. Wir achten auf eine gute Einbindung der Konferenzergebnisse in unser Schulprogramm

(4) **Bewerten der Grobziele**
Bewertung durch Setzen von Punkten (z.B. jeder hat 3 Punkte zur Verfügung, Mehrfachsetzungen sind möglich)

(5) **Arbeitsziel(e) festlegen**
1–2 Ziele auswählen aufgrund der Bewertung
Wir gestalten unsere Konferenzen nach gemeinsam entwickelten Gesprächsregeln.

(6) **Konkrete Ziele festlegen (Feinziele) → Unterspinne**
a. Wir schaffen eine Akzeptanz für gemeinsam entwickelte verbindliche Regeln in der Konferenz.
b. Wir entwickeln gemeinsam mindestens 5 Regeln der Gesprächsführung und des Verhaltens in der Konferenz.
c. Wir nennen ein Verfahren für die Benennung eines Regelwächters fest.
d. Wir lernen von anderen Schulen bei der Entwicklung von Konferenzregeln.
e. Wir überprüfen und reflektieren die gemeinsam aufgestellten Regeln.

(7) **Maßnahmenfindung**
Mithilfe der Rasteranalyse:

Feinziele der Unterspinne	Fehler, nicht gewünschte Verhaltensweisen	Maßnahmen, Verhalten, Projekte in der Schule
Akzeptanz für gemeinsam entwickelte verbindliche Regeln in der Konferenz		
5 Regeln der Gesprächsführung		
Verfahren für die Benennung eines Regelwächters		
Lernen von anderen Schulen bei der Entwicklung von Konferenzregeln		
Reflexion der gemeinsam aufgestellten Regeln		

(8) **Projektmanagement**
Die Maßnahmen aus der Raster- bzw. Kraftfeldanalyse werden übernommen

Nr.	Maßnahmen, Aktionen, Schritte	Arbeitsbedingungen, Ausstattungen, Räumlichkeiten	Arbeitsmethoden, Mittel, Instrumente	Realisierung bis	Verantwortl.	Erledigt

(9) Bewertung durch Haupt-/Unterspinne
Controlling, Reflexion, Ergebnissicherung z.B. nach einer Konferenz

(10) Neue Ziele finden
→ Lernprozesse in Gang halten z.B. durch Auswahl eines weiteren Grobziels aus der Hauptspinne
→ KVP (Kontinuierlicher Verbesserungs-Prozess)

Tipp: Die **Akzeptanzbildung kann in 10 Schritten als gemeinsamer Schulentwicklungsprozess** ablaufen:

(ein Berater von außen kann dabei – besonders in großen Schulen – nicht nur für einen besseren Anschub, sondern auch für eine professionelle Begleitung und Durchführung sorgen:

1. Anlässe suchen und eine offene und kritische Ist-Analyse für das Schulprofil/Image mit dem ganzen Kollegium machen – mit Stärken, Schwächen, Wünschen und Visionen. (Fragen s.o. schaffen Ausgangslage)
2. Durch eine gemeinsame Diskussion und Soll-Analyse sollten Sie sich dann auf gemeinsame Zielsetzungen konzentrieren und diese mit Verantwortlichkeiten und Zeiten als Prozess festlegen. (Prozessentwurf)
3. Schulleitung und Interessierte sollten sich vorbildlich und motiviert auch persönlich einbringen. (Verstärkung/Überzeugung/Vorbild) (vgl. dazu Abb. 7 und 10)
4. Kritische Stimmen und andersdenkende Gruppen möglichst integrieren und nicht isolieren. Eine gute Einwandbehandlung zahlt sich immer aus – klären und behandeln Sie mögliche Bedenken und Einwände – grenzen

Sie dabei die „Killerphrasen" aus. Viele Probleme lösen sich erst im Prozess, nicht alles lässt sich vorher klären. (Konsensorientierung mit großer Mehrheit – lieber keine Maximalwünsche, sondern minimale Gemeinsamkeiten, keine 100-Prozent-Entscheidung andenken oder versuchen)

5. Nutzen und Notwendigkeiten nach innen und außen für diesen gemeinsamen Prozess verdeutlichen, herausstellen und dann offiziell mit großer Mehrheit entscheiden (Schulgremien, Schulkonferenzen). (Prozessentscheidung zum Prozessstart)
6. Delegation und Beauftragung der Zuständigkeiten durch das Kollegium. (Steuergruppe, Profilgruppe… mit freiwilligen und kompetenten Teilnehmern aus möglichst vielen Bereichen zur Prozessorganisation und Durchführung)
7. Erarbeitung eines genauen Prozessablaufes mit oder ohne Berater und entsprechende Veröffentlichung im Kollegium. (Transparenz – ev. Einbeziehung des Kollegiums während des Prozesses – Prozessablauf mit einzelnen Stationen)
8. Zwischencontrolling für die ersten Entwürfe, Vorschläge und Ergebnisse während des Prozesses und Einbringung von möglichen Ideen und Verbesserungsvorschlägen – ev. Veränderungen des Ablaufes. (Prozesscontrolling)
9. Vorstellung und Abschlussentscheidung im Kollegium über gemeinsame Ziele und deren Umsetzungen – genau formuliert und im Schulprogramm integriert. (Prozessergebnis nach innen)
10. Veröffentlichung und Präsentation der gemeinsamen Ergebnisse in der Öffentlichkeit. (Beginn der eigentlichen Öffentlichkeitsarbeit…)

So ist eine professionelle Öffentlichkeitsarbeit gut vorbereitet, aufeinander abgestimmt und wird vom Kollegium auch wirklich gelebt. Die Identifikation des Kollegiums ist Grundlage für ein gutes Image der Schule.

„In allen Dingen hängt der Erfolg von der Vorbereitung ab." (Konfuzius)

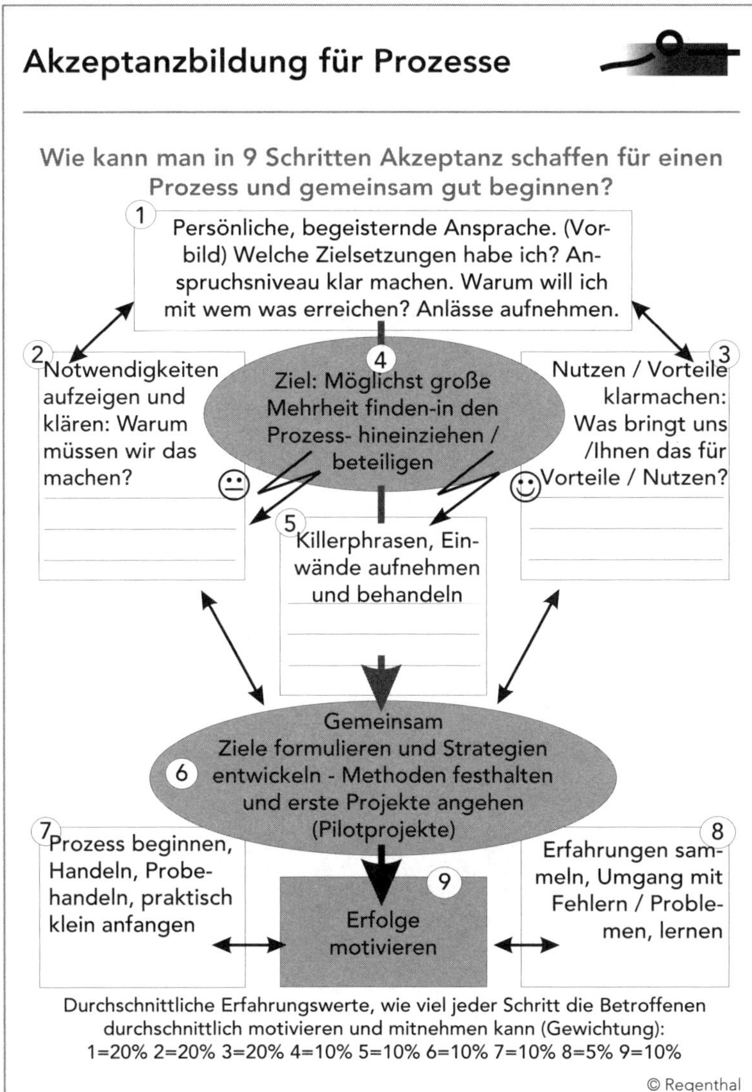

Abb. 10: Akzeptanzbildung für Prozesse

Eine Akzeptanzbildung und gemeinsame Aufbruchstimmung ist geschaffen, jetzt kann die Reise los gehen… Die AMC-Strategie als ein Fahrplan für eine strategische Öffentlichkeitsarbeit zeigt den Weg auf, wie man prozessorientiert vorgehen könnte (Abb. 11). Ein anlassorientiertes Vorgehen könnte mit der AIDA-Strategie gut gelingen (Abb. 7). Ein deduktives – ein mehr inhaltliches – Vorgehen bietet sich hier grundsätzlich eher an, wenn die Akzeptanzbildung als Prozessanschub vorher gut gelungen ist. Die AMC-Strategie ist dann gut, wenn es um integrierte Ist- und Soll-Analysen geht. Passen Sie das Vorgehen nach Bedarf an Ihre schulische Situation an – das allgemeine Vorgehen ist mehr eine Orientierungsgröße, um im Laufe des Prozesses wichtige Elemente, die aufeinander aufbauen nicht zu vergessen.

„Visionen brauchen Fahrpläne.“ (Ernst Bloch)

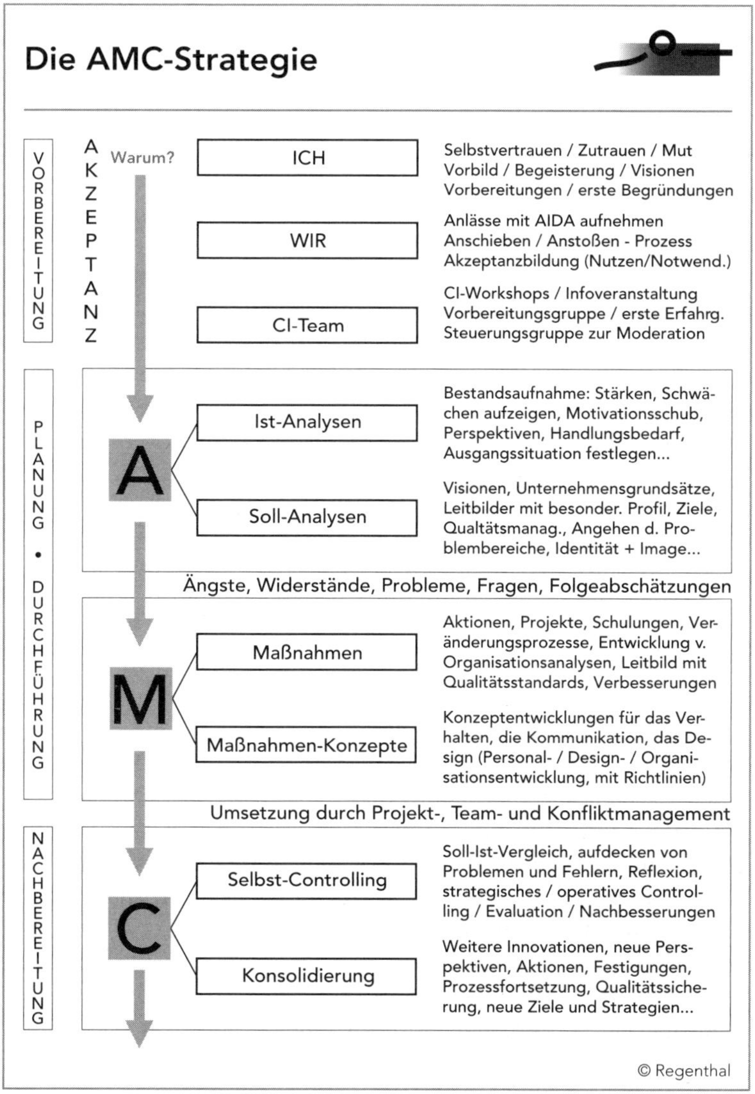

Abb. 11: Die AMC-Strategie

1.3. Fehler und Fallen bei gemeinsamen Entwicklungsprozessen Und welche Fehler sollten Sie unbedingt vermeiden?

Besonders häufig werden bei der gemeinsamen Schulentwicklung typische Fehler gemacht und wird in Fallen getappt, die die ersten Schritte erschweren oder sogar stoppen.

(1) Die 100-Prozent-Falle

Gemeinsame Schulentwicklung ist eigentlich nur erfolgreich, wenn alle mitmachen! Können wir mit dreißig Prozent Akzeptanz im Kollegium den Prozess anfangen? Wie können wir den Rest überzeugen, dass sie mitmachen? Dieses Akzeptanzproblem geht sogar dahin, dass man sich mehr um die Ablehner als um die Befürworter kümmert und diese fast „vergisst". Wollen Sie wirklich den Anspruch haben, Menschen in kurzer Zeit aus ihren verfestigten Strukturen herauszuholen und zu verändern? Veränderungen brauchen Zeit, Überzeugungsarbeit und die eigene Bereitschaft zur Veränderung bei den Betroffenen. Versuchen Sie lieber die dreißig Prozent der Befürworter auf über fünfzig Prozent (möglichst zweidrittel Mehrheit) zu steigern und verrennen Sie sich nicht in kaum zu ändernde Strukturen. Vorprogrammierte Erfolglosigkeit und Frustration wären die Folge.

(2) Die Killerphrasen-Falle

Killerphrasen, als nicht ernstgemeinte Einwände, wollen den Prozess unglaubwürdig stoppen. Wenn man diese Killerphrasen ernst nimmt, wendet man sich den motivierten und glaubwürdigen Kolleginnen ab und geht in eine Falle – der Prozess wird gestoppt. (Sogar von Ihnen selbst!) Sie können unglaubwürdige Einwände nicht mit ernsthaften Antworten aufzuheben versuchen (Glaubwürdigkeitsproblem). Entlarven Sie die Killerphrasen dadurch, dass Sie sagen: „Das sind Killerphrasen!" oder Sie mit einem Lächeln fragen: „Könnte das eine Killerphrase sein?" Aber gehen Sie nicht inhaltlich auf Killerphrasen ein, sondern setzen Sie Ihre Prozessarbeit fort. Ernstgemeinte kritische Einwände natürlich – so weit möglich – ernsthaft und glaubwürdig aufnehmen und beantworten oder auf spätere eigene Erfahrungen im Prozess verweisen. Wenn Sie nicht genau wissen, ob es eine Killerphrase ist, fragen Sie doch einfach: „Nennen Sie mir doch bitte zwei konkrete Gründe, warum das nicht geht?"

(3) Die Nicht-Konsequent-Auftreten-Falle

Viele engagierte Lehrer wagen es nicht, Defizite, Unehrlichkeiten, Falschverhalten und ihren Ärger über andere anzusprechen und lassen sich dadurch stoppen. Sie wagen es nicht, deutlich und motiviert ihre Meinung zu vertreten. „Ich möchte den anderen nichts vorwegnehmen und auch nicht der Oberlehrer sein. Ich weiß auch nicht, ob ich alles richtig mache!" Schulprozesse sind abhängig vom Verhalten der Beteiligten. Nur wenn einzelne mit Konsequenz und Selbstverantwortung den Prozess vorbildlich und mit Begeisterung und Identität anschieben und unterstützen, wird „sich etwas verändern" (Konsequenzproblem). Die besten Motivatoren sind Vorbilder! Ziele und Konzepte sind nur dann erfolgreich, wenn sie gelebt und umgesetzt werden – von den Beteiligten. Haben Sie den Mut dazu – nur so entdecken Sie „Neuland" und bekommen Erfahrungen und Stärke und auch Überzeugungskraft!

(4) Die Wir-Brauchen-Keine-Beratung-Falle

„Wir brauchen keine Beratung von außen!" Geldmangel, Kompetenzüberschätzung, Ängste vor Beratern und konsequenten Veränderungen führen zu unprofessionellen Selbstversuchen, die z. T. viel teurer und frustrierender sind. Das Beratungsproblem ist damit das zentrale Problem überhaupt und führt leider zu Qualitätseinbußen im Schulbereich. Der Zweifel an der richtigen Beratung führt zu einem „Häuserbau mit nicht abgestimmten Gewerken". Der Schulbau insgesamt bleibt letztlich so eine Ansammlung von unterschiedlichen und wiederkehrenden „offenen Baustellen"! Die „Wir-Tun-Doch-Was-Mentalität" ist Rechtfertigung – schafft aber weniger Erfolge, die für die Bewusstseinsbildung aller Beteiligten sowie für das Schulimage notwendig wären. Schulen der Zukunft ohne ein gutes Image wird es nicht geben! Öffentlichkeitsarbeit ist immer nach innen und außen und auf mehrere Zielgruppen gerichtet: Sinn und Zweck, Strategie und Arbeitsweise müssen Sie sich selbst verdeutlichen und auch dem Kollegium, der Schulentwicklungsgruppe, den Schülern und Eltern, den Kooperationspartnern und letztlich auch der Öffentlichkeit in der Region. Das ist typisch – auch bei einzelnen Projekten. Dabei müssen Sie diese unterschiedlichen Zielgruppen entsprechend ihrer unterschiedlichen Bedürfnisse und Erwartungen auch unterschiedlich ansprechen und zwar auch sehr sensibel, persönlich und werbend.

Und für einen guten ***Misserfolg bei der Öffentlichkeitsarbeit*** sollten Sie folgendes beachten:

- Machen Sie aus der Öffentlichkeitsarbeit eine „Geheimniskrämerei" und eine alleinige „Machtdarstellung" des Schulleiters. Dafür darf sich jeder in der Schule ganz individuell mit seinem Schullogo nach außen präsentieren.
- Beteiligen Sie möglichst nur ganz wenige Vertraute und Beauftragte, die Ihnen mal schnell etwas zusammenstellen, um es als Ihren persönlichen Erfolg nach außen zu geben. Machen Sie Öffentlichkeitsarbeit nur dann, wenn es sein muss – sparen Sie sich den Aufwand es kontinuierlich zu machen.
- Überraschen Sie Ihr Kollegium mit unbekannten Nachrichten, die sie in der Zeitung über Ihre Schule lesen können – das erfreut und motiviert das ganze Kollegium.
- Verzichten Sie auf Informationen für das Kollegium – sie müssen nicht alles wissen, das belastet nur.
- Beteiligen Sie das Kollegium nicht an Schulentwicklungs- und Veränderungsprozessen – sie sollen anständigen Unterricht machen, das reicht zur Profilierung. Oder warten Sie lieber ab, bis wirklich 100-Prozent des Kollegiums bereit sind mitzumachen, das wird zwar nie sei, Sie hätten dann aber eine sichere Grundlage.
- Setzen Sie keine Steuerungsgruppe und/oder Gruppe für Öffentlichkeitsarbeit ein – das macht nur Arbeit und bringt Ärger.
- Stellen Sie alles, was in der Schule gemacht wird in einem möglichst dicken, ungegliederten und nicht strukturierten Schulprogramm zusammen, dann kann es keiner finden, es muss sich keiner daran halten und keiner kann es einfordern.
- Kommunizieren Sie nicht mit dem Kollegium – lange Besprechungen und Gespräche verschlingen nur viel Zeit. Loben Sie Ihre Arbeit und stellen Sie Ihren Erfolg heraus, wenn etwas gut läuft – wenn etwas nicht gut läuft, suchen Sie nach Schwierigkeiten und Schuldigen.
- Stellen Sie alle – besonders auch völlig unwichtigen Sachen – nach außen dar, die Vielfalt wird schon irgendetwas beinhalten, was gut sein könnte zur Profilierung der Schule.
- Suchen Sie als Selbstverantwortliche Schule immer nach Schuldigen, auf die sie selbst Ihre Verantwortlichkeit abschieben können – dann stehen Sie bestimmt selbst gut da.

II. Positionierung der Schule durch eine prägnante und professionelle Profilbildung

Jede Schule ist etwas ganz Besonderes. Sie hat eine ganz eigene Schulkultur, die sich über die Jahre entwickelt hat und/oder gezielt gestaltet wurde. Das besondere Schulprofil sollte diese Besonderheit herausfiltern, bewusst machen und aufnehmen. Bei der Profilsuche sollten Sie aber auch immer den Schulwettbewerb genau analysieren und beachten. Sie sollten nicht „Zweiter der gleichen Besonderheit" sein... Jede Schule kann sich jeweils für ihr Schulmarketing ein oder zwei Schwerpunkte zur Profilierung der Schule auswählen und dann entsprechende Profil bildende Öffentlichkeitsarbeit machen. Es gibt ganz unterschiedliche Profil-Schwerpunkte, die allein und aber auch in Kombination mit anderen, für Ihre Schule zur Positionierung Ihrer Schule in der Zukunft Sicherheit, Stärke und ein gutes Ansehen bringen. Aber wie geht das? Was muss und kann man bei der Profilentwicklung beachten?

„Einfachheit ist die höchste Stufe der Vollendung." (Leonardo da Vinci)

1. Warum brauchen Schulen eine prägnante Profilbildung? Welchen Nutzen bringt eine professionelle Profilierung der Schule?

- Verstärkung der Motivation aller in der Schulgemeinde durch Identifikation mit der Schule. Verbundenheit, Vertrauensbildung, Verantwortungsgefühl steigt. Jeder denkt mit!
- Wertiges Herausheben Ihrer schulischen Arbeit – Lob und Anerkennung!
- Erfolgreiche Positionierung im Schulwettbewerb, gutes Schulmarketing, Profilierung und Markenbildung, gutes Ansehen und gutes Image!
- Gemeinsame Gestaltung der Zukunft, Zukunftssicherung, Sicherheit durch Positionierung.
- Gezielte Verbesserungen, Anstieg und Sicherung der Qualität, Innovationen.
- Strukturierte, klare Prozesse für die Schulentwicklung und Schulprogrammarbeit.
- Effektive Vernetzung aller Maßnahmen und Projekte – dadurch verstärkte, synergetische Wirkungen.

- Effizienter Ressourcen-Einsatz, Konzentration aller Mittel, weniger Doppelarbeit, Entlastungen.
- Begeisterung der Eltern und Schüler, größere Zufriedenheit durch Verlässlichkeit und Nachhaltigkeit – bessere Anmeldezahlen.
- Neue gute Kolleginnen und Kollegen finden, gezielte Personalentwicklung.

So bekommen Sie einen „Kompass" für die gesamte schulische Arbeit und können alle Maßnahmen entsprechend danach ausrichten.

„Nicht jede Profilbildung ist eine echte Profilbildung!"

Häufig versuchen sich Schulen durch eine Vielzahl von Aspekten zu profilieren. Die Gefahr besteht dabei, dass nur ein „blinder Aktionismus" dazu führt, vieles wie im „Bauchladen" anzubieten, in der Hoffnung, dass hier Jeder etwas für sich finden kann. Alle Kollegen wollen sich mit ihren Vorstellungen im Schulprofil wieder finden und alle Eltern sollen ihre Wünsche hier aufgelistet sehen. Das ist keine Profilierung, sondern Verzettelung – die Besonderheiten gehen in der umfassenden Auflistung „unter".

Was ist ein Schulprofil? Es ist nicht eine lange Auflistung aller Projekte und Angebote – das ist eher eine Beschreibung der schulischen Aktivitäten. Ein Schulprofil ist eine prägnante und reduziert formulierte Zusammenfassung der wichtigen Besonderheiten (Was macht das Angebot zum Besonderen?) – es geht hier nicht um Quantität, sondern um Qualität. Es geht bei der Profilbildung nicht allein um das „Was", sondern mehr um das „Warum" („Was ++" vgl. Abb. 16). Sie sollten über die schulischen Angebote hinaus mehr nach dem „Warum" fragen, um zusammenfassende pädagogisch wertvolle Zielsetzungen zu finden (BMW bietet auch nicht nur Autos an, sondern „Freude am Fahren"). Gewichten Sie Ihre möglichen profilbildenden Aspekte (vgl. unten die unterschiedlichen Profilbildungsmöglichkeiten), ordnen Sie nach Prioritäten, reduzieren Sie auf max. zwei wichtige Besonderheiten (die korrespondieren und/oder sich ergänzen – z. B. Individuelle Betreuung und Gemeinschaft oder Ganztag) und nehmen die für die Gesamtpositionierung der Schule im Wettbewerb (Schulmarketing) – den „Rest", was Sie <u>auch</u> anbieten, sollten Sie dann in die Umsetzungskonzepte einsortieren und wenn möglich nach den besonderen Profilen ausrichten und Bezug darauf nehmen). Die gesetzte Profilbildung sollte dann durch eine Markenbildung als gestalterische Wirkung noch ergänzt und abgerundet werden und dann muss alles in das schulische Gesamtkonzept/das Schulprogramm integriert und konsequent und gezielt durch entsprechend ausgerichtete Maßnahmen verlässlich hinterlegt werden, damit das Schulprofil im Alltag auch wirklich nach innen und außen gelebt wird: so wird Öffentlichkeitsarbeit zur erfolgreichen profilbildenden Öffentlichkeitsarbeit!

Eine gute Unterrichtsqualität, besondere Fächerschwerpunkte und Angebote sind auch nicht automatisch gleich das besondere Profil – es wird eigentlich vorausgesetzt und erwartet (vgl. Abb.12 und 14). Unterscheiden Sie wichtige Grundlagen Ihrer schulischen Arbeit und finden Sie darüber hinaus Ihre Besonderheiten, die Sie als Alleinstellung im Wettbewerb heraushebt. Auch Auszeichnungen – wie „Schule ohne Rassismus", Umweltschule, Europaschule usw. – allein sind dabei nicht entscheidend, weil schon viele Schule (besonders in der Nähe) diese Auszeichnung auch haben. Erst wenn durchgängig und besonders verstärkt alles in der Schule weltoffen, kulturell und sprachlich mit Zertifikaten ausgerichtet ist, könnte z. B. die Europaschule zur Profilbildung werden. Sie müssen also reduzieren und damit unterschiedliche Prioritäten setzen, dann erst wird daraus ein besonderes Profil, eine echte „Schulmarke". Und wenn Sie jetzt schon viele „Auszeichnungen" haben, fragen Sie sich „Wozu? Warum haben wir die? Was bringt das dem einzelnen Schüler?" Versuchen Sie darauf eine zusammenfassende Antwort zu finden, dann haben Sie Ihr Profil gefunden… Diese strategische und konzeptionelle Profilbildung muss auch verbindlich in das Schulprogramm/Schulkonzept eingearbeitet werden, damit es dann wirklich erfolgreich und nachhaltig umgesetzt werden kann. (vgl. dazu auch die schulischen Beispiele in Auszügen weiter unten, im Anhang und ausführlich online)

„Perfektion ist nicht dann erreicht, wenn man nichts mehr hinzufügen, sondern wenn man nichts mehr weglassen kann."
(Antoine de Saint-Exupéry)

Abb. 12: Profilierung im Wettbewerb durch Markenbildung für Schulen

2. 10 mögliche Profil-Schwerpunkte zur Orientierung im Überblick:

(1) **Angebots-Profil** (vielfältiges Angebot von Fächer-Schwerpunkten, Projekten und Arbeitsgemeinschaften oder für besondere Bereiche/Perspektiven z. B. Gesundheit, Neigungen und Begabungen…)

(2) **Individualitäts-Profil** (besondere Ausrichtung auf den Einzelnen, für seine individuellen Lernprozesse, seine Persönlichkeitsstärkung und eine entsprechende Kompetenz- und Werte-Vermittlung…)

(3) **Zukunfts-Profil** (besondere Ausrichtung auf Vermittlung von wichtigen zukunftsorientierten Kompetenzen, die z. T. aufbauen auf die traditionellen Grundlagen und/oder aber auch innovative Perspektiven und Orientierungen und so für die Aufgaben in Gegenwart und Zukunft vorbereiten…)

(4) **Werte-Profil** (besondere Ausrichtung auf ausgewählte Werte, Wertevermittlungen oder Glaubensrichtungen mit entsprechenden Angeboten und Kompetenzvermittlungen für spezielle Zielgruppen und deren gezielte Persönlichkeitsentwicklungen…)

(5) **Förder-Profil** (besondere Ausrichtung auf den Einzelnen, für seine individuellen Lernprozesse, seine Persönlichkeitsstärkung und eine entsprechende Kompetenz- und Werte-Vermittlung…)

(6) **Kultur-Profil** (besondere Heraushebung der Schulkultur, der Gemeinschaft mit einem Gemeinsinn und vielfältigen Angeboten, mit besonderen Akzenten und einem besonderen Niveau zur Förderung von verantwortlichen Verhaltensweisen und unterschiedlichen Talenten…)

(7) **Europa-Profil** (vielfältige und herausragende Angebote mit besonderen Auszeichnungen und Zertifikaten für europäische Denkweisen und Kompetenzvermittlungen – mit Kooperationen, Partnerschaften und Wettbewerben, die über die normalen/durchschnittlichen hinausgehen…)

(8) **Ganztags-Profil** (nicht jeder Ganztag ist ein Ganztagsprofil – ein Profil wird daraus erst, wenn es die Schule grundlegend pädagogisch begründet, im Schulprogramm als Besonderheit konzeptionell heraushebt und entsprechend mit qualitätsorientierten Angeboten hinterlegt, die kontinuierlich reflektiert und weiter entwickelt werden…)

(9) **Begabten- / Talent-Profil** (als eine besondere Talentförderung für den Einzelnen und/oder einen ausgewählten Bereich – z. B. Sport, Musik und Kunst, die über normale Angebote hinausgeht und individuelle Begabungen verstärkt fördert…)

(10) **Regional-Profil** (besondere Ausrichtung auf die Region und die Kooperation mit der Region/der Stadt und deren Organisationen, auch als Ergänzung der pädagogischen Arbeit der Schule, als kultureller Impulsgeber/anerkannter Teil des kulturellen Lebens/vor dem Hintergrund regionaler Geschichte…)

Tipp: Bei der Entwicklung und Festlegung Ihres Schulprofils als Schulmarketing sollten Sie folgende Aspekte berücksichtigen und beachten:

(1) Die Schulkultur Ihrer Schule als allgemeine Basis nehmen (das sollte der Ausgangspunkt sein, um die Herkunft und die damit verbundene Identifikation als Grundlage für den Profilierungsprozess zu gewährleisten…)
(2) Die Schulform Ihrer Schule als allgemeine Basis nehmen (stellen Sie die unterrichtliche Kernkompetenz und die Hauptaufgaben Ihrer Schulart heraus - nicht für „Alles da sein wollen"…)
(3) Die gewachsenen Besonderheiten und auch neue Arbeitsschwerpunkte für die Schulentwicklung Ihrer Schule herausheben (perfekte Reduktion der vielfältigen Angebote – Prioritäten setzen…)
(4) Die einladende, verständliche und wertige Formulierung der Besonderheiten finden – möglichst auch ergänzend durch eine sloganähnliche Zusammenfassung als gemeinsame und identitätsstiftende Vision (die Identitätsbildung bei allen Beteiligten, die Gesamtausrichtung der Schule und die entsprechende Kommunikation sind viel einfacher und besser durch einen begeisternden Leitspruch für die Schule…)
(5) Die sinnvolle Ausrichtung Ihres Schulprofils durch zwei sich ergänzende Aspekte stärken (damit sich die Schule in der Konzentration nicht zu „eng und wacklig" aufstellt – lieber „auf zwei Beinen" sicher positionieren…)
(6) Die Eltern- und Schüler-Nachfrage, die Wünsche in der Region beachten („Was wollen die Eltern und Schüler?" Mehr ländliche oder mehr städtische Bedürfnisse – Eingehen auf die „Nachfrage"…)
(7) Die Besonderheiten der Schulen in Ihrer Region im Vergleich berücksichtigen (es dient der Heraushebung der Alleinstellung und damit der Marktführerschaft - macht Ihre Schule besonders stark…)
(8) Die strategische Ausrichtung, um die Besonderheiten anderer Schulen im Wettbewerb vielleicht „auch anzubieten und/oder auch als Ergänzung mit dabei zu haben" (damit die Eltern und Schüler bei der Wahl der Schule

nicht zwischen zwei guten Aspekten von unterschiedlichen Schulen mit „entweder oder" entscheiden müssen…)

(9) Die nachhaltige Zukunftsorientierung mit aufnehmen (also Themen, die auch/gerade in der Zukunft gefragt sein werden – Ihr Schulprofil bleibt längerfristig und dient zur Sicherung Ihrer Schule…)

(10) Die glaubwürdige und konsequente Umsetzung Ihres Schulprofils im Schulalltag sichern (durch entsprechende Leitziele, Qualitätsstandards, Maßnahmen mit festen Verantwortlichen, Zeiten und einem Controlling zur Reflexion…)

3. Beispiele für besondere Profilierungen von Schulen

3.1 Zum Angebots-Profil (vielfältiges Angebot von Fächer-Schwerpunkten, Projekten und Arbeitsgemeinschaften oder für besondere Bereiche/Perspektiven z. B. Gesundheit, Neigungen und Begabungen…)

3.1.1 Beispiel: Werner-von-Siemens-Gymnasium, Bad Harzburg
www.wvsharzburg.de

Leitsatz: Wir legen Wert auf ein breites Angebot zur Persönlichkeitsentwicklung durch vielseitige Erfahrungsspielräume.

3.1.2 Beispiel: Gesamtschule Mittelkreis, Goch
www.gesamtschule-mittelkreis.de

Unser Profil: Vielfalt sichern, Schwerpunkte setzen, Ziele verfolgen

3.1.3 Beispiel: Gesamtschule Brüggen, Brüggen
www.gesamtschule-brueggen.de

Leitsätze des Schulkonzeptes (die ganzheitliche Ausrichtung auf die Gesundheitsförderung ist besonders im Schulleben, in der Erziehung, Beratung und Gesunden Schule zu sehen…)

3.2 Zum Individualitäts-Profil (besondere Ausrichtung auf den Einzelnen, für seine individuellen Lernprozesse, seine Persönlichkeitsstärkung und eine entsprechende Kompetenz- und Werte-Vermittlung…)

3.2.1 Beispiel: Gymnasium Am Löhrtor, Siegen
www.gal.de

Leitsatz: Wir schaffen Voraussetzungen für ein lebenslanges Lernen und begleiten unsere Schülerinnen und Schüler auf ihrem individuellen Lernweg.

3.3 Zum Zukunfts-Profil (besondere Ausrichtung auf Vermittlung von wichtigen zukunftsorientierten Kompetenzen, die z.T. aufbauen auf die traditionellen Grundlagen und/oder aber auch innovative Perspektiven und Orientierungen und so für die Aufgaben in Gegenwart und Zukunft vorbereiten…)

3.3.1 Beispiel: Campe Gymnasium, Holzminden

www.campegym.de

Erkennen – Begreifen – Gestalten

Leitsatz: Wir bereiten in der Tradition unseres Namensgebers auf die Aufgaben der Gegenwart und Zukunft vor.

3.4 Zum Werte-Profil (besondere Ausrichtung auf ausgewählte Werte, Wertevermittlungen oder Glaubensrichtungen mit entsprechenden Angeboten und Kompetenzvermittlungen für spezielle Zielgruppen und deren gezielte Persönlichkeitsentwicklungen…)

3.4.1 Beispiel: St. Hildegard, Ulm, Katholische Freie Mädchenschulen der Franziskanerinnen von Bonlanden (Grundschule, Realschule, Gymnasium)

www.st-hildegard-ulm.de

Schulprofil: staatlich anerkannte Mädchenschule mit religiösem Profil und christlicher Werteerziehung.

Leitsatz: Wir stärken Mädchen auf ihrem Weg zum Erwachsen werden und eröffnen Horizonte auf der Basis christlichen Glaubens.

3.4.2 Beispiel: Gymnasium Haren (Ems)

www.nibis.ni.schule.de/~gymharen

Auszeichnung „Humanitäre Schule“ (ein Projekt in Zusammenarbeit mit dem Roten Kreuz)

Humanitäre Verpflichtung

Leitsatz: Wir setzen uns für das humanitäre Wertesystem als Orientierung für eine verantwortungsvolle Zukunft ein.

3.5 Zum Förder-Profil (besondere Ausrichtung auf den Einzelnen, für seine individuellen Lernprozesse, seine Persönlichkeitsstärkung und eine entsprechende Kompetenz- und Werte-Vermittlung

3.5.1 Beispiel: Pestalozzischule GGS Krefeld

www.pestalozzischule-krefeld.de

GÜTESIEGEL INDIVIDUELLE FÖRDERUNG

Besondere Förderung

Leitsatz: Wir fördern qualifiziert und ausgezeichnet individuelle Fähigkeiten und besondere Begabungen unserer Kinder

3.5.2 Beispiel: Kardinal-von-Galen Grundschule, Münster-Handorf

www.kvg-gs-muenster.de_

Alles für den besten Start ins Leben

Schule heißt Lernen und Leistung. Wir nehmen die Leistung unserer Schüler in den Blick und die Freude daran: Das heißt für uns, in einer offenen und freundlichen Atmosphäre gemeinsam zu leben, zu lachen und zu lernen, wie gesellschaftliches Zusammenleben funktioniert. Wir fördern die geistige, körperliche und soziale Entwicklung jedes Einzelnen, entdecken die Kompetenzen unserer Schüler im Unterricht und unterstützen die individuellen Fähigkeiten. Mit vielen zusätzlichen Projekten fördern wir musikalischen und sozialen Fähigkeiten sowie die Ich-Stärkung des Kindes.

3.5.3 Beispiel: Otto-Willmann-Schule, Gemeinschaftsgrundschule (GGS) Voerde

www.voerde.de/otto-willmann-schule

Unsere besondere Förderung

Leitsatz: Wir fördern und fordern durch unterschiedliche Lernwege jedes Kind nach seinen Begabungen.

3.5.4 Beispiel: Herman-Nohl-Schule, Osnabrück (Förderschule Emotionale und Soziale Entwicklung)

www.herman-nohl-schule-os.de

Zertifiziert nach DIN EN ISO 9001

„du bist willkommen – wir machen dich stark." Mit diesem Leitwort heißen wir unsere Schülerinnen und Schüler willkommen.

Als Förderschule mit dem Förderschwerpunkt Emotionale und Soziale Entwicklung ist uns der positive Zuspruch und das Zutrauen, dass sie ihr Leben selbst gestalten können, von grundlegender Bedeutung und unser Anliegen.

Leitsatz: ENTWICKLUNGSCHANCEN

Wir schaffen neue Entwicklungschancen

3.6 Zum Kultur-Profil (besondere Heraushebung der Schulkultur, der Gemeinschaft mit einem Gemeinsinn und vielfältigen Angeboten, mit besonderen Akzenten und einem besonderen Niveau zur Förderung von verantwortlichen Verhaltensweisen und unterschiedlichen Talenten…)

3.6.1 Beispiel: Integrierte Gesamtschule Salzgitter

www.igs-salzgitter.de

*i*ndividuell

*g*emeinschaftlich

*s*elbstverantwortlich lernen und leben

Angstfrei, miteinander auf dem Weg zum Erfolg…

Die IGS Salzgitter versteht sich als ein Ort der Entwicklung und des Entwickelns, ein Ort des Miteinanders von unterschiedlichen Begabungen, ein Ort an dem wir gemeinsam leben und voneinander lernen. Wir begleiten und beraten die uns anvertrauten Schülerinnen und Schüler auf dem Weg zur Erreichung des für sie jeweils bestmöglichen Schulabschlusses.

Selbstbewusst, eigenverantwortlich und kompetent…

Neben den Fachkompetenzen der einzelnen Unterrichtsfächer vermitteln wir Schlüsselqualifikationen, wie die Stärkung der Kritik- und Urteilsfähigkeit, den Aufbau und die Festigung von Persönlichkeitsmerkmalen, insbesondere Selbstwertgefühl, Zuverlässigkeit, Eigeninitiative und Durchhaltevermögen.

Zeitgemäß und zukunftsorientiert…

Ausgehend von unserem Selbstverständnis werden wir die Entwicklung unserer Schule für die kommenden Jahre vorantreiben, notwendige Innovationen ermöglichen, Bewährtes erhalten und optimieren.

Gemeinschaft

Leitsatz: Wir pflegen eine offene und respektvolle Gemeinschaft und bieten vielfältige Möglichkeiten, die Interessen und Talente zu entdecken und zu entfalten

3.7 Zum Europa-Profil (vielfältige und herausragende Angebote mit besonderen Auszeichnungen und Zertifikaten für europäische Denkweisen und Kompetenzvermittlungen – mit Kooperationen, Partnerschaften und Wettbewerben, die über die normalen/durchschnittlichen hinausgehen…)

3.7.1 Beispiel: Thomas-Eßer-Berufskolleg Euskirchen, Berufskolleg des Kreises Euskirchen
www.teb-eu.eu

tatkräftig erfolgreich bilden am TEB!

Europäische Orientierung

Leitsatz: Wir erweitern Horizonte und eröffnen neue Wege von Euskirchen nach Europa.

3.8 Zum Ganztags-Profil (nicht jeder Ganztag ist ein Ganztagsprofil – ein Profil wird daraus erst, wenn es die Schule grundlegend pädagogisch begründet, im Schulprogramm als Besonderheit konzeptionell heraushebt und entsprechend mit qualitätsorientierten Angeboten hinterlegt, die kontinuierlich reflektiert und weiter entwickelt werden…)

3.8.1 Beispiel: Georg-Büchner-Gymnasium der Stadt Kaarst
www.gbg.ahgg.de

GEMEINSAM BILDUNG GESTALTEN

Wer gemeinsam Bildung gestalten will, der braucht Zusammenhalt, klare Vorstellungen und individuelle Freiräume. Denn eine gemeinsame Gestaltung gelingt nur, wenn jeder bereit ist, sich mit seinen individuellen Stärken einzubringen, und auch die Möglichkeit dazu erhält. Am Georg-Büchner-Gymnasium schaffen wir diese Freiräume durch den Ganztag, der unseren Schülerinnen und Schülern die Möglichkeit eröffnet, ihr Lernen im eigenen Tempo und nach persönlichen Schwerpunkten zu gestalten. Individuell und trotzdem gemeinsam.

Individuelle Lernprozesse

Leitsatz: Wir unterstützen und begleiten unsere Schülerinnen und Schüler in ihren individuellen Lernprozessen.

3.9 Zum Begabten- / Talent-Profil (als eine besondere Talentförderung für den Einzelnen und/oder einen ausgewählten Bereich – z. B. Sport, Musik und Kunst, die über normale Angebote hinausgeht und individuelle Begabungen verstärkt fördert…)

3.9.1 Beispiel: Gesamtschule Berger Feld, Gelsenkirchen
www.gesamtschule-berger-feld.de

Eliteschule des Fußballs

Das Talentzentrum Fußballschule „AufSchalke“ der Gesamtschule Berger Feld ermöglicht es Spitzentalenten im Fußball ihre sportliche Ausbildung mit einer erfolgreichen schulischen Laufbahn zu verknüpfen. Um schulische und sportliche Anforderungen optimal zu koordinieren, ist die GEBF als „Eliteschule des Fußballs“ in ein Netzwerk von Schule, Leistungszentrum, Verein und Verbänden eingebunden. Die enge Kooperation mit dem Partnerverein FC Schalke 04 bildet dabei die Grundlage für die erfolgreiche Arbeit der Fußballschule.

Ziele und Maßnahmen

Ziel der Fußballschule „AufSchalke“ ist es, die jungen Talente sportlich zu fördern und zugleich in ihrer Persönlichkeitsentwicklung zu unterstützen. Diesem Anspruch liegen bewährte sportliche und pädagogische Konzepte zugrunde, die kontinuierlich weiterentwickelt werden. So erhalten die jungen

Fußballtalente beispielsweise eine pädagogisch-psychologische Betreuung, Kompensation von Unterrichtsausfall, Hausaufgabenbetreuung und die Möglichkeit, zusätzliche Trainingseinheiten am Vormittag zu absolvieren.

3.10 Zum Regional-Profil (besondere Ausrichtung auf die Region und die Kooperation mit der Region/der Stadt und deren Organisationen, auch als Ergänzung der pädagogischen Arbeit der Schule, als kultureller Impulsgeber/anerkannter Teil des kulturellen Lebens/vor dem Hintergrund regionaler Geschichte…)

3.10.1 Beispiel: Adam-von-Trott-Schule, Gesamtschule mit Gymnasialer Oberstufe, Sontra
www.adam-von-trott-schule.de

Lehren aus der Geschichte

Wir legen Wert auf demokratisches Denken und Handeln vor dem Hintergrund regionaler Geschichte und dem Wirken Adam von Trotts.

4. Fazit

Die inhaltliche und prägnante Umschreibung des Schulprofils schafft gute Wirkungen nach innen und außen und sorgt so für eine effektive Schulentwicklung. Die Besonderheit Ihrer Schule, als die gemeinsame konzentrierte Ausrichtung auf Ihre pädagogischen Zielsetzungen, zeigt Ihre klaren Werteorientierungen auf. Diese gemeinsamen Prozesse und die wertigen Orientierungen vermitteln ein ganz anderes, professionelles Niveau Ihrer Schule. So können Sie sich im Schulwettbewerb stark positionieren und Ihre Schule auf die Zukunft sicher vorbereiten – letztlich zum Wohle aller Beteiligten.

III. Markenbildung für Schulen – wie geht das?

1. Praktische Anleitungen zur Markenbildung für Schulen

Eine „normale Öffentlichkeitsarbeit" reicht im Schulwettbewerb nicht mehr aus! Gefordert ist heute und in Zukunft noch viel mehr, dass sich die Schule wie eine Marke profilieren und entsprechend gezielt im Wettbewerb präsentieren. Markenbildung erfordert eine strategische und konzeptionell vernetzte Abstimmung der gesamten Maßnahmen und Projekte nach innen und außen auf der Grundlage einer pädagogischen Identität. Es geht heute und in Zukunft ganz entscheidend um eine professionelle und Profil bildende Öffentlichkeitsarbeit, um ein prägnantes Schulprofil nach innen und außen – es geht um die Schule als **„Marke"**. Damit ist die Öffentlichkeitsarbeit in einer ganz anderen „Liga" und hebt sich nur dann besonders hervor.

Was heißt Markenbildung für Schulen?

Jede gute Marke geht zurück auf eine bewusste Corporate Identity mit einem strategischen Leitbild. Dort sind die Grundlagen und Werte festgelegt, die zur Markenbildung grundlegend sind. Erst durch eine gelebte Corporate Identity kann in der Markenbildung eine Kontinuität entstehen. Markenbildung heißt, alle Maßnahmen zur Gestaltung eines schulischen Leistungsangebots konzentriert auf die Marke auszurichten. Sie verbindet somit Innen- und Außenwirkungen und hat eine zusammenfassende Wirkung. Damit kann sich die Schule aus der Masse gleichartiger Angebote herauszuheben und ihr Schulprofil erfolgreich und nachhaltig stärken.

Die Entwicklung und Positionierung Ihrer Schule als Marke (Corporate Branding) sollte auf der Basis der bisherigen Schulkultur (der schulspezifischen Corporate Identity) geschehen, aber auch eine zukunftsorientierte Balance schaffen, mit welcher Besonderheit sie sich auch in den nächsten Jahren im Vergleich zu anderen Schulen im Wettbewerb herausheben wollen. Diese Positionierung im Wettbewerb muss dann ganzheitlich – also inhaltlich (kognitiv – WAS) und von der Wirkung her (emotional – WIE) strategisch und durchgängig gestaltet werden. Es geht also beim Schulmarketing nicht nur um ein Informationsmarketing, als die seriöse Darstellung des eigenen Profils und der eigenen Stärken, sondern auch um die Emotionalisierung zur Vertrauensbildung (grafische

Umsetzung der Schulatmosphäre und Schulkultur). Das Schulprofil zeigt die Grundlagen und erste Ansätze auf: Das Schulprofil schärfen (durch eine strategische Ausrichtung). Die inhaltliche Festlegung durch ein grundlegendes Schulmarketing muss ergänzt werden durch wirkungsorientierte, emotional ausgerichtete Gestaltungsaspekte: das „WAS" muss durch das „WIE" ganzheitlich zu einer Marke zusammengefügt werden, um eine nachhaltig wirksame Öffentlichkeitsarbeit zu gewährleisten.

Geben Sie der eigenen Marke also unbedingt ein unverwechselbares Erscheinungsbild (Corporate Design) und eventuell auch mit einem „Slogan/einen Leitspruch", einen individuellen Charakter und damit eine einzigartige Corporate Identity, zu der alle Beteiligten am Schulleben eine emotionale Bindung entwickeln können. Entscheidend für erfolgreiche Markenbildung ist letztlich die verbindliche Verankerung der Image- und Öffentlichkeitsarbeit im Leitbild und im Schulprogramm/Schulkonzept der Schule und dass „die Marke auch gelebt" wird.

Eine schulische Marke hat folgende Funktionen, die die Bedeutung und den Nutzen verdeutlichen:

(1) **Orientierungsfunktion**: Marken vermitteln Informationen, Emotionen, Vertrauen und eine Beziehung/emotionale Bindung zur Schule – Identifikation aller Beteiligten am Schulleben

(2) **Entscheidungsfunktion**: Marken unterstützen Entscheidungsprozesse (Nachfrage-Erhöhung, Unterstützung und Erleichterung der Eltern und Schüler bei der Schulwahl, Personalsuche)

(3) **Entlastungsfunktion**: Marken professionalisieren das Angebot (helfen das schulische Angebot zu konzentrierten, zu vernetzten und mehr Verzettelung und Doppelarbeit abzubauen)

(4) **Innovierungsfunktion**: Marken sorgen für Veränderungen – sie zeigen die Richtung auf, in der sich die Schulen entwickeln (identitätsstiftende Visionen an denen sie arbeiten)

(5) **Profilierungsfunktion**: Marken profilieren das Image (Verbesserung des Ansehens und des Schulprofils sowie der Wiedererkennung)

Die Imageforschung lehrt, dass von der Professionalität der Selbstdarstellung einer Organisation direkt auf die zu erwartende Qualität der Leistungen geschlossen wird. Im Fall „Schule“ heißt das, dass dadurch der Unterricht, die Erziehung und Kompetenzentwicklung einer Schule höherwertiger eingeschätzt wird, wenn sie sich professionell präsentiert.

1.1 Benchmarking zur Markenanalyse und als Basis: durch Vergleich zum Profil

Was machen wir Besonderes, was andere Schulen nicht machen? Was ist uns besonders wichtig und zeichnet unsere Schule aus? Was ist unser spezifisches Schulprofil? Wie wollen wir unsere Schule im Wettbewerb positionieren? Alles Leitfragen, die aufzeigen, was zu tun ist – sie müssen gemeinsam diskutiert und festgelegt werden… (vgl. Abb. 12)

Um herauszufinden, wie wir als Schule im Vergleich zu Anderen im Wettbewerb dastehen, kann man mit der Methode Benchmarking gut arbeiten. Wie geht das? (vgl. Abb. 13. Eine Checkliste zum Benchmarking haben wir Ihnen online zur Verfügung gestellt.)

> *Damit ich mich selbst erkennen kann, schaue ich in den Spiegel. Aber auch durch den Vergleich zu anderen Organisationen wird mir klar, wer ich bin und wer ich sein möchte. Benchmarking stammt aus der Geländevermessung. Das Anpeilen von mind. zwei unterschiedlichen Standpunkten ergibt eine Schnittstelle, die mir zeigt, wo ich stehe. Der direkte Vergleich hilft mir bei meiner Standortbestimmung. Über diese Bewusstseinsbildung hinaus, kann ich direkt lernen, wo andere etwas besser machen und das bei mir verändern, wenn es mir bei meiner Profilierung hilft (lernende Organisation). Dadurch kann ich systematisch ein ganzes Konzept entwickeln, das mir über das reine Selbstbild hinaus als Fremdbild dem Wettbewerb bestens standhalten kann, da es ja immer mit den „Mitanbietern” einen Qualitätsvergleich gibt, der von den Eltern und Schülern ja sowieso gemacht wird.*

Benchmarking: Pausengestaltung

Mitbewerber und eigene Schule / Vergleich	S1	S2	S3	S4	Eigene Schule	Veränderungen
	Schulpartnerschaft: Die Brücke - Pater - Damian - Schule					
Raumaufteilung (Zonen)	Darstellungs- und Spielzonen	Einbeziehung der Klassenräume	Raumgewinn: Einbeziehung des Gartens	strukturierte Spielzonen	einige Spielzonen	erhöhtes Terrain zur Bühne umwandeln
installierte Spielgeräte	Klettergerüste (Holz), Sandkasten	Tischtennisplatten, Basketballkörbe	zusätzliche Torwand		Tischtennisplatten, Klettergerüst	Basketballkorb
Kleingeräte und Aufbewahrung	Kleingeräte der Kinder, Psychomotorik, Aggressionsabbau	mitgebrachte Kleingeräte	zentrales Spielhaus	Spielkisten im Klassenraum	Pedalos (Schule), Kleingeräte (Kinder)	gleiches Material pro Klasse (Förderung), einheitliche Aufbewahrung
Zeiteinteilung	30 Min. bis 12:00 Uhr	30 Min.	wie eigene Schule	3 größere Pausen	je 5 Min. zwischen den Stunden 1. Pause: 25 Min.	Versuche: z.B. Frühstück nach der Pause
Aufsicht	Lehrerpersonal	Erzieher	wie eigene Schule	eine Lehrperson pro Aufsicht	Lehrpersonal große Pausen 2 Personen, kleine Pausen 1 Person	zusätzlich: Betreuungskräfte
Pausenordnung	vorgegeben von der Schulleitung	klassenintern geregelt, schülerzentriert	klassenintern geregelt, schülerzentriert	Klassenintern geregelt, schülerzentriert	klassenintern, schülerzentriert	gemeinsame Pausenordnung, schülerzentriert
Animation	Sketche, Tanz, Modellbau					Hobbyvorstellung: Schüler und Jugendliche

© Regenthal

Abb. 13: Benchmarking: Pausengestaltung

Listen Sie als erste Maßnahme Vergleichskriterien für Ihre Schule und/oder einzelne Projekte auf. Dieses sind Indikatoren der Schulkultur und Schulqualität nach innen und außen. Versuchen Sie dann als zweiten Schritt entsprechende Informationen von Vergleichsschulen und/oder anderen ähnlichen Anbietern zu besorgen. Wer ist führend bei dem Vergleich der speziellen Einzelkriterien? Von wem können wir so lernen, dass wir unsere eigenen Vorstellungen prägnanter und profilierter herausarbeiten können? Welche konkreten Veränderungen sind möglich, damit das Gesamtbild verbessert wird? Dadurch wird auch Ihre spezifische Profilierung deutlich, es entwickelt sich ein eigenes Marketingkonzept der Schule, das die Qualität der Schule nach innen und außen besser verdeutlicht und damit verstärken kann. Die Informationen über die Vergleichsorganisationen sollten Sie sich möglichst rechtzeitig vorher besorgen und/oder auch direkte „Paten" als zuständige „Informationsbeschaffer" auswählen, damit immer mehr Feinheiten entdeckt und entwickelt werden können.

Benchmarking (Ablauf/Vorgehensweise):

(1) Kriterien genau definieren (Vorschläge sammeln),
(2) Haupt-Kriterien (fünf-zehn) und Unter-Kriterien (fünf-zehn) genau festlegen,
(3) Arbeitsschwerpunkt festlegen,
(4) Gemeinsame Auswertung: Was bringt/bedeutet das für unsere Schule?
(5) Metaplan und Stellwände benutzen,
(6) Info-Beschaffung: wer, was, wo, wie entsprechend der Kriterien,
(7) Moderator, der steuert und Impulse setzt,
(8) Neue besondere Profilierung finden.

Für die Auswahl und Zusammenstellung der Kriterien könnten Sie zuerst allgemeinere Kriterien nehmen (die unterschiedlichen besonderen Schulprofile), sollten dann aber auch differenzierte Einzelanalysen machen, um sich die

Feinunterschiede genauer bewusst zu machen (bei der Umsetzung). Achten Sie dabei darauf, dass Sie nicht NICHT-Besonderheiten wieder herausstellen (vgl. Abb. 12). Zum Schulmarketing sind die Unterrichtsqualität und besondere Schwerpunkte die Grundlage und nicht die Besonderheit. Sie müssen in die „andere Liga" gehen und ganz besondere Aspekte finden und daran arbeiten, die zur Alleinstellung und Heraushebung im Wettbewerb längerfristig dienen. Die Möglichkeiten der Profilbildung sind in als Übersicht eine gute Grundlage, um sich einfacher entscheiden zu können…

Profilierung durch Corporate Identity

Die Unternehmenskultur ist die interne Basis für hohe Produktivität, die professionelle Fachlichkeit, die Qualität und das entsprechende Mitarbeiterverhalten. Optimierungsprozesse sorgen für die Wirtschaftlichkeit. Entscheidend aber ist bei der Dichte des Angebotes und dem hohen Kundenanspruch die spezifische Profilierung nach außen durch zusätzliche Werte, die das Image über die Kosten-Nutzen-Relation hinaus erst erfolgreich gestalten.

Abb. 14: Profilierung durch Corporate Identity

1.2 Entwicklungsstrategie und Methoden zur Markenbildung

Hohe Erwartungen und Anforderungen an die Bildungsqualität und Arbeitsweisen von allen Seiten – es werden auf einem Top-Niveau zusätzlich noch Besonderheiten erwartet: Jede Schule muss sich im Schulwettbewerb positionieren und ihr spezifisches Profil präsentieren. Schulen sind zu längst besonderen Marken geworden – zumeist nur nicht bewusst und gezielt gestaltet. Die Grundlagen zur Markenbildung liegen in vielen Schulen vor – es kommt nur darauf an, sie bewusst zu machen und gut zu präsentieren.

Hier sechs Prozessschritte zur Entwicklung und Positionierung Ihrer Schule als Marke (Corporate Branding):

(1) AKZEPTANZBILDUNG für und mit dem Kollegium als Basis zur **IDENTIFIKATION** mit der Schule (Warum? Wer sind wir?)
- Akzeptanzbildung mit Nutzen, Notwendigkeiten, Einwandbehandlung
- Realistische Visionen, Grundwerte, Ideen, Zielsetzungen
- Selbstverständnis, pädagogische Identität, Bewusstseinsbildung

(2) ENTWICKLUNG eines starken **SCHULPROFILS** mit prägnanten Alleinstellungsmerkmalen (WAS bieten wir Besonderes?) (vgl. dazu die vorherige Entwicklung des Schulprofils)
- Besonderes Leistungsspektrum, Zielgruppenorientierung, Werte
- Verdichtetes/strukturiertes Schulprogramm mit klarer Positionierung
- Wettbewerbsvorteil, Alleinstellung, Marken-Profil, Added Value

(3) UMSCHREIBUNG der emotionalen **GESAMTWIRKUNG als MARKE** der Schule und ihrer pädagogischen Arbeit (WIE sind wir?)
- Emotionale Beschreibung der Marken-Ausstrahlung in Schlagworten
- Umschreibung der Schule als Marke, Leitspruch, Symbol, Slogan
- Erläuterung der Marken-Identität: Verhalten, Wirkung, Kommunikation

(4) GESTALTUNG eines einheitlichen Erscheinungsbildes mit einem profilierenden **CORPORATE DESIGN** (Womit treten wir auf?)
- Wort-Bild-Zeichen, Logo, Erscheinungsbild mit CD-Richtlinien
- Kommunikationsaussage, Sinninhalte, zu erzielende Wirkungen
- Kommunikationsstrategie, Kommunikationsmittel, Imagebildung

(5) Konsequente **UMSETZUNG und KOMMUNIKATION** der Profil bildenden MARKENELEMENTE (Wie setzen wir alles um?)
- Konsequente Umsetzung der Richtlinien im Alltag nach innen/außen
- Kommunikation der Markenelemente intern und extern
- Herausstellen der Marke durch besondere Projekte und PR

(6) Kontinuierliche **PFLEGE, SICHERUNG und ÜBERPRÜFUNG** der MARKENQUALITÄT (Integration in das Schulkonzept/Schulprogramm; Treten wir wirklich glaubwürdig auf?)
- Regelmäßige interne Evaluation entsprechend der Richtlinien
- Externe Qualitätssicherung/Zertifizierung mit Reflexion, Kontinuierlicher Verbesserungs- Prozess (KVP)
- Langfristige Bindung, nachhaltige Erfolge, Sicherheit und Vertrauen schaffen…

Markenbildung heißt: Alles reduzieren, strukturieren, vereinfachen und gemeinsam glaubwürdig und identitätsstiftend im Alltag leben...

Zur Anleitung und Überprüfung können Sie die Checklisten zur Markenpositionierung für Schulen (vgl. Abb. 15 und 16) nehmen. Sie geben einen guten Überblick für die Planung und das Vorgehen, sowie eine starke Entlastung und gute Orientierung. So können Sie in einfachen Schritten die Markenbildung an Ihrer Schule angehen.

Für die Umschreibung der Schule als Marke, der emotionalen GESAMTWIRKUNG der Schule und der pädagogischen Arbeit (WIE sind wir?) – vgl. Schritt 3 des Entwicklungsprozesses – geht es um die

- emotionale Beschreibung der Marken-Ausstrahlung in Schlagworten,
- Umschreibung der Schule als Marke, Leitspruch, Symbol, Slogan und die
- Erläuterung der Marken-Identität: Verhalten, Wirkung, Kommunikation.

Um diese Umschreibung der Markenwirkung zu entwickeln, können Sie gut mit der Rasteranalyse arbeiten (auch bei der Festlegung aller Gestaltungsgrundsätze). Wie geht das? (vgl. dazu Abb. 17)

Markenpositionierung für Schulen - Checkliste

Schule als eine "Marke" schafft Identifikation, entlastende und aufeinander abgestimmte Arbeitstrukturen, klare Positionierung im Schulwettbewerb sowie ein gutes Image. Hier Leitfragen zur Entwicklung einer prägnanten Marke - als Entwicklungs-Phasen:	Ist-Analyse Datum...... Ja? Nein? Wo finden?	Wer? Wann? Beratg.? Machen Metho-den?
1. **Wer** sind wir? • Realist. Visionen, Grundwerte, Ideen, Zielsetzungen • Selbstverständnis, Identität, Bewusstseinsbildung • Prägn. Beschreibung, Aussage im Überblick, = Formulierung als Leitspruch/Slogan/zusammf. Aussage		
2. **Was** bieten wir? • Angebote, Wettbewerbsvorteil, Leistungen, Werte • Leistungsspektrum, Programme, Zielgruppenorientg. • Besonderheit, Alleinstellung, Added Value = Markenformulierung im Schulprogramm/Schulkonzept		
3. **Wie** sind wir? • Emotionale Beschreibung der Marken-Ausstrahlung • Umschreibung der Marke, Leitspruch, Symbol, Slogan • Marken-Identität: Verhalten, Wirkung, Kommunikat. = Erläuterung der Marke in Schlagworten, Briefing		
4. **Womit** treten wir auf? • Wort-Bild-Zeichen, Logo, Erscheinungsbild • Kommunikationsaussage, zu erzielende Wirkungen • Kommunikations-Strategie/-mittel, Imagebildung = Corporate-Design-Konzept im Gesamtkonzept		
5. **Glaubwürdiges** Auftreten? • Konsequ. Umsetzung im Alltag nach innen und außen • Werden die CI-Richtlinien glaubwürdig gelebt? • Bindung, nachhaltige Erfolge, Sicherheit, Vertrauen = Konsequentes Umsetzen der Konzepte/Richtlinien		
Schulleitung..........................Datum.................................. Checklisten-Nr.:...................../Konzept..............................	Qualitäts-sicherung	Datum......... Verantw.......

© Regenthal

Abb. 15: Markenpositionierung für Schulen – Checkliste zur Erarbeitung

Corporate-Identity-Richtlinien zur Markenbildung für Schulen

Ist-Analyse	Soll-Analyse	Umsetzung
Fertig?	Was tun?	Wer wann

Zur Bewusstwerdung, Orientierung, Sicherheit, Stärkung und auch zum Controlling beim lernenden Vorgehen, brauchen wir zur Profilierung klare und verbindliche Richtlinien zur Markenbildung:

1. **CI-Organisationsgrundsätze** (als Basis für alle Maßnahmen)
   - Vision, Leitspruch, gemeins. Identität, Slogan, Leitbild
   - Schulkonzept/-programm mit Zielen/Qualitätsstands.
   - darin integriert das Teilkonzept Öffentlichkeitsarbeit
2. **Corporate-Branding-Richtlinien** (für Gesamtauftritt)
   - Positionierung der Schule/Schulmarketing/Angebote
   - Profilbildung mit Besonderheit, Alleinstellung,
   - Umschreibung der Marke, Grundsätze, Added value
3. **Corporate-Design-Richtlinien** (für das Erscheinungsbild)
   - Wort-Bild-Zeichen, Logo, Layout
   - Schrift, Farbe, Fotos, Abbildungen
   - Einsatz, CD-Manual (Gestaltungsgrundsätze)
4. **Corporate-Communication-Richtlinien** (für die Kommunikation)
   - Öffentlichkeitsarbeit-Projekte, PR-Grundsätze
   - Maßnahmen zur Öffentlichkeitsarbeit
   - Kommunikationregeln intern und extern
5. **Corporate-Behavior-Richtlinien** (für das Verhalten Aller)
   - Verhaltensgrundsätze für Schüler und Lehrer
   - Führungsrichtlinien für die erweiterte Schulleitung
   - Teamregeln, Arbeitsregeln, Besprechungsregeln

Alle Richtlinien müssen aufeinander abgestimmt und miteinander vernetzt sein, damit sich ihre Wirkungen nicht aufheben oder behindern, sondern synergetisch ergänzen. Erst die Vernetzung, die verbindliche Umsetzung und die Identitätsbildung schaffen eine erfolgreiche und nachhaltige Profilierung der Corporate Identity.

SL/QM Datum

© Regenthal

Abb. 16: Corporate-Identity-Richtlinien zur Markenbildung für Schulen – Checkliste für Ergebnisse

Rasteranalyse in der Schule

Schulprogramme, Schulkonzepte und Leitbilder müssen gelebt werden: Von den allgemeinen Grundsätzen zum konkreten Verhalten und zu praktischen Maßnahmen im Alltag - hin zur Umsetzung.

Schulprogramm-grundsätze, Leitbilder, Richtlinien	Fehler, nicht gewünschte Verhaltensweisen ☹	Maßnahmen, Verhalten, Projekte allgemein in der Schule ☺	Verhalten im Unterricht, konkrete Umsetzung ☺
Unsere Schule (Theoretische Grundlagen)	**und nicht...** (Grenzen setzen)	**deshalb...** (Praktische Umsetzung)	**konkret leben...** (Glaubwürdiges Verhalten)
1 ...pflegt partnerschaftliche Umgangsformen und kooperativen Führungsstil	Kleinlichkeit, Abqualifizierung, Misstrauen	Akzeptanz der Pädagogen und Schüler, Vertrauen, Großzügigkeit	
2 ... bietet ein reges Schulleben	Gängelung, Bürokratismus, Demotivierung	Förderung der Eigeninitiative der Schüler, Belohnung des Lehrerengagements	
3 ... überzeugt durch qualitativ hochwertigen Unterricht	kein Praxisbezug, Über- oder Unterforderung, fehlende Bewertungskriterien	Schülerselbständigkeit, Lehrerweiterbildung, Methodenvielfalt, Gerechtigkeit	
4 ... hat ein stimmiges Erscheinungsbild	Sterilität, Unsauberkeit, mangelnde Orientierung, desolate Schriftstücke	freundliche Räume, gute Orientierung, Sauberkeit, gute Architektur	
5 ... hat eine den pädagogischen Zielen angemessene Ausstattung	veraltete, nicht funktionierende Anlagen, ungesunder und zu wenig Raum	pädagogisch gute, schülergerechte, zum Lernen anregende Ausstattung	
6 ...pflegt die Zusammenarbeit mit allen am Schulleben Beteiligten	Einzelkämpfermentalität, Unstimmigkeit, Gerüchte	Kooperationsbereitschaft, Selbstbewusstsein, Kritikfähigkeit, Offenheit	

Es gibt nichts Gutes - außer: man tut es. Erich Kästner

Abb. 17: Rasteranalyse in der Schule

Die Rasteranalyse als erprobte Methode hilft bei der Konkretisierung der schulischen Leitsätze, Leitziele, Grundsätze und Richtlinien und sorgt für einen einfachen Übergang von theoretischen Überlegungen zur praktischen Umsetzung. Sie verhindert, dass nur mit Worthülsen gearbeitet wird, die nicht gelebt werden.

Das Schema der Rasteranalyse besteht aus vier senkrechten Spalten und ca. sechs bis acht waagerechten Zeilen. In der linken Spalte werden die durch die Leitfragen formulierten, gewünschten Grundsätze aufgezählt, die man später evtl. auch nach Wertigkeit ordnen kann. Nun können sie durch Negation überprüft werden: „Was wollen wir nicht (mehr) machen?" Die Möglichkeit, zunächst in der zweiten Spalte zu notieren, was nicht mehr oder überhaupt nie gemacht werden soll, ist ein hilfreicher „Trick", um zu einem positiv formulierten Grundsatz für Spalte eins zu kommen. Zwischen dem, was sein soll und dem, was auf keinen Fall mehr sein soll, lassen sich in der zweiten Spalte die Maßnahmen, Konzepte, Verhaltensweisen und Projekte festhalten, jeweils auf den einzelnen Grundsatz abgestimmt. Dieses Überleiten der theoretischen Aussagen in Maßnahmen, die mit konkreten Elementen auszufüllen sind, sollte gut vorbereitet gemeinsam erarbeitet werden (ev. SCHILF, Konferenz), denn sie sind nur dann wirksam und werden nur dann identifizierend angenommen, wenn sie von den Betroffenen diskutiert und mitentwickelt worden sind.

Als sehr wichtig und nützlich erweist sich auch die vierte Spalte „Umsetzung für den Einzelnen", denn hier können mögliche Hindernisse und Schwierigkeiten genannt und festgehalten werden. Es ist sozusagen eine Erinnerungsstütze und Vorbereitung auf mögliche Probleme bei der Umsetzung später. Die Rasteranalyse ist auch für die Öffentlichkeitsarbeit eine sehr effektive Methode, um von den Leitsätzen zu gestalterischen Grundsätzen, konkreten Projekten und Maßnahmen bei der Umsetzung zu kommen.

Hier können Sie mögliche Beschreibungen Ihrer Marke „spielerisch" formulieren, um dann sofort die glaubhafte Umsetzung und damit die Beschreibung zu überprüfen.

Beispiel: Die Herman-Nohl-Schule in Osnabrück hat[1] als Leitspruch/Slogan (als gemeinsame, zusammenfassende und identitätsstiftende Vision)

1 www.herman-nohl-schule-os.de

„du bist willkommen – wir machen dich stark".

Das bedeutet: NICHT allgemein bleiben, Einzelne ausgrenzen – POSITIV Jeden annehmen und akzeptieren, Jeden individuell unterstützen und fördern – EINZELN Jeden persönlich ansprechen, Zeit haben für ihn, ihm Wege aufzeigen. Die Marke der Schule kann genau umschreiben werden mit: Jeden Einzelnen so annehmen, wie er ist – willkommen heißen – stark machen! Durch das Wort-Bild-Zeichen, das Logo als zentrales Element des Corporate Designs, mit einer geöffneten Tür und dem Namen der Schule (mit freundlichen roten und blauen Farben als Zeichen für das Willkommen) wird die Markenbeschreibung abgerundet.

1.3 Positionierung der Schule

Alle reden von nachhaltiger Positionierung im Wettbewerb, Profilierung im Schulmarkt und Schulmarketing – aber wie geht das eigentlich? Positionierung beginnt mit Fragen:

> *Wissen Sie, wo Ihre Stärken und Schwächen sind? Haben Sie eine Alleinstellung? Welche zentralen Kompetenzen haben Sie und konzentrieren Sie alle Maßnahmen und Ressourcen auf diese wichtigen Bereiche? Wo sind Ihre Mitbewerber besser? Was bieten Sie MEHR?*

Erst im bewussten Vergleich (dazu könnten Sie auch das Benchmarking Abb. 13 einsetzen) zeigt sich, wo Ihre Besonderheit und Alleinstellung und ein entsprechender Handlungsbedarf liegt! Corporate Branding beginnt mit Fragen, um eine bewusste und gezielte Ausrichtung und Gestaltung zu erreichen. Sie haben immer eine Position Ihrer Schule, immer ein „Schulprofil" – ob Sie es wollen oder nicht. Bestimmen Sie Ihr profiliertes „Markenzeichen" selbst bewusst, bevor andere es Ihnen zuschreiben. Diese Besonderheit, Alleinstellung und/oder wichtige Werte sollten in Ihrem Schulprogramm/Schulkonzept integriert sein. Diese Grundlage ist für die konzeptionelle Öffentlichkeitsarbeit besonders wichtig, damit es keine „aktionistischen Verzettelungen" gibt. Mit einer so profilierten und starken Identität – einer starken Marke – können Sie sicherer in die Zukunft schauen und alle Ihre Aktionen und Maßnahmen entsprechend strategischer und vernetzter danach ausrichten. Diese Basis für eine starke Positionierung ist auch eine gute Prävention und Sicherheit – wenn es z.B. um finanzielle Ausstattungen, um mögliche Schulschließungen oder um zu wenige Anmeldungen geht. (vgl. 14)

Alle Schulen gestalten sich jeden Tag durch das, was sie tun oder nicht tun – bewusst oder unbewusst. Corporate Identity hilft, ihre Identität und ihr Image bewusst zu entwickeln und profiliert zu gestalten. Nur profilierte Schulen können qualifizierte Arbeit leisten, Schüler begeistern, die ihre positiven Erfahrungen an andere weitergeben und so ein gutes Image aufbauen. Auf der Suche nach der Positionierung im Wettbewerb, nach der Professionalisierung und Qualifizierung und nach der besseren Profilierung sind **professionelle Marketingstrategien** gefragt:

- ***Kräftekonzentration und nicht das Bauchladenprinzip (alles anbieten) schafft es, eine starke Profilierung/Marktnische zu finden*** mit einem hohem Erfolg: Schulprofil bildende Schwerpunkte.
- ***Zielgruppenkonzentration und nicht eine Verzettelung ermöglicht die Kommunikation und die Arbeit mit den Schülern*** im vollen Schulmarkt: Umschreibung der „gewollten Schülerschaft".
- ***Experte und Erster werden in seiner Kategorie und nicht als Mitanbieter agieren*** bringt den Wettbewerbsvorteil, weil die Eltern und Schüler den Besten und Bekanntesten haben wollen (bei gleicher Leistung zählt der Imagefaktor zur Profilierung): Alleinige Besonderheit der Schule herausstellen.
- ***Spezialist für Bedürfnisse und Wünsche und nicht für ein Produkt oder ein Verfahren zu sein*** macht den nachhaltigen Vorteil aus (Erco verkauft nicht Lampen, sondern Licht.): Nicht Unterrichtsqualität und einzelne Projekte anbieten, sondern Persönlichkeitsentwicklung, Zukunftsvorbereitung, Sicherheit oder Leben lernen. (Vgl. dazu auch die Abb. 14: Profilierung durch Corporate Identity.)

1.4 Schulmarketing lernt aus der Wirtschaft

Es geht um die Positionierung als besonderen Auftritt, als Alleinstellung, Claim, Added Value oder auch Branding: Unternehmen und Produkte so zu platzieren, dass es „wie ein Brandzeichen eingebrannt" und somit zum unveränderlichen Erkennungsmerkmal wird. Das dient im Rahmen der Imagebildung dem klaren Auftritt, der Wiedererkennung und der Unterscheidbarkeit. Es wird aber alles zerstört, wenn ein entsprechendes Verhalten und Denken, spezifische Werte und Qualitäten und glaubwürdige und nachhaltige Wirkungen fehlen. Isolierte Marketingelemente bringen nur aufgesetzte Wirkungen und kurzfristige Erfolge – letztlich geht es um die ganzheitliche Verbindung aller Maßnahmen und Wirkungen: Gefordert wird ein **Corporate Branding**, das in die Corporate Identity der Organisation eingebettet und vernetzt ist und so wirklich gelebt werden kann. Ohne gemeinsame Entwicklungsprozesse werden keine gute Konzepte entstehen und auch später im Alltag nicht gelebt: Ohne ein „Wie“ kein nachhaltiges “Was“. Für die Schule heißt das: Ohne gemeinsame Schulentwicklungsprozesse keine guten Schulkonzepte und kein professionelles Schulmanagement, die alle zusammen die Basis für ein gutes Image sind.

Die grundlegenden Veränderungen in Wirtschaft und Gesellschaft schaffen im Rahmen der Globalisierung neue Anforderungen, die über die Positionierung durch Qualität und Preis weit hinausgehen. Fast die Hälfte aller Unternehmen befinden sich laut Umfrage in der Zeitschrift „Absatzwirtschaft“ (3/2002) in einem intensiven Verdrängungswettbewerb mit harten Preiskämpfen, bei dem unprofilierte mittelständische Unternehmen gegenüber Multikonzernen auf Dauer keine Chance haben. In dieser Situation ist dann die Frage, warum der Verbraucher ein bestimmtes Produkt kauft, von existenzieller Bedeutung. Für seine Entscheidung sind maßgeblich:

(1) Qualität und Leistung,
(2) Image und Selbstdarstellung und
(3) Bekanntheitsgrad.

Wenn Sie Kunden nach der Bedeutung fragen, werden 10 Prozent der Leistung, 30 Prozent der Selbstdarstellung und 60 Prozent dem Bekanntheitsgrad zugeordnet. Corporate Communication macht also 90 Prozent der Profilierung aus. Wir entscheiden eben häufig „aus dem Bauch heraus“! Für die Zukunft reichen zur Unterscheidbarkeit die Qualität oder das Design allein nicht mehr aus. Viele Produkte ähneln sich in ihrem Aussehen, in der Qualität und in ihrem Preis immer mehr. Die einzelnen Märkte und die Dichte der Angebote werden dadurch enger und die Kundenanforderungen werden auch noch größer: Wir alle wollen für uns eine Top-Qualität zu einem möglichst niedrigen Preis. Diese Schere zwischen Qualität und Wirtschaftlichkeit zwingt zu neuem Denken und besonderen Angeboten darüber hinaus. „Was bekomme ich mehr und Besonderes, was ich nur von Ihnen bekomme?" Die Top-Qualität und den niedrigen Preis setze ich dabei voraus und frage nach dem persönlichen Zusatznutzen, den ich vom Mitbewerber nicht bekomme (Anspruchsdenken). Um die Produkte und den ästhetischen und gebrauchsorientierten Nutzen herum müssen wir dem Kunden etwas als zusätzlichen Nutzen (Added Value – meist als Emotion) zur besonderen Profilierung anbieten, mit dem er sich identifizieren kann. Mit jedem Produkt und jedem Angebot werden auch Assoziationen und Werte nachgefragt und auch verkauft. Die zusätzlichen Werte bestimmen und gestalten das Image über die reine Kosten-Nutzen-Relation hinaus. So verkauft Coca Cola nicht nur ein Getränk, sondern jugendliche Lebensfreude, BMW „Freude am Fahren", Mercedes „Ansehen, Image und Sicherheit" und die Deutsche Bank zum Beispiel „Leistung aus Leidenschaft". Durch diese Art „Software" um die Produkte und Angebote als „Hardware" herum, werden diese „wertvoller" gemacht, weil die Kunden diesen neuen Nutzen zu ihrer eigenen Identitätsbildung gebrauchen.

Es geht also letztlich und entscheidend um identitätsbildende Faktoren, die, obwohl nicht sichtbar und handfest, verkaufsentscheidend und damit wichtig zur nachhaltigen Profilierung sind: alles eine Frage der Identität! Demnach brauchen Markenpositionierungen eine spezifische Identität für sich und ihre Zielgruppen. Beim Corporate Branding muss eine Identität entdeckt, entwickelt und eingesetzt werden, die vom Kunden wahrgenommen und übernommen wird und mit der er sich identifizieren kann. Überfüllte Märkte mit ähnlichen Angeboten erfordern klare und prägnante Heraushebungen, so dass, wie bei Tempo, Uhu oder Maggi, man den Bedarf erkennt, aber sofort und möglichst ausschließlich an diese Marke denkt. Die „lila Schokolade" zum Beispiel unterscheidet sich von der „quadratisch, praktisch, gut". Wenn die nicht nur aufgesetzten kurzfristigen Marketingeffekte sind, sondern glaubwürdige und nachhaltige Positionierungen, denen man Vertrauen entgegenbringen kann, dann ist das Corporate Branding und damit ein erfolgreiches Auftreten.

Für die Schule gelten die gleichen Mechanismen

Das reine Angebot guter Unterrichts- und Bildungsqualität reicht den Eltern und Schülern nicht mehr aus (das setzen sie voraus). Sie wollen effektive und effiziente Organisationen und Abläufe und im Rahmen des Schullebens besondere Angebote, spezifische Werte oder etwas Besonderes. Die besondere Profilierung bringt letztlich die Entscheidung für diese Schule und das muss das Schulmarketing bewusst als konkretes Angebot anbieten. Die pädagogische Identität wiederum muss im Schulleben und im Schulalltag das Angebot für die Schüler und Eltern konkret erfahrbar werden lassen und das erfordert klare Grundlagen und Arbeitskonzepte und eine entsprechende Öffentlichkeitsarbeit nach innen, um das zu glaubwürdig zu kommunizieren.

Um nach innen qualifiziert und professionell arbeiten zu können und nach außen die Position und das Profil zu stärken, ist eine Markenpositionierung die notwendige Grundlage. Schulmarketing (als „neue Denkweise“) kann die Schule ganzheitlich verbessern und eine kompetente, ehrliche und offene Öffentlichkeitsarbeit schaffen, die die Wirkungen der Schule nicht dem Zufall überlässt, sondern strategisch, wertig und nachhaltig aufbaut.

2. Umsetzung der Markenbildung mit Corporate Design

Eine Marke muss dann im Schulkonzept fest integriert sein und in allen Bereichen der Corporate Identity umgesetzt und gelebt werden. Nicht nur das einheitliche Erscheinungsbild (Corporate Design) ist wichtig, sondern auch die gesamte Kommunikation (Corporate Communication) und besonders das entsprechende Verhalten, was nicht nur Schulen, sondern auch viele Organisationen und Unternehmen vergessen (Corporate Behavior).

2.1 Ein einheitliches Erscheinungsbild für die Schule: Corporate Design

Das visuelle Erscheinungsbild einer Schule, ihre Architektur und Lage sowie alle ihre Präsentationsweisen bilden das Corporate Design. Es ist eine der drei tragenden Säulen des Corporate-Identity(CI)-Prozesses und wird geformt durch die spezifischen Leitlinien der Schulgrundsätze. Nach der grundlegenden Positionierung im Schulwettbewerb (Profilbildung, Marketing, Markenbildung für Schulen) kann die inhaltliche Profilierung visualisiert werden durch ein einheitliches und abgestimmtes Erscheinungsbild der Schule. Die einzelnen Elemente und Maßnahmen sind Ausdruck der individuellen Werte und Sichtweisen der Schule und vermitteln insgesamt den einzigartigen Stil der Schulkultur. Sie reichen von der Farbgestaltung der Schulräume, der Entwicklung eines Wort-Bild- Zeichens für Drucksachen und Buttons bis zur Organisation von Schulveranstaltungen und Selbstdarstellungsmaßnahmen in der Presse, auf der Website oder in Broschüren.

Entgegen älteren Auffassungen von CI in den 70er Jahren ist ein isoliertes Corporate Design nicht in der Lage, die Wiedererkennung, ein profiliertes Image und eine Corporate Identity im Sinne eines ganzheitlichen Identitätsprozesses zu schaffen. Mit einem neuen Logo und etwas mehr Farbe kann keine Schule ihre Mitarbeiter stärker motivieren oder ihr Ansehen bei Schülern und Eltern verbessern. Eine schlechte Unterrichtsgestaltung oder fehlende unterrichtsbegleitende Angebote heben eine gute Designwirkung auf. Aber es muss beides zusammen passen!

Gestaltungsmerkmale, Zeichen und Symbolsysteme sind wichtige grafische Gestaltungsmittel zur Identitätsbildung und sind häufig die ersten Schritte in Richtung CI, aber auch ständige Begleiter eines Profilierungs-Prozesses. Die Designwerte dürfen nicht losgelöst von den Schulgrundsätzen im Schulkonzept und der Schulkultur sein und auch nicht die alleinigen Maßnahmen bleiben. Ein ganzheitlicher CI-Prozess geht immer weit über die visuelle Gestaltung hinaus.

Der folgende Grob-Vorschlag für die Abfolge von Maßnahmen kann in eine Design-Konzeption einmünden:

- Ist- und Sollanalysen auf der Grundlage des Gesamtkonzeptes der Schule,
- Schulgrundsätze, Profil bildende Besonderheiten, Ziele – mit Alleinstellungsmerkmal/Marke,
- Briefing als grundsätzliche Aufgabenstellung – mit Gestaltungsgrundsätzen,
- Formulierung und/oder Abkürzung der offiziellen Schulbezeichnung,
- Gestaltung des Namenszuges und des Wort-Bild-Zeichens (Logo, Signet),
- Auswahl der Schulfarben, Präsentation und Feinabstimmung der Ergebnisse,
- Layout von verschiedenen Briefen, Veröffentlichungen, Ausstellungssystemen, der Website und der Schulbroschüren,
- Gestaltung der Klassenräume und Flure usw.,
- äußere Gestaltung des Gebäudes (Schulhof, Schultor, Fenster)
- Angebot an Stickern, Kulis, Aufklebern, Schulkleidung, T-Shirts, Caps u. ä.,
- Controlling (Kontrolle – Steuerung – Innovation).

Ein Corporate-Design-Konzept muss auf das Schulkonzept und das Leitbild direkt mit der Zielsetzung und den Grundsätzen Bezug nehmen (das geht gut mit der Raster-Analyse in Abb. 17). Sie müssen insgesamt oder teilweise umgesetzt werden, um das Design nicht zu einer Äußerlichkeit oder gar einem Selbstzweck werden zu lassen. Es muss konkret eine Verbesserung für die Schule, die Schüler und das Kollegium bedeuten. Für das Corporate Design werden die Gestaltungsmerkmale im Rahmen eines umfassenden Gestaltungskonzeptes aufeinander abgestimmt. Das verstärkt die Einzelwirkungen und schafft Synergieeffekte.

Ausgangspunkt für die Designzielsetzungen sind die Analysen (Ist- und Sollzustand), die grundsätzlich abklären, welche Bedeutung der offizielle Schulname, die Schulbezeichnung oder der besondere pädagogische Schwerpunkt für die Selbstdarstellung im Schulalltag erhält.

Ausgehend von der offiziellen Bezeichnung der Schule prägt sich im alltäglichen Sprachgebrauch (besonders bei den Schülern) sehr bald, manchmal auch nach Zeitgeschmack variierend, eine Kurzform oder Abkürzung ein, die man als Ausgangspunkt nehmen könnte (z.B. Neue Oberschule = NO, Victoria-Luise-Schule = Vicky Lu). Man kann – wie die Beispiele zeigen, nicht immer – von dieser Namensformung ausgehen oder bewusst eine neue schaffen. Unterscheiden Sie, ob die Kurzbezeichnung ein offizielles Logo werden sollte oder lieber nur im verbalen Sprachgebrauch bleibt. Wichtig dabei sind grafische und psychologische Gesichtspunkte:

- Wahrung der Kontinuität (z.B. Weiterverwendung des bisherigen Sprachgebrauchs),
- Prägnante und einprägsame Formulierungen (z.B. WG = Wilhelm Gymnasium),
- Gute Darstellbarkeit,
- Vermeidung negativer Assoziationen,
- Berücksichtigung der/Abgrenzung zu den anderen Schulen.

Um die Schulgrundsätze in die Praxis umsetzen zu können, müssen die Gestaltungsmerkmale für das Corporate Design im Rahmen eines umfassenden Gestaltungskonzepts aufeinander abgestimmt sein. Für die Designer, Designteams oder Designagenturen geben die Analysen und das verdichtete Schulprogramm als Basis die Gestaltungsfaktoren vor. Hier verlagert sich der Schwerpunkt auf die Designberatung, um die entwickelten Schulkonzept-Grundlagen in das CI-orientierte Erscheinungsbild umzusetzen.

Tipp: Zum Briefing

Dieser Aufgabenkatalog oder „Steckbrief" für den Designer, das ***Briefing***, geht den Designmaßnahmen voran und umfasst alle bei der Gestaltung zu berücksichtigenden Faktoren:

(1) Zielgruppe(n) (ZG)
- Welche Wert- und Normvorstellung hat die ZG?
- Welche Ansprüche und Interessen hat die ZG?
- Welche Bedürfnisse hat die ZG?
- Wie erlebt (als Wahrnehmung, Denken und Empfinden) und verhält sich die ZG?

(2) Angebots-Anforderungen (AA)
- Welche Funktionen hat das Angebot?
- Wie wird das Angebot aufgebaut?
- Aus und mit welchen Elementen wird das Angebot hergestellt?
- Wo wird das Angebot eingesetzt?
- Wie wird das Angebot gehandhabt?

(3) Wirtschaftliche Anforderungen (WA)
- Welchen Etatrahmen gibt es?
- Wo kann gespart, wo mehr Geld ausgegeben werden?
- Welche Folgekosten gibt es?

(4) Gestaltungs-Anforderungen (GA)
- Welche Materialien, Strukturen, Formen, Farben sollen oder können eingesetzt werden?
- Welche Wirkungen sollen wann bei wem erzielt werden?
- Welche Wirkungen sollen hervorgehoben bzw. verstärkt werden?
- Welche Einzel-/Gesamtwirkungen/Gestaltungskonzepte sollen miteinander verbunden werden?
- Welches Gesamterscheinungsbild (Image) soll entwickelt, erreicht oder angestrebt werden?

2.2 Das Wort-Bild-Zeichen einer Schule

Entscheidend sind schließlich die grafische Darstellung des Namenszuges und die Gestaltung des Wort-Bild-Zeichens, das Signet. Es sollte für alle Präsentationselemente und Selbstdarstellungsmaßnahmen, wie z.B. Drucksachen und Werbeträger, realisierbar sein. Bedenken Sie dabei nicht nur die Möglichkeit zu drucken, sondern auch zu stanzen, prägen u.Ä.

Nehmen Sie eher keine radikalen Änderungen zur bisherigen grafischen Schuldarstellung vor (nur bei besonderen Anlässen, wie beispielsweise neue Namensgebung, Fusion von Schulen…), sondern wahren Sie Kontinuität und betreiben Sie Veränderungen schrittweise. Dies ist kein Widerspruch, auch wenn Sie eine Neugestaltung wünschen. Verbindungen zum bisherigen Bild lassen sich immer herstellen oder finden. Versuchen Sie so weit wie möglich Assoziationen aus den Schulgrundsätzen (fortschrittlich, konservativ, raumbezogen, konfessionell) mit einzubeziehen. Dies kann geschehen durch die Wahl des Schrifttyps, der Farben oder auch durch die Gestaltungsweise oder durch alle Faktoren zusammen.

Deutliche, symbolhafte und reduzierte Signets zeichnen sich durch Einprägsamkeit und Prägnanz aus. Auch die Schriftart sollte der Schulkultur angepasst sein und Ihre Individualität ausdrücken. Sie muss zum gängigen Repertoire einer Druckerei und natürlich Ihrer Schulcomputer gehören und schließlich gut lesbar sein. Häufig benutzte Schriftarten wie z.B. Helvetica, die nicht gerade individuell sind, aber weiterhin verwendet werden sollen, können durch schulspezifische Symbole oder grafische Elemente ergänzt und interessanter gestaltet werden. Wegen negativer Assoziationen und rechtlicher Probleme sind Plagiate grundsätzlich zu vermeiden.

Viele Schulsignets beziehen sich auf bauliche Elemente der Schule oder zeigen eine besondere Gestaltung der Anfangsbuchstaben des Schulnamens (beachten Sie dabei, dass Sie unbedingt auf das Wesentliche reduzieren und z.B. nicht die Gesamtansicht der Schule nehmen mit allen Details). Manchen Schulen gelingt auch die Darstellung ihrer Denkweisen und Werte in Form eines abstrakten Symbols, das mit der Einbeziehung der/einer Schulfarbe lebendiger wird.

Die Wahl einer Hausfarbe bzw. Schulfarbe kann sich mit architektonisch vorgegebenen Elementen, wie farbigen Fensterrahmen, Türgriffen oder Schildern, verbinden lassen. In der Regel sollte man sich aus Prägnanz- und Kostengründen auf eine bis maximal zwei Hausfarben in Kombination mit den „Unfarben“ Schwarz und Weiß beschränken. Wegen der Großflächenwirkung und der Reproduzierbarkeit ist die Auswahl der Farben aus dem RAL-Katalog anzuraten. Beachten Sie dabei, ob die gewählten Farben das Wesen Ihrer Schulkultur und der Schulgrundsätze zur Geltung bringen.

Die Assoziationen der einzelnen Farben und ob sie mit Ihren Schulgrundsätzen zusammenpassen, sollten Sie überprüfen. Die emotionalen Wirkungen der Schulfarben haben eine große Bedeutung: Für Schulen sind besonders gut geeignet die Farben Orange (aufregend, anreizend, fröhlich, froh), Gelb (aufregend, anreizend, anregend, fröhlich, heiter, angenehm, schön), Grün (besänftigend, beruhigend, vermittelnd, ausgleichend, friedlich, behaglich) und Blau (beruhigend, entspannend, gelassen, angenehm, schön, sicher, behaglich). Für einzelne Bereiche und Räume, nach Arbeitsweisen und Zielgruppen könnte hier differenziert werden. Gerade in sehr großen Schulen dienen die Farben zur Orientierung, Sicherheit und zum Wohlfühlen, was alles das Lehren und Lernen unterstützt. Schulfarben sind auch Grundlagen zur Identitätsbildung: Ohne ein Wort-Bild-Zeichen kann eine Schule ihren sich identifizierenden Lehrern, Eltern und Schülern nur wenig Grundlage für konkretes Wir-Gefühl geben.

2.3 Anwendung des Corporate-Design-Konzeptes

Ist es schließlich gelungen, ein überzeugendes Signet zu entwickeln, muss es auch konsequent auf alle Anwendungsmöglichkeiten übertragen und eingehalten werden. Auch die Schulbezeichnung, die im Signet enthalten ist, muss nun schriftlich wie mündlich benutzt werden. Erst die wiederholende und einheitliche Nutzung schafft Entlastung, Klarheit und Vereinfachung und erzeugt eine große Wirkung.

Neben der Anwendung auf allen Drucksachen wie Schulbriefen und Schulformularen findet das Signet auch Anwendung auf Tür- und Eingangsschildern, auf Plakaten für Schulfeste und ähnliche Veranstaltungen, auf Luftballons, T-Shirts für den Sportunterricht, Kulis, Aufklebern, Buttons…

Die folgende Aufstellung gibt Anregung, wo und wie Sie Ihr Wort-Bild-Zeichen verwenden können:

(1) Drucksachen
Briefbogen und Zweitblatt, Faxbogen, Visitenkarten, Formulare und Vordrucke, Kurzmitteilung, Postkarte, Glückwunschkarte, Einladungen, Beilagekarte, Aufkleber, Umschlag, Stempel, Rundschreiben, Elternbriefe, Urkunden, Broschüren, Jubiläumsschrift…

(2) Werbung und Öffentlichkeitsarbeit
Plakate, Presseberichte, Schüler- /Schulzeitung, Anstecknadeln, Elterninformationen…

(3) Außenwerbung
Außenschilder, Transparente, Fahnen, Schaukästen, Architektur, Innenraumgestaltung, Farbcodierung, Orientierungssystem, Schul- und Sportkleidung, Bandenwerbung, Verkehrsmittelwerbung…

(4) Besondere Maßnahmen
Schulfeste, Ausstellungen, Basare, Werbegeschenke, Auftritte des Schulchores oder der Theatergruppe in anderen Einrichtungen und Organisationen…

Signet-Entwicklung als 1. Schritt

Leider ist es noch häufig so, dass im Schulalltag unterschiedliche Gestaltungsformen verwendet werden, so im Briefkopf andere als auf den Stempeln, bei Plakaten andere als auf Urkunden. Ein typisches **Erscheinungsbild mit Wiedererkennungseffekt** gibt es in Schulen sehr selten. Unter dieser Uneinheitlichkeit leiden die Wirkungen nach außen, sie sind widersprüchlich, oft auch verwirrend und zerstören den Gesamteindruck.

Eine Signetentwicklung im Rahmen der Gestaltung des visuellen Erscheinungsbildes auf der Grundlage von CI kann auf verschiedene Weisen vorgenommen werden:

(1) „Kostenlose Möglichkeiten"
- Eigenentwicklung durch eine Arbeitsgruppe der Schule (PR-Berater, Kunstlehrer, Eltern, Schüler, Ehemalige, Sponsoren)

- Übernahme des Signets des Schulträgers (Stadt, Kreis, Kirche)
- Schulinterner Wettbewerb für Lehrer, Schüler, Eltern, Ehemalige und Förderer (VORSICHT! Professionalität hat Vorrang!)
- Suchen eines Sponsors (Werbeagentur, größere Firma, Partnerunternehmen)

(2) „Kostenintensive Möglichkeiten“

- Auftrag an eine Werbeagentur (Entwicklung eines Logos ab ca. 500-1000 € und mehr... UNBEDINGT die Gebrauchsrechte des Designers offen besprechen!)

Tipp: Zur Gestaltung Ihres Erscheinungsbildes

Als Orientierungshilfe zur Gestaltung Ihres visuellen Erscheinungsbildes hier eine Zusammenfassung: Sie können sie als Arbeitsgrundlage für die interne Gestaltung in Ihrer Schule benutzen, aber auch als Gesprächs- und Auftragsgrundlage für Ihre Vorstellungen, wenn Sie die Gestaltung an einen externen Grafiker/Designer vergeben. Das Briefing sollte mit der Rasteranalyse die direkte Vernetzung zum Schulkonzept aufzeigen und Markenelemente (Gestaltungsgrundsätze) festlegen, die auch bei der Gestaltung des Wort-Bild-Zeichens und dem gesamten Corporate Design umgesetzt werden.

Alle Designelemente sind nach diesen **Gestaltungsgrundsätzen**, die Sie noch spezifizieren müssen (drei bis fünf auswählen, eigene ergänzen), auszurichten und durch **Richtlinien für das Erscheinungsbild (Design Manual)**, die den genauen Gebrauch und Einsatz festlegen.

- **Einfach** ist verständlich und wirkungsvoll. (Zum Beispiel ist Redundanz umso wichtiger, je unspezifischer die Zielgruppe ist.)
- **Weniger** wirkt mehr. Mut zum freien Raum zeigt Stärke. (Zu viele Informationen verwirren und können nicht wahrgenommen werden.)
- **Farbig** wirkt besser, denn die Aufmerksamkeit und emotionale Ansprache ist größer. (Farbe als Assoziation zur Schularchitektur oder als Symbol für lebendiges Lernen verstärkt die Orientierung und Beziehung.)
- **Platziert** ist direkt im Blickpunkt und hebt sich vom Umfeld deutlicher ab. (Zum Beispiel ist die Gestaltfestigkeit aber wichtiger als die Platzierung.)
- **Direkt** spricht man die Zielgruppen erfolgreicher an. (Das heißt ohne Umwege und unwichtige Ergänzungen.)

- **Ansprechend** bringt Aufmerksamkeit und emotionale Akzeptanz bei den Zielgruppen. (Zum Beispiel Anreize, Spannungen, Dynamik, Identifikation, positive Vorstellungen, Vertrauen, Sicherheit…)
- **Konzentriert** hebt die wesentlichen Aussagen heraus, die dadurch eine größere Wirkung bekommen. (Zum Beispiel Verdichtung, Vereinfachung, Beschränkung, Prägnanz, Gliederung, Auswahl, Gestaltfestigkeit, Gewichtung…)
- **Kongruent** vermehrt den Wahrnehmungswert. (Text, Bild, Schrift und Farbe passen zueinander und erzeugen einen Synergieeffekt.)
- **Innovativ** schafft „Aha-Erlebnisse", neue Bezüge und damit größere Wirkungen. (Innovationen und Kreativität dürfen aber nicht überfordern oder langweilen; Auffallen durch „Anders-Sein", Aufbau eines eigenen Profils.)
- **Kontinuierlich** signalisiert Bekanntheit, Vertrauen und Identität. Zeigt Stärke durch Konzepte. (Eine Gesamtkonzeption erzeugt größere Wirkung und mehr Erfolg.)

Grundlagen des visuellen Erscheinungsbildes sind

- das Wort-Bild-Zeichen (Logo, Signet) als wichtigste Größe,
- die Grundsätze/Richtlinien (Bezug zum Schulprogramm/Schulkonzept) und
- das Corporate-Design-Manual (Layout, Farben, Schriftart...).

Diese **„Minimalkonzeption"** umfasst Kommunikationsmittel, auf die keine Schule verzichten sollte. Im Bereich der internen und externen visuellen Kommunikation sind das folgende CI-Faktoren:

- Gestaltung von Unterrichtsmaterialien, Einsatz von Medien;
- Layout von Aushängen, Ankündigungen, Mitteilungen, Plakaten, Flyern, Aufklebern, Website;
- Layout von Drucksachen (Geschäftsbriefen, Visitenkarten, Formularen, Schulbroschüren);
- Darstellung der Schule in der Öffentlichkeit, in der Presse und im Kontakt zu anderen Ansprechpartnern;
- Organisation von Schulveranstaltungen.

Als Entwicklungs- und Gütekriterien für das zentrale Wort-Bild-Zeichen (Logo) dienen die schulischen Leitbilder und Schulgrundsätze, d.h. dass das Erscheinungsbild der Schule auf diese Grundlage hin abgestimmt sein muss. Schulspezifische Designrichtlinien können die Qualität der Gesamterscheinung noch ergänzen und verbessern. Aus den möglichen Gestaltungskriterien sollten Sie eigene Schwerpunkte entsprechend auswählen und zusammenstellen.

Gestaltungskriterien für ein Wort-Bild-Zeichen (zur Entwicklung und Überprüfung)

(1) **Hoher Aufmerksamkeitswert**
- Anreiz,
- Blickfang,
- Signalwert,
- Abheben vom Umfeld,
- Besonderheit.

(2) **Deutlicher Informationsgehalt**
- Sachbezug,
- Transparenz,
- Symbolfunktion,
- Assoziationen,
- Dynamik,
- Aussagequalität.

(3) **Berücksichtigung affektiver Qualitäten**
- Auffälligkeiten,
- Motive, Interessen und Bedürfnisse,
- ästhetische Qualität,
- Gefühle,
- Wahrnehmungsorientierung.

(4) **Eigene Profilbildung**
- Akzente, Anreize,
- Unverwechselbarkeit,
- Prägnanz,
- Deutlichkeit,
- Erkennbarkeit,
- Eigenständigkeit.

(5) **Vielseitiger Gebrauchswert**
- Einsatzspektrum,
- Reproduzierbarkeit,

- Kontinuität,
- Verbindungen bei variabler Darstellung,
- Gesamterscheinungsbild,
- Konzeptionsorientierung.

Als Übersicht und Checkliste für das Corporate Design einer Schule kann die Abb. 18 dienen. Versuchen Sie diese aber nicht abzuarbeiten, sondern verstehen Sie das als einen Impuls, um entsprechend Ihres Bedarfes und Ihrer Vorstellung und Ihres Profils Anregungen zu bekommen. Unterscheiden Sie bei der Auswahl selbst nach muss, soll und kann – legen Sie inhaltliche, finanzielle und zeitliche Prioritäten, Zeiten und Verantwortlichkeiten fest und planen Sie kurz-, mittel- und langfristige Neuerungen und Erweiterungen/Ergänzungen ein.

Checkliste zum Corporate-Design-Konzept in Schulen

Ein visuelles Erscheinungsbild mit Wiedererkennung durch ein aufeinander abgestimmtes Designkonzept schafft ein spezifisches Image: Bewerten Sie den IST-Zustand mit Noten von 1 sehr gut bis 6 ungenügend und starten Sie den SOLL-Zustand: IST SOLL

Bestandteile eines Corporate-Design-Konzeptes	Wie? Note	Wer? Namen	Wann? Termin
1. Grundlagen des visuellen Erscheinungsbildes - Wort-Bild-Zeichen, Logo, Signet - Grundsätze / Richtlinien (Bezug zum Schulprogramm) - Corporate-Design-Manual (Layout, Farben, Schriftart...)			
2. Drucksachen - Briefbögen und Zweitblätter, Faxbögen, Visitenkarten - Formulare und Vordrucke, Kurzmitteilungen - Aufkleber, Umschläge, Stempel, Freistempler - Rundschreiben Eltern, Kooperationspartner - Schulpräsentationsordner, Schüler-Organizer - Neujahrskarten, Glückwunschkarten, Beilagenkarten - Einladungen, Urkunden - Prospekte, Image-Broschüren, Schulprogramm - Schulberichte, Jubiläumsschriften, Jahresbücher...			
3. Werbung und Öffentlichkeitsarbeit - Schülermappen - Plakate, Anzeigen - Flyer, Schulzeitschriften - Anstecknadeln, Tragetaschen - Schulungs- und Präsentationsfolien...			
4. Außenwerbung - Orientierungssystem, Farbenkonzept - Innenraumgestaltung - Kleidung, Mützen...			
5. Besondere Maßnahmen - Messekonzepte, Ausstellungssysteme - Werbegeschenke, Wettbewerbe - Transparente, Außenschilder, Fahnen - Schaukästen, Ausstellungen - Architektur, besonderes Schulgebäude, Beschriftungen...			
Zur Unterstützung und Begleitung der einzelnen Schritte sind Berater eine echte Hilfe: Es geht effizienter, einfacher und letztlich erfolgreicher. Zur Entlastung und Professionalisierung sollte beim Corporate Design auch eine Agentur einbezogen werden.			

© Regenthal

Abb. 18: Checkliste zum Corporate-Design-Konzept in Schulen

3. Eine Schule macht sich auf den Weg

3.1 Kardinal-von-Galen Grundschule, Münster-Handorf

www.kvg-gs-muenster.de

Unser Erscheinungsbild: Profilbeschreibung auf der Homepage

Die Kardinal-von-Galen Schule liegt im Herzen von Handorf. Sie ist eine moderne katholische städtische Grundschule.

Alles für den besten Start ins Leben

Schule heißt Lernen und Leistung. Wir nehmen die Leistung unserer Schüler in den Blick und die Freude daran: Das heißt für uns, in einer offenen und freundlichen Atmosphäre gemeinsam zu leben, zu lachen und zu lernen, wie gesellschaftliches Zusammenleben funktioniert.

Der Namensgeber unserer Schule – Clemens August Graf von Galen – war von 1933 bis 1946 Bischof von Münster und wurde 1946 zum Kardinal berufen. Sein Einsatz für die Menschen ist für die Schüler/Innen und die Lehrer/Innen der Kardinal-von-Galen Schule Vorbild und Wegweiser.

Er ist bekannt als „Löwe von Münster".

Sein Wahlspruch „NEC LAUDIBUS – NEC TIMORE" – „Weder durch LOB noch durch FURCHT" hält uns an zu Zivilcourage und Achtung vor dem Nächsten.

Der Beiname „Der Löwe von Münster" prägt das Erscheinungsbild unserer Schule: Eine Löwentatze. Weil aber ein Löwe selten allein kommt, hat das Logo der Kardinal-von-Galen Schule gleich drei Löwenfußabdrücke.

Sie ermutigen uns, in die Fußstapfen unseres Namenspatrons zu treten.

Ein Erscheinungsbild für eine Grundschule muss ganz einfach sein.

Ganz einfach freundlich,

ganz einfach fröhlich,

ganz einfach farbig und

ganz einfach phantasievoll.

Für die Kardinal-von-Galen Grundschule muss es außerdem noch ganz einfach löwenherzig sein.

Weil aber ein Löwe selten allein kommt, hat das Logo der KvG gleich drei Löwenfußabdrücke.

Sie stehen in den Primärfarben für ganzheitliches, spielerisches und lebendiges Lernen.

Und sie stehen dafür, miteinander die Welt zu entdecken.

Die bunten Löwentatzen ermutigen uns als Schulgemeinschaft in die Fußstapfen unseres Namenspatrons zu treten.

3.2 Werner-von-Siemens-Schule in Lorsch

Haupt- und Realschule des Kreises Bergstraße

www.siemens-schule-lorsch.de

MARKENBILDUNG – Wie geht das? Konzeptentwicklung an unserer Schule

Für die zukünftige Ausrichtung der Schule, die gesamte Schulentwicklung und als Grundlage für alle Maßnahmen nach innen und außen, sowie zur schulischen **Markenbildung und Profilierung im Wettbewerb** wurde gemeinsam

(1) ein strukturiertes und verdichtetes S**chulkonzept als Gesamtkonzept der Schule** erarbeitet, das die folgenden Bereiche beinhaltet, integriert und vernetzt. *(Schulkonzept)*:

(2) **Eine identitätsstiftende Vision, als Slogan oder Leitspruch,** als einladende Zusammenfassung aller pädagogischen Maßnahmen mit der Besonderheit der Schule. Damit kann jeder „Neue" begrüßt, der „Alte" motiviert und die Schule präsentiert werden. *(Slogan)*

Wissen

Von zentraler Bedeutung ist für uns die Vermittlung von **Wissen**, was wir durch eine hohe Qualität von „Lehren und Lernen" erreichen. Dabei verstehen wir Unterricht als sozialen Prozess, der sich an bildungspolitischen Vorgaben sowie am aktuellen fachwissenschaftlichen und pädagogisch-psychologischen Forschungsstand orientiert.

Verantwortung

Über die Vermittlung von Wissen und Kompetenzstärkung hinaus, ist uns die Übernahme von **Verantwortung** besonders wichtig.

Selbststärkung

Wir legen verstärkt Wert auf Zukunftsorientierung und Lebenswegplanung, um jeden Einzelnen in seiner Persönlichkeitsentwicklung zu begleiten.

– **für deine Zukunft**

Der Namensgeber und unser Slogan verpflichten uns, unserer Schule als Marke mit verbindlichen Gestaltungsgrundsätzen zu präsentieren:

W
- mit hoher Qualität
- klar
- aktuell

V
- handelnd
- empathisch, emotional
- sozial orientiert

S
- stark, selbstbewusst
- persönlich
- authentisch

(3) **Besonderheiten der Schule,** die zur Profilbildung der Schule dienen und über das normale Angebot hinaus gehen. *(Schulmarketing)*

Individuelle Lebensvorbereitung

Wir eröffnen individuelle Zukunftsperspektiven durch verstärkte Lebensweg- und Berufswahlorientierung

Soziales Handeln

Wir legen besonderen Wert auf die Entwicklung sozialverantwortlichen Handelns in Schule und Gesellschaft

Übernahme von Verantwortung und **Selbststärkung** sind neben der **Wissens**vermittlung unsere zentralen Aufgaben. Deswegen ist die Umsetzung der profilbildenden Leitsätze „Soziales Handeln“ und „Individuelle

Lebenswegvorbereitung“ richtungsweisend für unsere Arbeit. Uns geht es dabei um die Stärkung jedes Einzelnen in der Gemeinschaft.

(4) **Ein zusammenfassendes Imagekonzept,** das alles aufeinander abstimmt und koordiniert, ist unser internes Arbeitskonzept für die nächsten Jahre.
(5) **Eine klare Beschreibung der besonderen Marke mit Grundsätzen zur beabsichtigten Wirkung.** *(Corporate Branding)*
(6) **Einfache und verbindliche Richtlinien zur Gestaltung des Erscheinungsbildes der Schule als CD-Manual.** *(Corporate Design)*
(7) **Wichtige Grundsätze zur Kommunikation und für alle Maßnahmen der Öffentlichkeitsarbeit.** *(Corporate Communication)*
Den entsprechenden Jahresplan – Organisations-Übersicht – 2014/15 haben wir Ihnen online zur Verfügung gestellt.
(8) **Gemeinsame Grundsätze für das Verhalten aller.** *(Corporate Behavior)*
(9) **Verbindliche und verlässliche Controlling-Strukturen, Verantwortlichkeiten und Reflexionen, die die Einhaltung der Grundsätze und Richtlinien sicher stellen und für eine konsequente Anwendung und eine Weiterentwicklung sorgen.** *(Qualitätssicherung)*

IV. Strategische Öffentlichkeitsarbeit

1. Was ist eine strategische Öffentlichkeitsarbeit?

Eine **strategische Öffentlichkeitsarbeit** (strategisch – mit klarer Absicht und Ausrichtung)

- verbindet ganzheitlich alle vorhergehenden Ansätze und deren Vorteile,
- achtet auf eine durchgängige Professionalität in allen Bereichen,
- ist nach innen und außen ausgerichtet: Identität und Image,
- ist ein gemeinsamer Prozess des Kollegiums, der Akzeptanz, Beteiligung und Engagement erfordert,
- ist in das Schulprogramm/Schulkonzept integriert, arbeitet nach klaren, glaubwürdigen Zielen und Vorgehensweisen,
- stellt aktuelle Informationen vor, sorgt für ein einheitliches Erscheinungsbild,
- sorgt für die prägnante Profilbildung und Alleinstellung,
- macht eine konsequente Markenbildung für die Schule,
- richtet sich offen aus auf eine Verhaltensveränderung und Meinungsbeeinflussung,
- verbindet Corporate Design, Corporate Communication und Corporate Behavior,
- sorgt für klare Zuständigkeiten und terminliche Verbindlichkeit,
- sorgt für die verlässliche Umsetzung im Schulalltag nach innen und außen,
- arbeitet mit verbindlichen und entlastenden Checklisten und Prozessabläufen,
- sorgt für eine qualitätssichernde nachhaltige Begleitung – ein Controlling,
- ist zukunftsorientiert und wird innovative Aspekte aufnehmen und
- **fasst in einem Teilkonzept zur Öffentlichkeitsarbeit (= Imagekonzept) alle Aspekte, Zielsetzungen und Maßnahmen konzeptionell und zusammen.** (vgl. Abb. 1)

Definition: Die **strategische Öffentlichkeitsarbeit** in den Schulen ist eine konzeptionelle Profilierung der Schule durch gemeinsame Prozesse nach innen und gemeinsame Präsentationen nach außen. Sie kommuniziert die Angebote und Leistungen der Schule aufbauend auf das Schulprogramm/Schulkonzept als bewusste Positionierung der Schule im Schulmarkt (Schulmarketing). Die zwei Zielgrößen der Öffentlichkeitsarbeit sind (1) die Entwicklung der pädagogischen Identität als Selbstverständnis und Basis für das alltägliche

Unterrichts- und Schulleben (**Identität**, Leitbildprozess mit Arbeitsprogrammen) und (2) die einheitliche und aufeinander abgestimmte Darstellung und Präsentation dieses Profils mit seinen Leistungen nach außen (**Image**, Bekanntheit, Erscheinungsbild). Dabei muss sie über den informierenden und werbenden Aspekt hinaus, besonders den **handlungsorientierten Aspekt (die Verhaltensveränderung und die Meinungsbeeinflussung)** berücksichtigen, die **Markenbildung** beachten, die gewollten Wirkungen einheitlich gestalten (Corporate Design, Corporate Communication, Corporate Behavior) und auch die **besondere Profilbildung und Alleinstellung**. Grundlage dafür ist ein **identitätsstiftender und qualitätssichernder gemeinsamer Prozess** und ein **Imagekonzept**, das alle Aspekte, Zielsetzungen und Maßnahmen zusammenfasst und verbindet und **in das Gesamtkonzept der Schule integriert ist.**

Solche **Imagekonzepte** dienen der grundlegenden Positionierung, Präsentation und Profilierung der Schule im Wettbewerb und schaffen gleichzeitig auch nach innen für die ganze Schule gemeinsame effektive und effiziente Arbeitsstrukturen.

Was ist ein Imagekonzept?

(1) Unter einem Imagekonzept ist hier nicht nur das Teilkonzept zur Öffentlichkeitsarbeit mit allen Zielsetzungen und Maßnahmen zur Umsetzung nach innen und außen (integriert in das Gesamtkonzept der Schule),
(2) die besondere Profilbildung (meist jeweils am Anfang und am Ende – integriert in das Gesamtkonzept der Schule),
(3) die markenorientierte grundlegende Gesamtausrichtung der Schule (durch die Profilbeschreibung und/oder den Slogan als gemeinsame Vision) und die entsprechenden
(4) klaren Zielsetzungen zur Verhaltensveränderung und Meinungsbeeinflussung, sondern auch
(5) der gemeinsame identitätsstiftende und qualitätssichernde Prozess zu verstehen.

Ein professionelles Imagekonzept verstärkt also nicht nur das Image, sondern insgesamt auch das wertige Ansehen der unterrichtlichen und pädagogischen Arbeit und damit das Ansehen der ganzen Schule. Mit der Profilbildung Ihrer Schule als Markenbildung verändern Sie letztlich Ihre ganze Schule, weil

Sie über die Verbesserung der Außenwirkung direkt auch die Innenwirkungen entsprechend anpassen müssen und damit eine Stärkung der motivierenden pädagogischen Identität schaffen.

2. Ziele der strategischen Öffentlichkeitsarbeit

„Wer keine Ziele hat, verläuft sich." … hat schon Abraham Lincoln erkannt.

Welche Ziele können Sie mit einer *informierenden* Öffentlichkeitsarbeit erreichen?

- Wir wollen aktuelle Informationen geben und für eine gute ***Bekanntheit*** unserer Schule sorgen („Reklame"), vgl. Abb. 19. In der Checkliste finden Sie eine konkrete Zielsetzung zur Orientierung und Bewusstmachung, was man damit erreichen kann. Sie können diese Vorschläge übernehmen, streichen und durch eigene Zielvorstellungen ergänzen. Die praktische Umsetzung können Sie dann direkt angehen durch das Bearbeiten der Spalten „Was tun wir dafür" und „Wer und wann?" Diesen Bereich der Öffentlichkeitsarbeit müssen Sie anschließend aber unbedingt noch erweitern durch die nächste Ebene und die anderen Checklisten.

Welche Ziele können Sie mit einer *werbenden* Öffentlichkeitsarbeit erreichen?

- Wir wollen darüber hinaus für ein gutes ***Ansehen und Erscheinungsbild*** sorgen („Werbung"), vgl. Abb. 20. In der Checkliste finden Sie eine konkrete Zielsetzung zur Orientierung und Bewusstmachung, was man damit erreichen kann. Sie können diese Vorschläge übernehmen, streichen und durch eigene Zielvorstellungen ergänzen. Die praktische Umsetzung können Sie dann direkt angehen durch das Bearbeiten der Spalten „Was tun wir dafür" und „Wer und wann?" Diesen Bereich der Öffentlichkeitsarbeit müssen Sie anschließend aber unbedingt noch erweitern durch die nächste Ebene und die anderen Checklisten.

Welche Ziele können Sie mit einer *handlungsorientierten* Öffentlichkeitsarbeit erreichen?

- Wir wollen darüber hinaus für ein gutes und ***profiliertes Image*** (Alleinstellung und Markenbildung) sorgen, dass die Zielgruppen auch bewegt, sich für unsere Schule einzusetzen: „Was wollen wir tun und dass andere tun?" und das heißt ***Meinungsbeeinflussung und Verhaltensveränderung*** („Marketing und PR"), vgl. Abb. 21. In der Checkliste finden Sie eine konkrete Zielsetzung zur Orientierung und Bewusstmachung, was man damit erreichen kann. Sie können diese Vorschläge übernehmen, streichen und durch eigene Zielvorstellungen ergänzen. Die praktische Umsetzung können Sie dann direkt angehen durch das Bearbeiten der Spalten „Was tun wir dafür" und „Wer und wann?" Diesen Bereich der Öffentlichkeitsarbeit müssen Sie anschließend aber unbedingt noch erweitern durch die nächste Ebene und die anderen Checklisten.

Welche Ziele können Sie mit einer *strategischen* Öffentlichkeitsarbeit erreichen?

- Wir wollen über alle drei Ansätze hinaus für ein gutes und ***profiliertes Image*** (Alleinstellung und Markenbildung) sorgen, dass die Zielgruppen auch bewegt, sich für unsere Schule einzusetzen: „Was wollen wir tun und dass andere tun?" und das heißt ***Meinungsbeeinflussung, Vertrauen aufbauen und Verhaltensveränderung*** („Marketing und PR") „Welche ***weiteren*** Ziele können wir mit einer strategischen Öffentlichkeitsarbeit und einem Imagekonzept erreichen? Es geht hierbei also um ein „Extra-Plus"! In den Checklisten Abb. 19–21 und besonders Abb. 22 finden Sie eine konkrete Zielsetzung zur Orientierung und Bewusstmachung, was man damit ***mehr*** erreichen kann. Sie können diese Vorschläge übernehmen, streichen und durch eigene Zielvorstellungen ergänzen. Die praktische Umsetzung können Sie dann direkt angehen durch das Bearbeiten der Spalten „Was tun wir dafür" und „Wer und wann?" Diesen Bereich der Öffentlichkeitsarbeit müssen Sie anschließend aber unbedingt noch erweitern durch die anderen ergänzenden Aspekte und Schwerpunkte aus der obigen Operationalisierung (z.B. **Vertrauen, Identität, Sicherheit, gemeinsamer Prozess, Imagekonzept, Controlling…**).

Bei der Zielfindung und der Zusammenstellung der einzelnen Ziele kann man sich schnell verzetteln. Achten Sie deshalb darauf, dass Sie die Anzahl der Ziele reduzieren, nach Ober- und Unterzielen, nach Bereichen und in Teilkonzepten ordnen und zusammenfassen. (mehr dazu bei der Zielfindung anschließend)

Ziele der informierenden Öffentlichkeitsarbeit Checkliste I

Öffentlichkeitsarbeit hat ganz unterschiedliche Ausrichtungen, entsprechend unterschiedliche Zielsetzungen und somit auch unterschiedliche Erfolge, die Sie damit erreichen können...

Ziele der Öffentlichkeitsarbeit: Was wir erreichen möchten...	Was tun wir dafür?	Wer? Wann
1. Welche Ziele können wir mit einer informierenden Öffentlichkeitsarbeit erreichen? Was tun wir alles? (Information, Bekanntheit)		
• Über Veranstaltungen und Feste informieren und dazu einladen • Berichten über schulische Abläufe, Projekte und Ergebnisse • Die vielfältigen Angebote der Schule präsentieren • Die unterschiedliche Wahlmöglichkeiten darstellen • Aktuelle Ereignisse und Veränderungen bekannt geben • Einsatz von Homepage, Pressearbeit, Flyern... • "Schule öffnen" und über uns informieren		
Neue/eigene Zielsetzungen unserer Schule: • ... • ... • ...		

Je mehr Sie erreichen wollen, desto gezielter und mehr müssen Sie tun. Sie müssen entscheiden, was Ihnen ausreicht und was Ihnen wichtig ist. In welcher Liga wollen Sie sein? Es ist effektiver, effizienter, erfolgreicher und einfacher, wenn Sie Ihre Ziele ganz deutlich formulieren und kommunizieren - letztlich auch viel glaubwürdiger...

Abb. 19: Ziele der informierenden Öffentlichkeitsarbeit Checkliste I

Ziele der werbenden Öffentlichkeitsarbeit Checkliste II

Öffentlichkeitsarbeit hat ganz unterschiedliche Ausrichtungen, entsprechend unterschiedliche Zielsetzungen und somit auch unterschiedliche Erfolge, die Sie damit erreichen können...

Ziele der Öffentlichkeitsarbeit: Was wir erreichen möchten...	Was tun wir dafür?	Wer? Wann
2. Welche Ziele können wir mit einer werbenden Öffentlichkeitsarbeit erreichen? Wie wollen wir von außen gesehen werden? (Erscheinungsbild, Ansehen)		
• Als kompetentes und motiviertes Kollegium • Als schülerorientiert und auf den Einzelnen eingehend mit Förderung und Beratung • Als gute Schule mit vielfältigen Wahlmöglichkeiten und für gute Abschlüsse • Als Schule, die gut auf das Leben und den Beruf vorbereitet - Kompetenzvermittlung • Als Schule, die eine starke Persönlichkeitsentwicklung und Wertevermittlung fördert • Als Schule, die mit vielfältigen zusätzlichen Angeboten individuelle Begabungen und Talente fördert und unterstützt • Als Schule, die im Vergleich zu anderen insgesamt besser ist • Als eine freundliche und gute Schule		
Neue/eigene Zielsetzungen unserer Schule: • ... • ...		

Je mehr Sie erreichen wollen, desto gezielter und mehr müssen Sie tun. Sie müssen entscheiden, was Ihnen ausreicht und was Ihnen wichtig ist. In welcher Liga wollen Sie sein? Es ist effektiver, effizienter, erfolgreicher und einfacher, wenn Sie Ihre Ziele ganz deutlich formulieren und kommunizieren - letztlich auch viel glaubwürdiger...

Abb. 20: Ziele der werbenden Öffentlichkeitsarbeit Checkliste II

Ziele der handlungsorientierten Öffentlichkeitsarbeit Checkliste III

Öffentlichkeitsarbeit hat ganz unterschiedliche Ausrichtungen, entsprechend unterschiedliche Zielsetzungen und somit auch unterschiedliche Erfolge, die Sie damit erreichen können...

Ziele der Öffentlichkeitsarbeit: Was wir erreichen möchten...	**Was tun wir dafür?**	**Wer? Wann**
3. Welche Ziele können wir mit einer handlungsorientierten Öffentlichkeitsarbeit erreichen? Was wollen wir tun und dass andere tun? (Profilbildung, Markenbildung, Verhalten)		
• Wir legen Wert auf unser prägnantes Profil im Bereich XX und XXL. • Wir pflegen unser besonderes Profil als Alleinstellungsmerkmal zur Positionierung im Wettbewerb. • Wir präsentieren unsere Schule als eine starke Marke im Vergleich zu anderen. • Wir pflegen ein freundliches und engagiertes Miteinander. • Wir möchten uns so präsentieren, dass sich die Interessierten für uns entscheiden. • Wir bauen Vertrauen auf und laden ein zu einer guten Zusammenarbeit mit uns. • Wir gestalten unsere Öffentlichkeitsarbeit als einen Prozess nach innen und außen.		
Neue/eigene Zielsetzungen unserer Schule: • ...		

Je mehr Sie erreichen wollen, desto gezielter und mehr müssen Sie tun. Sie müssen entscheiden, was Ihnen ausreicht und was Ihnen wichtig ist. In welcher Liga wollen Sie sein? Es ist effektiver, effizienter, erfolgreicher und einfacher, wenn Sie Ihre Ziele ganz deutlich formulieren und kommunizieren - letztlich auch viel glaubwürdiger...

Abb. 21: Ziele der handlungsorientierten Öffentlichkeitsarbeit Checkliste III

Ziele der strategischen Öffentlichkeitsarbeit Checkliste IV

Öffentlichkeitsarbeit hat ganz unterschiedliche Ausrichtungen, entsprechend unterschiedliche Zielsetzungen und somit auch unterschiedliche Erfolge, die Sie damit erreichen können...

Ziele der Öffentlichkeitsarbeit: Was wir erreichen möchten...	Was tun wir dafür?	Wer? Wann
4. Welche Ziele mehr können wir mit einer strategischen Öffentlichkeitsarbeit und einem Imagekonzept erreichen? (Profil-/Markenbildung/Verhalten/Vertrauen/Identität/Sicherheit)		
• Wir legen Wert auf unser prägnantes Profil im Bereich XX und XXL und pflegen das als Alleinstellungsmerkmal zur Positionierung und Sicherung im Wettbewerb. • Wir präsentieren unsere Schule als eine starke Marke im Vergleich zu anderen. • Wir pflegen unsere pädagogische Identität für eine engagierte Mitarbeit. • Wir bauen Vertrauen auf und laden ein zu einer guten Zusammenarbeit mit uns. • Wir schaffen durch unsere Öffentlichkeitsarbeit kollegiale Optimierungsprozesse. • Wir verbinden alle Zielsetzungen und Maßnahmen effektiv in unserem Imagekonzept als Teil des Gesamtkonzeptes. • Wir begleiten unsere Öffentlichkeitsarbeit durch ein qualitätssicherndes Controlling.		
Neue/eigene Zielsetzungen unserer Schule:		

Je mehr Sie erreichen wollen, desto gezielter und mehr müssen Sie tun. Sie müssen entscheiden, was Ihnen ausreicht und was Ihnen wichtig ist. In welcher Liga wollen Sie sein? Es ist effektiver, effizienter, erfolgreicher und einfacher, wenn Sie Ihre Ziele ganz deutlich formulieren und kommunizieren - letztlich auch viel glaubwürdiger...

Abb. 22: Ziele der strategischen Öffentlichkeitsarbeit Checkliste IV

2.1 Wie kann man Ziele finden?

Schulen müssen also klare Ziele finden – es reicht ein diffuses „Wir brauchen ein besseres Image!" nicht aus. Was wollen Sie mit Ihrer Öffentlichkeitsarbeit eigentlich genau erreichen? Ziele finden und genau formulieren hilft dann in der konkreten Umsetzung und schafft ganz andere Wirkungen und Erfolge, die auch besser bewusst gemacht werden können. Aber wie kann man Ziele finden?

Nicht überall wo Ziele drüber stehen sind auch Ziele drin. Fragen Sie zur Unterscheidung **„Warum machen wir das? Was wollen wir damit erreichen?"** – das hilft eher Maßnahmen (z.B. Homepage) und Ziele (z.B. Verbesserung des Ansehens) zu unterscheiden.

Tipp: Wie also kann man Ziele für die Öffentlichkeit finden?

(1) Ausgehend von den Checklisten, allgemeinen Vorschlägen (vgl. Abb. 9) und systematischen Leitfragen können gemeinsam Zielsetzungen gefunden und formuliert werden.

(2) Man kann auch eine Befragung machen und eine Ist-Analyse erstellen – lassen Sie für entsprechende Eckwerte für Öffentlichkeitsarbeit entsprechende Schulnoten vergeben – als Selbsteinschätzung des Kollegiums und dazu als Vergleich als Fremdeinschätzung auch von den Schülern, Eltern und Kooperationspartnern (vgl. Abb. 27) – um daraus konkrete Handlungsbedarfe zu ermitteln und dann anzugehen.

(3) Auch das Schulprogramm kann helfen: Ein strukturiertes und verdichtetes Schulprogramm (= Schulkonzept) hat als ein Teilkonzept Öffentlichkeitsarbeit und kann dann helfen konkrete Ziele abzuleiten.

(4) Ziele können auch abgeleitet werden aus einer Krisensituation: „Wir haben immer weniger Schüler, da wir ein schlechtes Image haben – also müssen wir daran arbeiten."

(5) Ziele können auch von den Maßnahmen abgeleitet werden: „Wir machen einen Tag der Offenen Tür! – Warum? – Was wollen wir damit erreichen?"

(6) Ein neuer Schulname und/oder die Weiterentwicklung des Erscheinungsbildes ist ein guter Anlass gemeinsame Ziele zu definieren und daran zu arbeiten.

(7) Die Schulleitung kann Ziele auch selbst und/oder auf den Konferenzen festlegen – aufbauend auf konkrete Anlässe – z.B. Elternbeschwerden.
(8) Ziele können auch durch Projektmanagement als Aufgabe festgelegt werden: Auftrag von der Konferenz an die Steuergruppe – Erarbeitung eines Strategieplanes zur Profilierung der Schule für die Zukunft (Zukunftswerkstatt).
(9) Durch den Vergleich mit anderen Schulen können auch Ziele entstehen: „Das Gymnasium ist führend in der Stadt – was können wir von denen lernen?" – Das Vergleichen durch Benchmarking hilft neue Ziele zu finden.
(10) Ziele können auch von innen her kommen (vgl. auch die ZUG-Methode in Abb. 9 bei der Akzeptanzbildung zu Beginn des Prozesses): „Wir wollen unsere pädagogische Qualität sichern, bessere Arbeitsstrukturen und Entlastungen schaffen! – Wir brauchen gemeinsam abgestimmte Arbeitsregeln für unsere vielfältigen Projekte, damit wir uns nicht verzetteln! – Dazu brauchen wir einen Anlass und einen Veränderungsprozess. „Der „Druck", sich nach außen gut zu präsentieren, schafft eine gute Motivationsbasis und den Beginn einer zielorientierten Öffentlichkeitsarbeit.

Tipp: Zur Zielfindung

Bei der Zielfindung und der Zusammenstellung der einzelnen Ziele kommt man schnell in die Gefahr, dass man zu viele hat und sich verzettelt. Achten Sie deshalb darauf, dass bei der Zielfindung

- Sie die Anzahl der Ziele reduzieren – lieber terminieren auf später,
- Sie die Ziele nach Ober- und Unterzielen, nach Bereichen und in Teilkonzepten ordnen und zusammenfassen,
- Sie die Ziele ordnen – nach Prioritäten (Wichtigkeit und Dringlichkeit) nach dem Pareto- und Eisenhower-Prinzip (eine Übersicht dazu haben wir Ihnen online zur Verfügung gestellt.
- Sie alle Ziele aufeinander abstimmen, sodass sie sich in ihren Wirkungen nicht behindern – schließen Sie Zielkonflikte aus,
- Sie alle Ziele aktiv und verständlich sowie einheitlich aufeinander abgestimmt formulieren,
- Sie die Ziele gleich mit „smarten" messbaren Qualitätsstandards hinterlegen und auch auf die verbindliche Zuständigkeit, die Termine und das Controlling achten.

2.2 Formulierung der Ziele

Ziele können prozessorientiert und ergebnisorientiert formuliert werden: „Wir wollen das konkret dann erreicht haben!" „Wir wollen in einem gemeinsamen Prozess bis dahin so weit gekommen sein!" Beide Formulierungen ergänzen sich und sollten auch in einer Zielhierarchie (mit Grob- und Feinzielen) aufeinander abgestimmt werden, damit keine Zielkonflikte entstehen können.

Ziele müssen überprüfbar sein: Achten Sie bei der Formulierung der Ziele darauf, dass sie auch wirklich als Ziele und nicht als Maßnahmen formuliert werden: Dazu hilft die SMART-Formel. Maßnahmen sind die Schritte und genauen Umsetzungen – Fein-Ziele und Qualitätsstandards sollten messbar sein und verbindliche Termine umfassen – dabei aber auch realistisch bleiben. Ziele sind keine Visionen, Wünsche oder Träume – sind keine Maßnahmen – sie sind strategische Absichtserklärungen und realistische Meilensteine, die Sie angehen und erreichen wollen (strategische und operative Ziele). Ziele sollten möglichst von einer weitergehenden Vision für die nächsten ca. drei Jahre abgeleitet werden und auch immer einen motivierenden Charakter haben – dürfen also nicht zu leicht zu erfüllen sein. Achten Sie bei der genauen Formulierung der Ziele immer auf die genaue Unterscheidung: „Ist das eine Vision, eine Maßnahme, ein Qualitätsstandard oder wirklich eine Zielsetzung?" Und natürlich sollte jede Zielsetzung auch überprüft werden können. Erst eine genaue Zielformulierung ermöglicht eine Reflexion und ein Controlling und damit die Bewusstmachung der Ergebnisse der Öffentlichkeitsarbeit: „Haben wir unser Ziel erreicht? Wie haben wir unser Ziel erreicht?" – alles eine Frage der Überprüfung, des Controllings (wird durch die smarte Formulierung eigentlich ganz einfach messbar und überprüfbar, darum besonderen Wert darauf legen).

Abb. 23: Imageanalyse für Schulen

3. Vom Schulprofil über die Markenbildung zur strategischen Öffentlichkeitsarbeit

Das Profil nach außen kommunizieren: Tue Gutes und rede darüber!

Nach der Positionierung der Schule (Festlegung des **Schulprofils**) durch ein klares Selbstverständnis, ein grundlegendes Leitbild im **Schulkonzept**, der Umschreibung Ihrer **Schulmarke** und der Visualisierung durch ein Corporate Design, kann die Präsentation der Schule nach außen beginnen. Wichtig ist, dass nicht nur der Schulleiter die Schule nach außen vertritt (rechtlich korrekt), sondern dass die einzelnen Projekte und Aktionen des Kollegiums auch motivierend nach innen aufgenommen und verlässlich umgesetzt werden. Eine Öffentlichkeitsarbeit braucht nach innen eine gute Akzeptanz und muss mehr als gemeinsamer Prozess verstanden werden. Dafür ist es notwendig, ein starkes Team für die Öffentlichkeitsarbeit zu haben (vernetzt mit der Steuergruppe oder auch als Teil davon), das die unterschiedlichen Aspekte und Projekte koordiniert. Beachten Sie bei der konkreten Umsetzung, dass die Eckwerte und Richtlinien für eine professionelle Öffentlichkeitsarbeit auch wirklich beachtet und gelebt werden. Legen Sie für Ihre Öffentlichkeitsarbeit aufbauend auf Ihre Identität besondere Schwerpunkte fest und setzen Sie sich strategische Ziele (vgl. Abb. 24), die auch mit festen Messgrößen und Zeiten überprüfbar sind. Wollen Sie eine strategische Öffentlichkeitsarbeit machen oder nur mal zufällig nach Bedarf aktiv werden, wenn es sowieso zu spät ist? Legen Sie Ihre Öffentlichkeitsarbeit langfristig und präventiv mit klaren Orientierungsgrößen an. Die obersten Aufgaben dabei sind, die gute Arbeit darzustellen und das Profil der Schule zu schärfen. Öffentlichkeitsarbeit ohne Controlling ist nutzlos. Ein Feedback, eine Evaluation – ein reflektierender Soll-Ist-Vergleich – ein Selbstcontrolling ist keine Kontrolle, sondern eine notwendige Bewusstmachung der Ergebnisse und muss gleich am Anfang bei der Zielfestlegung mit angedacht werden, um den Vergleich zu haben. Die gute Öffentlichkeitsarbeit hat die zentrale Funktion alles zu konzentrieren, zu bündeln und zu vernetzen und dabei die besonderen Profil bildenden Schwerpunkte gezielt in den Vordergrund zu stellen. Ein gutes Image kann der Schule immer wie ein „Puffer“ gut helfen – in guten wie in schlechten Zeiten. Ein gutes Image wirkt auch nach innen und motiviert und spornt an, denn es ist ja die eigene Identität, an der man arbeitet und die man empfindet.

„Das Sichtbare gibt dem Werk Gestalt, das Unsichtbare verleiht ihm seinen Wert." (Laotse)

Woran erkennt man eine gute Öffentlichkeitsarbeit?

Eine professionelle und nachhaltige Öffentlichkeitsarbeit

- wird von der Schulleitung zusammen mit einer Gruppe aus dem Kollegium gemacht und hat einen festen Auftrag.
- wird als ein Teil des gemeinsamen Schulentwicklungsprozesses nach innen und außen verstanden und durchgeführt.
- ist direkt auf das Schulprogramm und das Leitbild bezogen und mit dem Qualitätsmanagement vernetzt.
- stellt das Besondere der Schule zur Positionierung und Profilierung als Schulmarketing heraus und arbeitet damit.
- hat einen festen Strategiefahrplan mit gemeinsamen messbaren Zielen und einem zeitlichen Projektmanagement.
- hat ein ci-orientiertes Arbeitskonzept mit Richtlinien für das Verhalten, die Kommunikation und das Design.
- arbeitet langfristig mit Medienansprechpartnern, Kooperationspartnern und Sponsoren zusammen.
- pflegt ein identitätsstiftendes Wir-Gefühl für das Kollegium, die Schüler, die Eltern und Partner in der Region.
- setzt ein kontinuierliches Controlling für den Soll-Ist-Vergleich ein, um die Ergebnisse bewusst zu machen.
- sorgt als lernende Organisation dafür, dass der Prozess nachhaltig in Gang bleibt und die Arbeit verbessert wird.

Weniger ist mehr.

Lieber wenige gute und abgestimmte Projekte als viele, die sich gegenseitige behindern und in den Wirkungen aufheben.

© Regenthal

Abb. 24: Woran erkennt man eine gute Öffentlichkeitsarbeit?

4. Öffentlichkeitsarbeit als Prozess

Eine Schule ohne eine gute Selbstgestaltung durch eine sorgfältige Identitätsbildung hat nicht nur kein Profil, sondern ist auch nicht in der Lage, wichtige Qualifikationen für ihre Zielgruppen zu erbringen. Auch die veränderten Erwartungen und Ansprüche der unterschiedlichen Zielgruppen können nur professionell erfüllt werden, wenn die Schule einen guten Identitätsfindungsprozess als Basis hat. Für diese Identitätsgestaltung braucht die Schule die Bereitschaft und Offenheit aller Mitarbeiter und ein Schulmanagement, das mutig und vertrauensvoll ihre Managementaufgaben insgesamt anpackt und nicht nur eindimensionale und aktionistische Projektentscheidungen treffen für nur kurzfristige Erfolge. Dann können die vier **Ziele eines ganzheitlichen Identitätsprozesses** auch wirklich nachhaltig erreicht werden, nämlich

(1) eine effektive Zusammenarbeit zwischen allen Bereichen, Schulleitung, Kollegium, Eltern und Schülern,
(2) die Verbesserung der Qualität von Unterricht, Schulprojekten, Organisation,
(3) eine starke Identität aller Beteiligten: Kollegium, Eltern, Schüler, Ehemalige und
(4) ein profiliertes Image der Schule und eine starke Positionierung.

Das Ziel ist eine gemeinsame Entwicklung und Profilierung der pädagogischen Identität der Schule. Im Unterschied zur Wirtschaft muss erst diese Basis geschaffen werden, um dann die Schule nach außen zu öffnen und zu präsentieren. Imagebildung ist dann nur noch die logische Weiterentwicklung und Verstärkung. Profitorientiertes und wettbewerbsorientiertes Denken und Handeln sind in der Schule nicht notwendig und werden der Öffentlichkeitsarbeit als Vorurteil nur unterstellt. Das Ziel der Imageprofilierung kann nur nachhaltig auf eine starke gemeinsame pädagogische Identität aufbauen. (vgl. Abb. 2)

„Visionen brauchen Fahrpläne." (Ernst Bloch)

Eine gute, übersichtliche, effiziente und effektive Vorgehensweise hilft den Prozess der strategischen Öffentlichkeitsarbeit besser zu gestalten und damit nachhaltige Erfolge zu erzielen. Nach der Akzeptanzbildung kann man sich schrittweise die nächsten „Meilensteine" vornehmen und angehen (vgl. Abb. 25) –

wobei das nicht unbedingt alles in der idealtypischen Reihenfolge geschehen muss. Diese vorgeschlagene Strategie gibt aber Orientierung, Beispiele und Impulse, um besser planen und organisieren zu können. Sie werden an wichtige Aspekte (Konzeptentwicklung, Controlling…) erinnert und darauf aufmerksam gemacht, was noch zu tun ist. Wir haben Ihnen online eine leere Checkliste zur Verfügung gestellt, die Sie dazu nutzen können, Ihre schulspezifische Strategie zu entwickeln und die einzelnen Schritte gleich verlässlich fest zuhalten durch das „Was – Wer – Wann" – so kommen Sie einfacher und schneller voran. Wichtig wäre aber, dass Sie es nicht allein machen, sondern dazu ein Team haben (auch in kleinen Schulen – lieber nur 1–2 Kollegen dazu nehmen als es allein zu machen) und gemeinsam planen und diese Strategie auch mit dem Kollegium besprechen. Der ganze Prozess läuft besser mit einem dazu beauftragten Team, die nach der AMC-Strategie (Abb. 11) ganz professionell vorangehen. (Die Checkliste der 10 Schritte zur Öffentlichkeitsarbeit basiert auf der AMC-Strategie.)

10 Schritte zur Öffentlichkeitsarbeit

Schritte, Phasen		Methoden, Maßnahmen
Akzeptanzschaffung	1	• Auftrag, Vision, Zielsetzung • Notwendigkeiten, Nutzen • Defizit, Schwächen • Persönliches Engagement, Ansprache • Referenzbeispiele, Anlässe
Teambildung	2	• Aufgaben, Verbindung CI-Team • Kompetenzen • Organisation • Teamentwicklung • Teamverhalten, Arbeitsweise
Ist-Analyse	3	• Zielgruppenfindung • Imageanalysen • Spinnenanalyse • Stärken - Schwächen - Profile • Unterspinnen
Soll-Analyse	4	• Richtlinien aus Organisationsgrundsätzen • Rasteranalyse • Ziele aus Ist-Analysen • Strategische Ziele • Operative Ziele
Instrumentenauswahl	5	• Kraftfeldanalyse • Bench-Marking • Modellprojekte • Instrumentenspektrum • Anleitungen, Beratungen
Konzeptentwicklung	6	• Konzeptberatung • Projektmanagement • Abstimmung mit anderen Konzepten • Testphase, Erprobung • Gesamtkonzeptabstimmung
Entscheidungsbildung	7	• Alternativen finden • Delphi-Methode (Fachleute) • Folgenabschätzung, Wirkungen • Genehmigung, Entscheidung • "point of no return"
Durchführung	8	• Lerneffekte, Motivation • Kleine Schritte, Projektmanagement • Dokumentationen, Zwischencontrolling • Konsequenzen, Durchhalten • Ergebnisorientierung
Controlling	9	• Strategisches + operatives Controlling • Controllinganzeiger, Ergebnisse • Soll-Ist-Vergleich, Effizienz • Stärken-Schwächen-Analyse • Nachbesserungen, Ausbau
Lernende Organisation	10	• Reflexion, "Bewusstmachung" • Erfahrungen, Erkenntnisse, Lernen • Übertragungen, Transfer • "Prozess in Gang halten" • Innovationen, neue Ziele

Abb. 25: 10 Schritte zur Öffentlichkeitsarbeit

4.1 Imageanalysen als Ist- und Soll-Analysen am Anfang und Ende

Hauptspinne als Ausgangsbasis – Imageanalyse

Eine gemeinsame Ist-Analyse – „Wo stehen wir? – Wenn wollen wir ansprechen? – Wie ist die Akzeptanz im Kollegium? - Welches Image haben wir? – Welche Stärken und Schwächen haben wir?" – kann den Ausgangspunkt bewusst machen und daraus gleichzeitig die Motivation schaffen, an gemeinsamen Zielen weiter zu arbeiten. (Abb. 23)

Die Spinnenanalyse (Ist- und Soll-Analysen)

Nach der allgemeinen Akzeptanzbildung und dem Aufbau eines Teams für Öffentlichkeitsarbeit ist ausgehend von der AMC-Strategie die erste entscheidende Maßnahme die Bestandsaufnahme. Spüren Sie Ihre eigenen Kriterien auf, formulieren Sie gemeinsam Ihre Vorstellungen und Ihr Denken über Ihre Schule! Beziehen Sie sich natürlich auf Ihr Schulkonzept und den dort formulierten Zielen. Die Kriterien sollten den gewünschten Zielsetzungen entsprechen – auch um später durch eine Vergleichsbefragung den Erfolg, die Verbesserung sichtbar machen zu können. Wichtig aber ist die genaue Unterscheidung von

(1) **Hauptspinne** (operationale und strategische Grobziele. Viele Schulen machen nicht konsequent eine reine Imageanalyse als Hauptspinne, sondern mischen die Kriterien, um das, was Ihnen wichtig erscheint, direkt erfragen zu können und um am Anfang eine Hauptspinnen für die gesamte Schule zu bekommen – entsprechend des Gesamtkonzeptes – und machen dann eine Imageanalyse als Unterspinne.) und

(2) **Unterspinnen** (Feinziele, die aus den Kriterien der Hauptspinne – „Überschriften" abgeleitet werden sollten), sodass aus jeder Hauptspinne letztlich acht konkretere Unterspinnen nach Bedarf abgeleitet werden könnten. (Eine Unterspinne zur Imageanalyse kann wiederum zur genaueren Analyse als eine „Unter-Unterspinne" verfeinert werden).

(3) **Wenn Sie eine Imageanalyse anlegen,** sollten Sie deutlich die verschiedenen Ebenen von Haupt- und Unterspinnen unterscheiden und die Möglichkeiten der genaueren Untersuchung nach Bedarf durch eine Unterspinnenbefragung mit berücksichtigen (*gut wäre also eine Hauptspinne*

zur Imageanalyse, die dann durch Unterspinnen ergänzt werden kann). Die Spinnen-Methode ist damit sehr flexibel und variabel einzusetzen...

Das Strukturmodell zur Spinnenanalyse ist ein bewährtes und hilfreiches Instrument, mit dem man sich einen guten Überblick über die gegenwärtige Situation, aber auch über die gewünschten Ziele verschaffen kann.

Wollen Sie für Ihren Prozess jetzt eine Hauptspinne zum Image?

Suchen Sie sich dafür acht Kriterien, die Ihr Image bestimmen (berücksichtigen Sie Ihre besondere Profilbildung, das Ansehen, den Medieneinsatz, die Identifikation und Bereitschaft zur Mitarbeit...).

Als **mögliche Imagekomponenten**, die die Außenwirkung der Schulen nachhaltig beeinflussen, kommen folgende in Betracht (mit unterschiedlicher Gewichtung – auch weil einige gegeben und einige selbst gestaltbar sind). Reduzieren Sie auf acht Kriterien, die Ihnen für Ihre Schule wichtig sind und beziehen Sie sich ausdrücklich auf die Leitsätze in Ihrem Gesamtkonzept oder im Leitbild.

Mögliche Imagekomponenten sind:

- Lage und historische Entwicklung der Schule,
- gute äußere und innere Architektur, schülergerechte Raumgestaltung,
- Schülerzahlen, Einzugsgebiet,
- gute Ausstattung mit modernen Arbeitsmaterialien,
- Bekanntheit, „guter Name“,
- spezifische Profilierung und Positionierung in der Region,
- hochwertiger Unterricht, Abschlüsse, gerechte Bewertung,
- pädagogische Arbeit, Erziehung, Beratung, Wertevermittlung, Persönlichkeitsentwicklung und Förderungsangebote,
- ein freundliches und engagiertes Kollegium,
- vielseitige Veranstaltungen (Projekte, Exkursionen, Besichtigungen, Feste),
- interessante Angebote und ein gutes Schulleben (Arbeitsgemeinschaften, Ausstellungen),
- gutes Betriebsklima, Zusammenarbeit, Schulorganisation,
- harmonische Zusammenarbeit mit Eltern, Schülern und anderen Organisationen, Kooperationspartnern, Sponsoren,

- kontinuierliche und günstige Berichterstattungen über schulische Maßnahmen (Schülerzeitungen, Tagespresse, Jubiläumshefte),
- besondere Profilierung und Alleinstellung,
- sichere und gute Positionierung im Wettbewerb,
- eine professionelle und glaubwürdige Öffentlichkeitsarbeit…

Oder wollen Sie am Anfang eine Hauptspinne zur gesamten Schule?

Acht Kriterien (max. aber 10) – so bleibt man auf das Wesentliche konzentriert. Ca. sechs – sieben Kriterien sollten nach innen gerichtet sein und über die ganze Schule Auskunft geben, während ein – zwei Kriterien nach außen gerichtet das Image beschreiben. Beispiele werden als Anhaltspunkte genannt – wobei das Finden auf der Basis Ihres Schulkonzeptes für die eigenen Profilmerkmale ganz entscheidend ist. (vgl. Abb. 26 und 27)

Für die Formulierung der einzelnen Kriterien ist es sehr wichtig, sie ausdrücklich positiv und konkret zu formulieren, also z.B. „gute und vertrauensvolle Zusammenarbeit im Kollegium“ und nicht „fehlende Kooperationsbereitschaft“.

Die acht ausgewählten Komponenten und Kriterien werden mit den Noten 1 – 6 bewertet (1 = trifft voll zu/außen; 6 = trifft nicht zu/innen). Dies erfolgt durch die Einschätzung des Kollegiums (Selbstbild) und durch eine direkt angelegte Zielgruppenbefragung – Eltern, Schüler und auch Betriebe/Kooperationspartner (Fremdbild).

Tipp: Zur Durchführung der Spinnenanalyse

Die Spinnenanalyse als Ist- und Soll-Analyse kann zum Bearbeiten mit der Excel-Datei aufgebaut werden. (Sie ist dort nur umgekehrt: Note 1 = schlecht Note 6 = gut – kann man aber „umprogrammieren“.) So kann man die Befragung sehr effizient und effektiv durchführen – auch in großen Schulen.

Das Gebilde der Spinnenanalyse zeichnet nun die Ist-Situation der Schule nach, und je größer das Gebilde ist, desto stärker sind Identität und Image ausgeprägt. Sollte dieser erste Schritt einer Ist-Bestimmung als zu allgemein empfunden werden, kann man sich mit Unterspinnen weiterhelfen. Wenn z.B. bei der Bewertung des Arbeitsklimas keine Übereinstimmung gefunden werden kann, sollten wieder acht – genauere – Kriterien für das Arbeitsklima zusammengestellt werden, um mit Hilfe dieser Unterspinne das Problem genauer zu beleuchten. Nach diesem Beispiel können je nach Bedarf alle acht Einzelkriterien intensiver analysiert werden. Das schafft Klarheit für den ersten Schritt zur Veränderung, der dann durch die Kraftfeldanalyse und mit Projektmanagement begonnen wird (Entwicklung eines Aktionsplans mit konkreten Maßnahmen).

Außerdem bietet sich auch die interessante Möglichkeit, dieselben Kriterien wiederum von unterschiedlichen Gruppen bewerten zu lassen. Es ist sicherlich nützlich oder auch manchmal wichtig zu erfahren, in wieweit sich die Kollegiumsspinne von einer Eltern- und Schülerspinne oder auch einer Spinne von Kooperationspartnern unterscheidet (Selbst- und Fremdbildvergleiche).

Die Erstanalyse, die zunächst den Ist-Zustand der Schule darstellt, ist also nicht unbedingt die letzte und einzige Analyse, sondern sie zeigt auch gleichzeitig auf, an welchen Punkten noch einmal genauer hingeschaut und nachgefragt werden muss oder wo noch einmal etwas neu durchdacht werden sollte. Dazu kann u.a. das Team, die Steuerungsgruppe, Anregungen bieten. **Die Methode der Spinnenanalyse (Haupt – und Unterspinnen) schafft eine konsequente Vernetzung aller Bereiche und Aspekte des Schullebens, erarbeitet gemeinsame Zielsetzungen, entwickelt ein Qualitätsmanagement mit messbaren eigenen Standards und macht das Vorgehen und die Ergebnisse evaluierbar.**

Vorgehensweise bei der Spinnenanalyse:

(1) Kriterien finden (bewährt haben sich acht – max. zehn) für die Hauptspinne (allgemeine Ziele, Grundsätze), Ebene eins, (vgl. Abb. 26)
(2) Kriterien nach realistischer Vision (Slogan) und dem Gesamtkonzept ausrichten – positive Statements/Thesen/einfache Ich- und Wir-Aussagen,
(3) Kriterien bewusst machen/besprechen/diskutieren (Identitätsstiftung),
(4) Ist-Analyse durch Benotung der Kriterien – Ist-Zustand (Kriterien mit Noten 1 – 6 bewerten, evtl. Durchschnittswert berechnen, evtl. Streuung beachten) (Grob-Analyse),
(5) Selbsteinschätzung und Fremdeinschätzung vergleichen,
(6) Stärken-Schwächen-Profil durch + und – verdeutlichen,
(7) Unterspinnen nach Bedarf erstellen (Fein-Analysen), (vgl. Abb. 27)

(8) für die Arbeitsschwerpunkte in der Hauptspinne jeweils pro Kriterium entsprechend acht verfeinerte Unterpunkte finden (Qualitätskriterien für den Entwicklungs- oder Veränderungsprozess), Ebene 2,
(9) genauere Ursachen/Fehler/Gründe herausfinden,
(10) Soll-Analyse durch Festlegen von Zielsetzungen (Zielfindung), Ebene 2
(11) Ziele mit konkreten Anzeigern/Messgrößen und Terminen festlegen (Prioritäten/Reihenfolge als Vorgehensweise/Strategie planen),
(12) Klarheit und Motivation als Unterstützung zur Zielerreichung,
(13) Controlling durchführen (nach der in den Zielen festgelegten Zeit) (Controlling),
(14) Soll-Ist-Vergleich als Selbst-Controlling/Reflexion, um Ergebnisse/Erfolge bewusst zu machen und weiter entwickeln zu können,
(15) Nachbesserung/Innovationen und neue Zielsetzungen/Lernerfahrungen als Fortschritt und zur Motivation festhalten/Prozess in Gang halten.

Untrennbar von der Ist-Analyse baut sich die Soll-Analyse auf, denn die Kriterien der Ist-Spinne stellen ja die Denkweisen und Vorstellungen der jeweiligen Schule dar und zeichnen das nach, was in Bezug auf das spezifische Image und die eigene Identität als wichtig erachtet wird. Somit ist die Ist-Analyse auch gleichzeitig eine Soll-Analyse. Durch eine einfache Punktbewertung (jeder Teilnehmer setzt einen Punkt) kann die Mehrheit des Kollegiums gemeinsam den ersten Schritt als erstes Ziel festlegen. Bei der **Auswahl der Zielsetzung** sollten besonders zwei Leitfragen vorher deutlich gemacht werden, um möglichst große Synergieeffekte zu haben und auch, um einzelne Elemente besser miteinander vernetzen zu können:

- Welche Zielsetzung schafft gute und schnelle Lernerfolge, um am Anfang einen großen Motivationsschub zu bekommen?
- Welche Zielsetzung hat einen großen Synergieeffekt für alle anderen Bereiche – kann andere mögliche Ziele mit aufnehmen und verbinden?

Damit sollen nicht die größten Schwierigkeiten gleich am Anfang angegangen werden – die Gefahr des Scheitern und der Frustration wäre zu groß. Als ersten Ansatz also einen leichten Start wählen, damit der erste Erfolg motiviert, weiter zu machen. Entscheidend dabei kann auch die Auswahl für einen Schwachpunkt oder für eine Stärke sein. Es muss als erste Zielsetzung nicht die Behebung einer Schwäche sein – es kann auch mit der Ausbau einer Stärke begonnen werden. Eine Zielsetzung, die eine große Auswirkung auf andere Bereiche hat, sollte bei der Auswahl und der Prioritätenliste besonders berücksichtigt werden, um damit einen großen Schritt voranzukommen. Legen Sie eine so gewichtete Reihenfolge fest, dann haben Sie eine klare Strategie und können mit der Umsetzung beginnen.

Die Spinne der Ist-Analyse als Bestandsaufnahme zeigt deutlich die Stärken und Schwächen der Schule auf, die Soll-Spinne setzt die angestrebte Situation dagegen, und aus den Unterschieden können Ziele abgeleitet werden, klare Zielvorstellungen, deren Erreichen nach einem bestimmten Zeitraum durch eine entsprechende erneute Spinnenanalyse abgefragt werden kann. Diese Zielbestimmung kann aber auch zahlenmäßig festgelegt werden, z.B. eine Verbesserung innerhalb eines Kriteriums um mindestens 1,5 im Laufe eines Jahres. Damit bietet die Spinnenanalyse gleichzeitig ein Mittel zum Selbstcontrolling. Legt man am Ende des festgelegten Zeitraums die neu erstellte Spinne über die der Ausgangssituation, wird deutlich sichtbar, ob die ergriffenen Maßnahmen zu einer erfahrbaren und erlebbaren Änderung geführt haben.

Der große Nutzen der Spinnenanalyse liegt darin, dass klare Zielsetzungen für die einzelnen Kriterien festgelegt werden können, so z.B. „Das Angebot unserer Schule ist vielseitig“, oder „Wir haben eine gute Zusammenarbeit“. Erst in Verbindung mit diesen gemeinsam formulierten Zielen, können auch nachvollziehbare, individuelle Maßnahmenkonzepte mit konkreten Maßnahmen aufgestellt werden, die dann auch wirklich umgesetzt werden. Durch die ganzheitliche Verbindung von Ist- und Soll-Analysen und die aufeinander aufbauenden Methoden wird die ganzheitliche Denkweise deutlich, die einerseits zu guten Prozessen und Ergebnissen und andererseits zu besseren Kompetenzen bei den Beteiligten führt (Methodenkompetenzen) und letztlich zur Identitätsbildung.

An vielen Schulen wird das Erstellen von Vergleichsspinnen deutlich machen, dass Eltern, Schüler und Kollegium, aber auch einzelne Kollegen sowie Gruppen und auch die Schulleitung das Image und die Erfahrung des Alltagslebens unterschiedlich bewerten. Selbstbild und Fremdbild sollten aber eine möglichst große Übereinstimmung haben, daher ergeben sich hier neue, wichtige Ziele mit entsprechenden Maßnahmen. Der nun anlaufende Prozess einer ganzheitlichen Identitätsbildung, der von allen Beteiligten mitgestaltet und -getragen wird, führt in seiner Konsequenz zu einer starken Profilierung der Schule.

In der **Zusammenfassung** hat die **Methode der Spinnenanalyse** im Rahmen des ganzheitlichen Ansatzes zur Ist- und Soll-Analyse **mehrere Funktionen gleichzeitig**:

- Bestandsaufnahme/Ist-Analyse der Stärken und Schwächen,
- Sichtbarmachung der Schulkultur durch gemeinsame Kriterienfindung,
- Verstärkung von Motivation und Aufbruchsstimmung durch Beteiligung und Befragung sowie gemeinsame Weiterarbeit,
- Entwicklung des Selbstbildes (Kollegiumsspinne) und Vergleich mit dem Fremdbild (Eltern-/Schüler- und Kooperationsspinne),
- gemeinsame Zielfindung durch den Vergleich des Selbst- und Fremdbildes und durch die Einschätzung der Stärken und Schwächen: Von der Ist- zur Soll-Analyse,
- direkte Weiterentwicklung von der Ist- zur Soll-Analyse durch die Verbindung mit der Kraftfeldanalyse und mit Projektmanagement zum Festlegen entsprechender Maßnahmen,
- Visualisierung und Konkretisierung der ganzheitlich mit verändernden Wirkung durch den ersten Schritt der Veränderung in der Spinne (Synergieeffekte/Vernetzungen),
- effektive und effiziente Methode zur Prozesssteuerung (Bewusstmachung, Arbeitsmethode, Präsentation, Prozess- und Ergebnisorientierung),
- Verdeutlichung individueller, unterschiedlicher und konsensbildender Aspekte sowie Überleitung in eine Konsensbildung und einen Qualitätsprozess durch die gemeinsame Entwicklung und strukturierte Diskussion über die Spinne,
- Wiederaufnahme der Spinne nach ein bis drei Jahren im Ist-Soll-Vergleich als Controllingmethode im Sinne eines Selbstcontrollings und Wiedereinsatz zur neuen Zielfindung.

Analyse von Selbstbild und Fremdbild

Bestandsaufnahme einer Sekundarschule mit der Spinnenanalyse

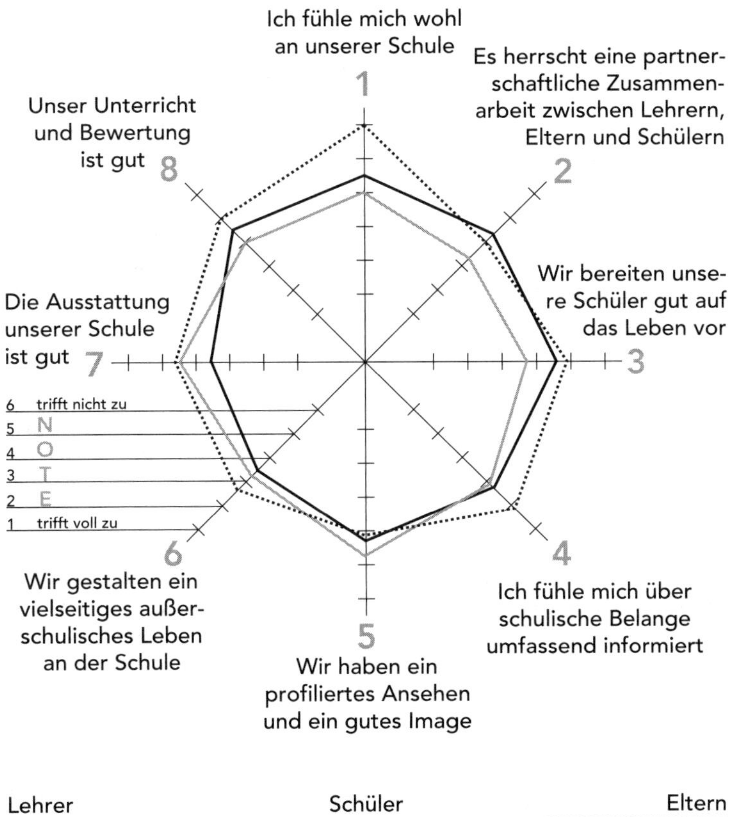

© Regenthal

Abb. 26: Analyse von Selbstbild und Fremdbild

Öffentlichkeitsarbeit zur Profilierung der Schule (Unterspinne)

Qualitätssichernde Kriterien (mit Qualitätsstandards) der Unterspinne:
Ich mache eine identitätsstiftende Öffentlichkeitsarbeit zur Profilierung unserer Schule nach außen (Ich unterstütze, begleite, sorge dafür, dass...)

Abb. 27: Öffentlichkeitsarbeit zur Profilierung der Schule (Unterspinne)

4.2 Konzeptionelle Umsetzung der Maßnahmen für Öffentlichkeitsarbeit

Die Zielsetzungen der Öffentlichkeitsarbeit sind in erster Linie eine Meinungsbeeinflussung und eine Verhaltensveränderung – durch eine Identitätsbildung und ein profiliertes Image. Eine strategische Öffentlichkeitsarbeit will etwas verändern! Also müssen alle Maßnahmen und Projekte konsequent auf die entsprechenden Zielsetzungen direkt ausgerichtet sein. Ausgehend von **„Angeboten" (Schulangeboten), „Aktionen" (Pressearbeit, Projekte), „Terminen" (Anlässe, Daten, Feiertage) und „Kontakten" (Personen, Organisationen, formell und informell) müssen „Adressaten" direkt und indirekt immer wieder informiert, angesprochen, beteiligt und integriert werden.** Nur das schafft eine Identifikation, die in der Wirtschaft auch als Kundenbindung und Kundenzufriedenheit eine ganz entscheidende Zielgröße für alle Maßnahmen der Organisation ist. In der Schule ist das der eigentliche pädagogische Auftrag – eine pädagogische Identität zu entwickeln und zu pflegen. (Vgl. auch die Abb. 4: Ziele der Öffentlichkeitsarbeit.)

Die Zielsetzung und Instrumente des Schulmarketings zwischen Effektivität und Menschlichkeit (theoretische Forderung und Beispiele aus der Praxis, die sich „leise" entwickelt haben) wurden im Gegensatz zum Marketingdenken in der Wirtschaft in den Bereichen Bildung, Gesundheit und Wohlfahrt nur ansatzweise durchgeführt oder ganz vernachlässigt. Sie wurden bislang weitgehend nur als „Instrument der Krise oder Defensive" angesehen, mehr als „Propaganda" und weniger als Dialog, mehr als Reaktion. **Machen Sie Öffentlichkeitsarbeit aus der Position der Stärke – als eine aktive und gezielte Kommunikation.**

Wie kann man jetzt voran gehen?

Nach den Analysen kommen jetzt die konkreten Maßnahmen zur Umsetzung. Dabei ist wichtig, dass Sie sich auf die Zielsetzungen konzentrieren und auf die „Gefahr der Verzettelung". „Was müssen Sie alles beachten, was gehört in die ersten Ausbaustufen und was kann noch warten, wie geht man effektiv vor usw. …?" Letztlich sollten Sie nach den ersten Planungen und Schritten immer darauf achten, dass das alles in ein **Imagekonzept** gehört, um alles miteinander verbinden zu können. Jetzt erst einmal induktiv vorangehen, dabei aber immer die konzeptionelle Zuordnung (in einem Imagekonzept) beachten, die anschließend aufgezeigt und genauer erklärt wird.

Das schlechte Ansehen der Öffentlichkeitsarbeit im Bildungsbereich kommt nicht zuletzt aber auch daher, dass die Schulen damit überfordert sind. Die Schulleiter sind nicht dafür ausgebildet und können diese Arbeit (allein durch die Vielfältigkeit ihrer Aufgaben) oft nur unzureichend leisten und brauchen deshalb einen „Zuarbeiter/Koordinator" – einen „Beauftragten für Öffentlichkeitsarbeit/ein Team" – und eine entsprechende Beratung von außen. Dieser Ansatz ist aber nur sinnvoll, wenn die Öffentlichkeitsarbeit von der Mehrheit der Schule getragen und unterstützt wird.

Die Aktionen und Projekte der Öffentlichkeitsarbeit sollten dabei nur Anlässe sein, um über die Identität der Schule nachzudenken; sie sollten nicht allein die Zielsetzung mit sich bringen: „Schüler für Ihre Schule zu werben". Ausgangspunkt zur qualitativen Verbesserung der Schule von innen nach außen ist die Entscheidung für ein Imagekonzept. Diese Entscheidung ist vom Schulleiter oder einer Arbeitsgruppe vorzubereiten und anzulegen. Der grundsätzliche Beschluss muss jedoch von der Gesamtkonferenz kommen, um alle Beteiligten (Lehrer, Eltern, Schüler) anzusprechen und zu motivieren. Auf diese Weise wird eine breite Basis für die Durchführung der einzelnen Maßnahmen hergestellt.

In (größeren Schulen besonders) Schulen kann sich die Schulleitung Unterstützung suchen:

- durch beratende Fachleute, die Anregungen und Ideen (inhaltlich und methodisch) bieten. Helfen können sowohl externe Berater und Referenten als auch Fortbildungsveranstaltungen und entsprechende Veröffentlichungen und Beispiele in Büchern und/oder
- durch einen ausgebildeten Beauftragten für Öffentlichkeitsarbeit, der in Absprache mit dem Schulleiter die zu fällenden Entscheidungen (mit seinem Team) vorbereitet und für die weiteren Schritte verantwortlich ist und/oder noch besser
- durch ein ausgebildetes Team für Öffentlichkeitsarbeit, das die einzelnen Schritte vorbereitet, die Maßnahmen mit steuert und unterstützt und letztlich den Prozess gemeinsam entwickeln kann. Freiwillige aus allen Bereichen, Abteilungen und Ebenen können als heterogene Gruppe der Schulleitung

zuarbeiten, entsprechende Projekte moderieren und die Ideen in die einzelnen Bereiche der Schule hineintragen (als Multiplikatoren).

Diese Beratung soll besonders die Planung, Initiativen, Strukturen und Vorgehensweisen aufnehmen, aufbauen und koordinieren – eine Arbeit, die bisher meistens von der Schulleitung gemacht wurde. Ziel dabei ist es, die Schulleitung zu entlasten, zu unterstützen, die bisherige Öffentlichkeitsarbeit zu verbessern und eine strategische Öffentlichkeitsarbeit so aufzubauen, dass sie nachhaltig auch ohne Beratung von außen weiter läuft.

Das folgende **Ablaufschema zum Aufbau einer Imagekonzeption** zeigt die verschiedenen Phasen der Vorgehensweise:

(1) **Festlegung der Aufgabenverteilung für die Beteiligten** (Schulleiter, Beauftragte/Team für Öffentlichkeitsarbeit, Steuergruppe, Ausschuss mit Fachbereichsleitern und interessierten Lehrern, Eltern und Schülern),
(2) **Entscheidung der Gesamtkonferenz, ob eine Imagekonzeption umfassend oder nur teilweise durchgeführt werden soll** und, wenn ja, welche Maßnahmen mit welcher Präferenz zu ergreifen sind (Team als Arbeitsgruppe mit festem Auftrag einrichten),
(3) **Entwickeln und Durchführung der Maßnahmen und allmähliches Aufbauen eines Imagekonzeptes auf der Grundlage eines Gesamtkonzeptes der Schule, (vgl. Abb. 28)**
(4) **Reflexion und Kontrolle der einzelnen Maßnahmen und der Ergebnisse, (vgl. Abb. 28)**
(5) **Ausbau und Ergänzung der Konzeption,**
(6) **Konsequente Anwendung und Überprüfung des Imagekonzeptes der Schule nach innen und außen bei allen möglichen Gelegenheiten – das Imagekonzept leben.**

Ein vollständiges Imagekonzept für die Schule lässt sich anschaulich mit einem Bauwerk vergleichen, das abschnittsweise erstellt wird. Zuerst müssen die Grundlagen erarbeitet werden – die grundsätzlichen Fragen zu den einzelnen Planungsbereichen. Die einzelnen Problemanalysen führen zu Grundregeln und grundsätzlichen Aspekten, die für die Schule wichtig sind. So entstehen nach und nach die „Fundamentplatte“ und die weiteren Baustufen.

Die Ausbaustufen der Konzeption sind in dieser Analogie der kontinuierliche Ausbau und die Einrichtung des Wohngebäudes, während die Ergänzungen des Konzeptes mögliche An- und Umbauten darstellen.

Die Durchführung von Maßnahmen

Es gibt fünf Grundregeln für die konkrete Erarbeitung und Durchführung von Maßnahmen:

(1) Die Schulleitung muss deutlich machen, dass sie voll hinter den Maßnahmen steht.
(2) An der Ausformulierung der Richtlinien müssen alle Bereiche der Schule beteiligt sein.
(3) Über den Fortschritt der Maßnahmen muss kontinuierlich berichtet werden – Öffentlichkeitsarbeit darf nicht zur „Geheimniskrämerei" werden.
(4) Alle Beteiligten sollten sensibilisiert werden für die Maßnahmen, weil so geschaffenes Problembewusstsein die „Innenstruktur der Schule" verbessert und die Realisierung der Maßnahmen beschleunigt.
(5) Eine Imagekonzeption muss bei allen Aktionen der Schulen Anwendung finden, um so die Wirkung zu verstärken.

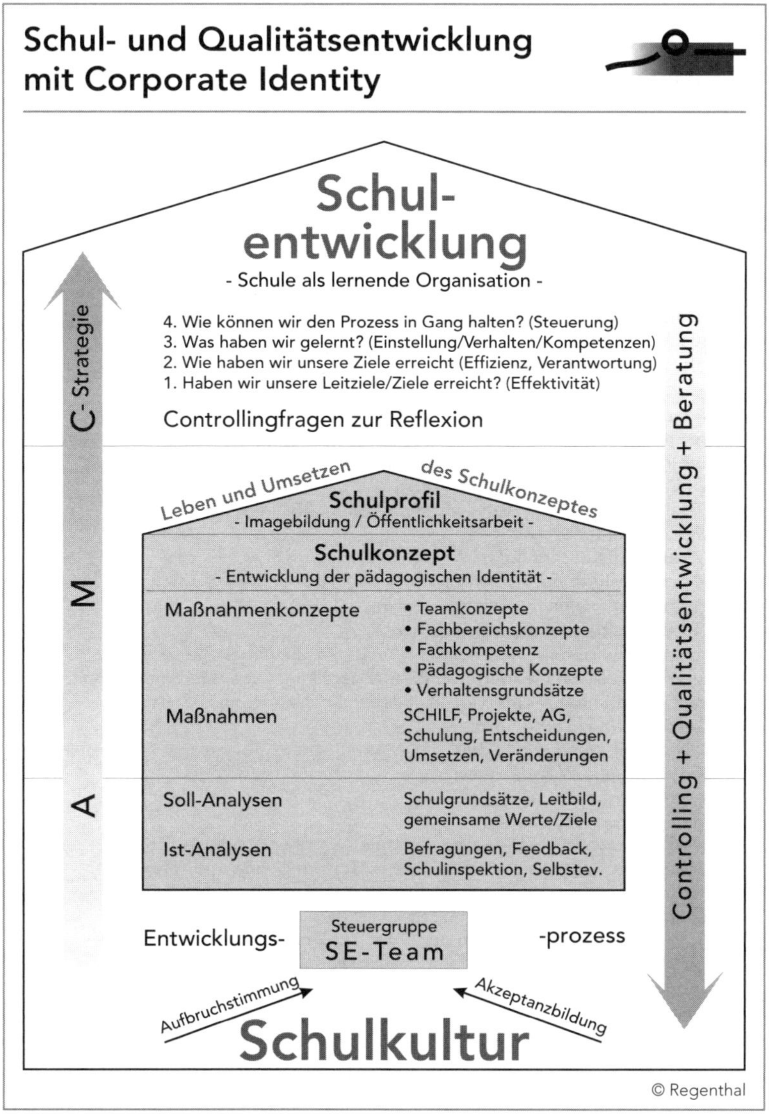

Abb. 28: Schul- und Qualitätsentwicklung mit Corporate Identity

Corporate-Communication-Konzeption in der Schule

Bestandteile des Corporate-Communication-Konzeptes

1. **Marketing-Kommunikation**
   - Allgemeine Regeln und Grundsätze (Bezug zu Schulleitbild, zu den Organisationsgrundsätzen)
   - Zielsetzung (auch in den einzelnen Bereichen) und Zielgruppen
   - Allgemeine Strategie und Art des Auftritts, des Erscheinungsbildes, Slogan, zentrale Aussage, Gestaltungsrichtlinien aus dem Corporate Design
   - Besondere Aussagen, Wirkungen, Maßnahmen, Medien, Regionen ...
2. **Schul-Kommunikation**
   - Informationsschriften und Infoblätter / Ablagen für Mitarbeiter / Mitarbeiterinnen
   - Betriebsausflüge, Betriebsversammlungen, Feste, Jubiläen, Sportfeste, Ehrungen und Geburtstage für Mitarbeiter / Mitarbeiterinnen
   - Schulklima, Sozialräume, Sozialleistungen, Freizeiträume
   - Zusammenarbeit der Abteilungen, Meeting, Quality-Circle, Team, Management, Jobrotation
   - Arbeitsplatzbeschreibung
   - Mitarbeiterführung, Personalentwicklung, Aus- und Weiterbildung, Moderationsschulung, Telefonschulung ...
3. **Öffentlichkeits-Kommunikation**
   - Schulinformationen (Pressebericht, Anzeigen, Schulberichte, Flyer, Jubiläen, Chronik, Imagebroschüren, Videofilme, Computeranimationen, Multivisionsshow, Homepage, Aufkleber, Schulkleidung, T-Shirts ...
   - Geschäftsdrucksachen insgesamt
   - Architektur innen und außen
   - Schulprojekte, Wettbewerbe
   - Angebotsinformation
   - Ausflüge, Besichtigungen
   - Werbekonzeption (Zielgruppe, zentrale Aussage, Art des Auftritts, Gestaltungsrichtlinien, Medien, Intensität nach Größe und Häufigkeit, Budget)
   - Telefondienst
   - Auftreten aller Beteiligten in der Öffentlichkeit
   - Partner für die Zusammenarbeit, Kooperationen
   - Sponsoring
   - Ausstellungen / Messen ...

Corporate Branding: Das Besondere herausstellen, profilieren und pflegen.

Abb. 29: Corporate-Communication-Konzept in der Schule

4.3 Die Konkretisierung der Imagekonzeption

Ein Image einer Schule umfasst alle Ebenen/Formen der Kommunikation: Die visuelle, soziale (interpersonale) und die auditive Kommunikation. Bei der Konkretisierung einer Imagekonzeption stehen die wichtigsten schulrelevanten Kommunikationsschwerpunkte im Mittelpunkt (vgl. auch Abb. 29 und 30).

Dabei sind Elemente aus dem Bereich der visuellen Kommunikation (intern und extern) auch als viel bedeutender anzusehen als die Elemente aus dem Bereich der auditiven Kommunikation (die im Schulbereich in der Aufbaustufe nur unterstützend wirken). Das Image der Schule wird also weitgehend durch eine visuelle Kommunikation geprägt, wobei auch nur einzelne Aufgabenbereiche wichtig sind (vgl. Minimalkonzeption). Entscheidend für das Schulimage ist aber letztlich der Bereich der interpersonalen Kommunikation, der für die langfristige Absicherung von großer Bedeutung ist. Die Verbesserung der Sozialstruktur der Schule bzw. des Schulklimas ist die Basis für die Imageentwicklung. Gerade aber diese Imagebildung, die sich ja im emotionalen Verhalten der „Menschen, die mit der Schule zu tun haben" manifestiert, ist im Rahmen eines Imagekonzeptes nur schwer direkt zu beeinflussen.

Die **Bedeutung des sozialen Bereiches** für die Imagebildung zeigt sich besonders durch zwei Aspekte:

(1) Emotionale Denk- und Verhaltensstrukturen und eine entsprechende positive Bewertung in Bezug auf das Image einer Schule können nur sehr langsam und nur durch eine konsequente Öffentlichkeitsarbeit aufgebaut werden – sie können aber auch sehr leicht wieder zerstört werden.

(2) Wenn aber insgesamt eine gute „soziale Kennung der Schule" erarbeitet wurde, können damit die weniger wichtigen Bereiche der visuellen und auditiven Kommunikation (zumindest zeitweise) „überbrückt" oder entsprechende „Lücken" in diesen „Kennungen" ausgefüllt werden.

Durch die unterschiedliche Einschätzung der vielfältigen Interessengruppen, die hier angesprochen werden, und auch durch eine neue indirekte und wenig zu steuernde Imagebildung, wird gerade die soziale Kennung der Schulen zukünftig Unterschiede zwischen einzelnen Schulen verdeutlichen; sie wird in Zukunft umso mehr eine wichtige Komponente im Rahmen einer strategischen Öffentlichkeitsarbeit werden.

Die **„Minimalkonzeption“** des Imagekonzeptes umfasst Kommunikationsmittel, auf die keine Schule verzichten sollte. Im **Bereich der internen und externen visuellen Kommunikation** sind das folgende Faktoren (vgl. die Abb. 30 und 35):

- Ein einheitliches Erscheinungsbild durch ein konsequentes Corporate Design:
- Layout von Aushängen, Ankündigungen, Mitteilungen, Plakaten, Flyern, Aufklebern, Website…;
- Layout von Drucksachen (Geschäftsbriefen, Visitenkarten, Formularen, Schulbroschüren…);
- Gestaltung von Unterrichtsmaterialien, Einsatz von Medien…;
- Darstellung der Schule in der Öffentlichkeit, in der Presse und im Kontakt zu anderen Ansprechpartnern…;
- Organisation und Ausgestaltung von Schulveranstaltungen…

Wichtig ist eine einheitliche Darstellung der Schule im Rahmen eines Konzeptes, um damit die Imagewirkung zu verstärken. Im **Bereich der interpersonalen Kommunikation** sind folgende Faktoren von Bedeutung:

- das Schulklima, das sich aus der Zusammenarbeit aller Beteiligten in der Schule ergibt (Schulleitung, Lehrer, Eltern, Schüler, Verwaltung);
- die Personal- und Mitarbeiterführung, der Umgang miteinander, das Verhalten;
- die Zusammenarbeit mit Eltern, Schülern und Kooperationspartnern.

Diese soziale Kennung der Schule kann noch ergänzt werden durch eine Erweiterung und Konkretisierung der Schulkultur und durch Engagement zum Beispiel im Bildungsbereich (Modellversuche, Unterrichtsveröffentlichungen, Wettbewerbe, Zusammenarbeit mit Verlagen und der Lehrerausbildung usw.) oder für Projekte im Einzugsbereich der Schule. Gerade dieses Engagement einzelner Lehrer oder Schüler einer Schule wirkt sich verstärkt aus auf die Imagebildung (als ein Zeichen von Kompetenz) dieser Schule – zum Beispiel wenn mehrere Lehrer gleichzeitig auch in der Lehrerausbildung oder in der Verlagsarbeit tätig sind.

Die Personalgestaltung ist wesentlich schwieriger – gerade in der Schule. Umso wichtiger sind dann eine sensible Mitarbeiterführung und das Ziel, ein gutes Betriebsklima aufzubauen. Nach der Leitbildentwicklung und dem Schulprogramm müssen dann als nächste Schritte die **gemeinsame Erarbeitung von Verhaltensgrundsätzen oder Teamregeln** kommen, die viel konkreter das Verhalten, die Zusammenarbeit und den Umgang miteinander klären. In vielen Schulen werden hier Probleme und Konflikte „unter den Tisch gekehrt" und lieber verdrängt. Wenn dieser wichtige Aspekt aber nicht glaubwürdig mit angedacht und konsequent und nachhaltig umgesetzt wird, werden alle angedachten Konzepte und Planungen scheitern! Schulinterne Lehrerfortbildung und Fachkonferenzen sollten dazu dienen, diese Zielsetzungen anzugehen – und zwar direkt verbunden mit dem Aufbau eines Imagekonzeptes, sodass visuelle und soziale Kennung der Schule ein einheitliches Bild und somit eine bessere Wirkung ergeben. Besonders in der Schule geht es darum, die demotivierten Mitarbeiter wieder anzusprechen und zu versuchen, sie wieder zu motivieren mit und durch eine identitätsstiftende, strategische Öffentlichkeitsarbeit.

Wegen der langfristigen Imagebildung müssen die visuellen, sozialen und auditiven Kennungen der Schule übereinstimmen und sich in ihrer Wirkung nicht behindern, sondern synergetisch unterstützen – ansonsten wird die Anstrengung, durch ein durchgehendes Konzept ein nachhaltig positives Schulimage aufzubauen, auf Dauer umsonst bleiben.

Eine Imagekonzept bezieht sich nicht nur auf eine Selbstdarstellung nach außen im Sinne von Öffentlichkeitsarbeit, sondern sie ist gekennzeichnet durch die Koordination und Integration aller für die Schule wichtigen kommunikativen und handlungsaktiven Maßnahmen. Ziel ist die Profilierung der Schule durch Verbesserung und Stärkung ihrer Identität und ihres Images. Nur so wird keine aufgesetzte Werbung für die Schule gemacht, sondern das Qualitätsprogramm als Grundlage des spezifischen Profils täglich umgesetzt und gelebt.

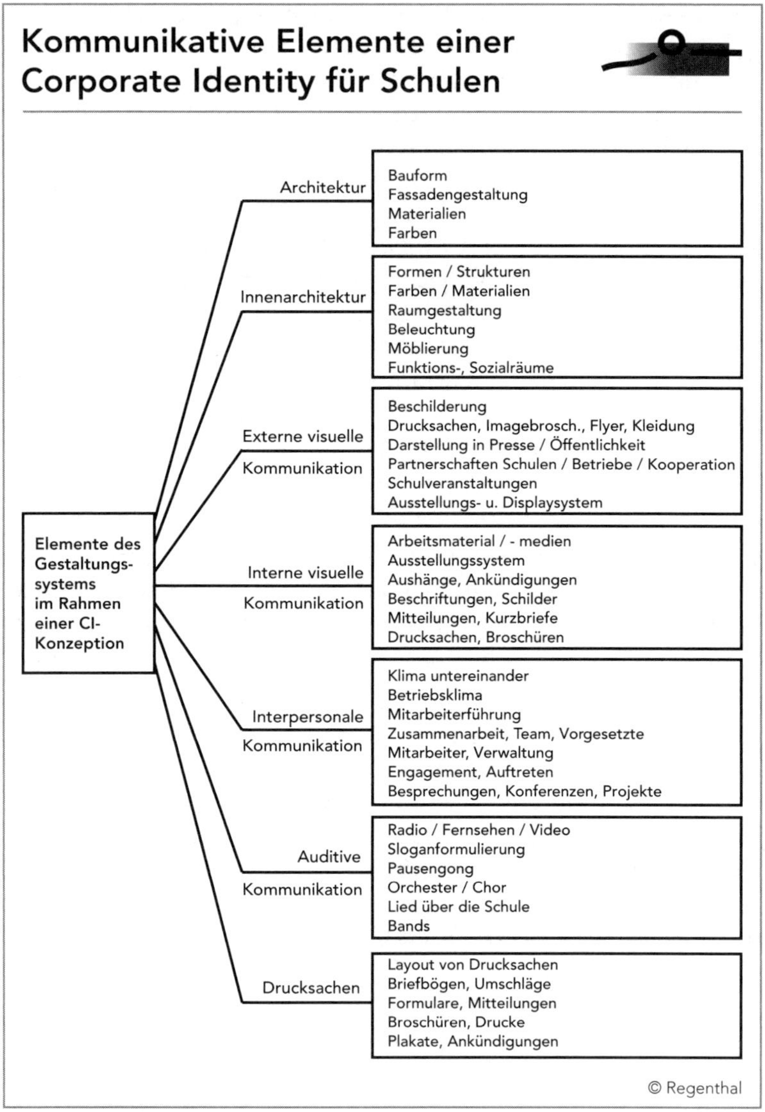

Abb. 30: Kommunikative Elemente einer Corporate Identity für Schulen

4.4 Ergänzungen des Imagekonzeptes

Der Ausbau des Imagekonzeptes kann eine ergänzende Unterstützung der Imagewirkung erreichen, aber nicht allein wirksam werden. Besonders die auditive Kommunikation kann nur als Abrundung gesehen werden. Als **Ausbaustufe der Konzeption können die auditiven Elemente** folgendes umfassen:

(1) eine Slogan-Erweiterung für die Markenbildung,
(2) Schulchor und/oder Schulorchester,
(3) Schulradio/Schulfernsehen,
(4) Pausengong,
(5) Schülerbands,
(6) Lied über die Schule usw.

Die auditive Kennung der Schule kann unterstützend eine Atmosphäre simulieren, sollte aber nur sensibel eingesetzt werden, um nicht lächerlich zu wirken.

Eine wesentliche **Erweiterung der visuellen Kennung der Schule** kann letztlich die Einbeziehung der Architektur und räumlichen Organisation bedeuten. Als Ergänzung der Konzeption kann es dabei um folgende Elemente gehen:

(1) Einbeziehung der Architektur/räumlichen Organisation der Schule,
(2) Erweiterung der Schulkultur (zum Beispiel modernes Gebäude für moderne Schule),
(3) Aufnehmen der Lage der Schule zum Beispiel in Schulkultur als Aufgabe,
(4) Ergänzung durch Ausstellungen.

All diese Maßnahmen zur Imagepflege sind nicht ausgerichtet an kurzfristigen Erfolgen. Es geht hierbei um die mittelfristige und langfristige Manifestation eines positiven Schulimages bei allen Beteiligten und Zielgruppen: Nicht nur Schüler und Eltern, sondern auch und gerade Behörden, Verbände, Sponsoren, Kooperationspartner, Parteien und Presse werden hier angesprochen (besonders aber Entscheidungsträger – wie zum Beispiel der Stadtrat und Meinungsmultiplikatoren – wie zum Beispiel die Presse und Behörden). Und wegen der langfristigen Imagebildung sollten Sie immer darauf achten, dass die visuellen, sozialen und auditiven Kennungen der Schule übereinstimmen und sich in ihrer Wirkung nicht behindern, sondern unterstützen.

Imageuntersuchungen bei großen Industrieunternehmen haben Ergebnisse gezeigt, die auch auf die Schule übertragen werden können:

Ein „Image“ ist ein Gesamtbild, das sich die Öffentlichkeit von der Schule macht. Ein Schulimage ist eine subjektive Gesamteinschätzung der Identität der Schule, der aber einzelne Faktoren zugrunde liegen. Die Gesamteinstellung wirkt ganzheitlich, setzt sich aber auch aus Teilbereichen zusammen, die ein rein subjektives Gesamturteil objektivieren. Der Gesamteinschätzung der Identität der Schule liegen einzelne Faktoren (Beispiele – vgl. Imageanalyse Abb. 23) zugrunde:

(1) Qualität der Schulleitung,
(2) Schulart, Größe der Schule, gute Lage und Ausstattung,
(3) Innovationskraft, besonderes Profil, vielseitige Angebote,
(4) Qualität des Unterrichts,
(5) Attraktivität des Schul- und Lernklimas,
(6) Erscheinungsbild und Ansehen in der Öffentlichkeit, Berichterstattung, Bekanntheit der Schule,
(7) gute Zusammenarbeit mit Eltern, Schülern und anderen Schulen,
(8) gute Schulkultur, Traditionen, Schulveranstaltungen.

Diese acht Image-Faktoren haben sich als mögliche Gliederungskriterien für die Identität und das Image erwiesen (Sie müssen die für Ihre Schule genau erforschen und spezifisch formulieren) und stellen somit auch gleichzeitig Zielwerte dar. Schulimage als Eindruck, der sich als feste Vorstellung mit der Schule verbindet, ist nicht real.

Somit kann ein objektiv guter Unterricht allein nicht unbedingt ein gutes Image erzeugen und auch isolierte Gestaltungseffekte schaffen es nicht. Erst die Gemeinsamkeit aller Image-Faktoren ergibt ein positives Schulimage (durch eine Öffentlichkeitsarbeit im Rahmen einer Imagekonzeption). Die große Gefahr ist: Eine Schule mit Negativ-Image wird zum „Selbstläufer“. Einfacher gesagt: Man glaubt der Schule gar nichts mehr, auch dann nicht, wenn die Aussagen objektiv richtig sind.

4.5 Mitarbeiterführung als Basis der Kommunikation

Um die Glaubwürdigkeit einer Schule ist es schlecht bestellt, wenn die im Markenprofil formulierten und in Schulveranstaltungen herausgestellten Attribute – zum Beispiel flexibel, fortschrittlich und verantwortungsbewusst – sich nicht auch im Verhalten des Kollegiums widerspiegeln. Die Schule im Inneren ist mit ihren Strukturen und Mitarbeitern eine wichtige Grundlage für eine gute Außenwirkung, die durch eine abgestimmte Öffentlichkeitsarbeit nur noch verstärkt wird.

Die Mitarbeiterführung hat eine besondere Bedeutung – gerade auch für die Verbindung von Erscheinungsbild (Corporate Design), Kommunikation (Corporate Communication) und Verhalten (Corporate Behavior). Erst eine ganzheitlich vernetzte Corporate-Communication-Konzeption (vgl. Abb. 29) schafft den Prozess zur Profilierung: Nicht der gute Unterricht allein ist erfolgreich, sondern erst das Bewusstsein und die Kommunikation darüber setzt die entscheidenden Wirkungen frei.

Alle Schulen möchten „draußen" einen guten Ruf haben. Daran liegt selbstverständlich dem Schulträger, der erhebliche Mittel zur Verfügung stellt und diese Ausgaben rechtfertigen muss, daran liegt dem Schulleiter in seiner Doppelrolle als Repräsentant in der Kommune und als Pädagoge, der die Leistungen „seiner" Schule anerkannt sehen möchte und daran liegt vor allem auch allen Mitarbeitern, die als Vertreter dieser Schule bestrebt sind, optimale Arbeit zu leisten und die ihr Engagement „gewürdigt" sehen wollen. Jeder kennt Schule und meint, hier mitreden zu können – Lob und Tadel aus der Öffentlichkeit gehören daher unabdingbar zur schulischen Arbeit mit hinzu. Letztlich geht es aber um die Schüler, für die ein gutes Schulimage erzieherisch und persönlichkeitsbildend wirkt und ihnen so auch Vorteile für die Berufswelt und das spätere Leben bringt.

Jede Schule hat eine Menge erfreulicher Arbeitsergebnisse und Erfolge vorzuweisen und sie verfügt über viele geeignete Mittel und Anlässe, sich in der Öffentlichkeit im positiven Sinne bemerkbar und bekannt zu machen. Gerade Schulen vereinigen unterschiedliche Fachkompetenzen, die die Präsentation der Schule nach außen professionell ermöglichen.

Öffentlichkeitsarbeit mit einem ganzheitlichen Imagekonzept muss dabei zwei Aspekte immer beachten:

corporate = vernetzen, aufeinander abstimmen, verbinden, konzeptionell, strategisch, zielorientiert, das Ganze betreffend, Ergebnisse präsentieren.

identity = beteiligen, prozessorientiert, identitätsstiftend, motivierend, gemeinsame Vision finden, Emotionen ansprechen.

4.6 Maßnahmen müssen identitätsstiftend und konzeptionell vernetzt sein

Zur Umsetzung und zur internen und externen Kommunikation können alle Maßnahmen in der Schule mit eingebaut und benutzt werden. Alle inneren und äußeren Maßnahmen und Projekte der Schule müssen aufeinander abgestimmt, miteinander vernetzt und einer gemeinsamen und einheitlichen Richtlinie/Zielsetzung untergeordnet werden (Corporate-Communication-Konzeption und alle entsprechenden entlastenden Checklisten in den Abb. 33, 34, 35, die Ihnen Überblick, Anregung und Anleitung geben):

- um die Außenwirkung der Schule effektiver und widerspruchsfrei zu gestalten,
- um Kontinuität und ein positives Image bei der Zielgruppe (Schüler und Eltern) zu erreichen,
- um die Identitätsfindung und das Bewusstsein (Beziehung, Motivation) bei Schülern, Eltern und auch bei den Mitarbeitern zu unterstützen,
- um die Zusammenarbeit aller Beteiligten zu verbessern und schließlich,
- um kostengünstiger und rationeller arbeiten zu können.

Erst durch eine konsequente Ausrichtung und Koordinierung aller schulischen Maßnahmen kann die Wirkung der Öffentlichkeitsarbeit verstärkt und die Zusammenarbeit mit anderen Organisationen (Schulen, Betriebe, Unternehmen, Zeitungen) und damit die Qualität der Schule verbessert werden. Die strikte Einhaltung der einmal aufgestellten Richtlinien hat sich im modernen Marketing schon längere Zeit bewährt. Ein klares Unternehmensprofil als Erfolgsfaktor durch ein Corporate-Identity-Konzept ist heute nicht nur von großen Unternehmen (Coca Cola, Mc Donald`s) weithin anerkannt und angestrebt.

Gerade im Dienstleistungsbereich mit seinen vielen Mitarbeitern ist ein einheitliches Führungs-, Organisations- und Erscheinungskonzept von besonderer Bedeutung, um eine einheitliche Wirkung nach innen (Identität) und außen (Image) zu schaffen.

Dieses Vorgehen schafft Klarheit, Ruhe und Stärke und kann eben nur als gemeinsamer Prozess verstanden und durchgeführt werden. Legen Sie also Wert auf das Vorgehen in einzelnen Schritten. Schritt eins und zwei geben eine solide Basis und erleichtern die weiteren Schritte. Betonen Sie den schulspezifischen und den eigenen identitätsstiftenden Weg – keine aufgesetzte billige Reklame und keine aktionistischen Projekte!

Für die Schule sollten bei diesen Überlegungen drei Aspekte nicht vergessen werden:

(1) **Wichtigste Grundlage für alle positiven Einschätzungen ist ein fachlich guter Unterricht.** Ohne einen guten Unterricht können Sie keine gute Öffentlichkeitsarbeit machen. Allerdings kann der allein kein positives Schulimage aufbauen, denn Schule ist ja auch mehr als nur Unterricht!

(2) **Nicht alle Maßnahmen müssen unbedingt dem Image dienen.** Falls möglich, sollten sie ihm aber zuarbeiten und die Imagebildung verstärken. Eine oberflächliche „Imagemache“ als Öffentlichkeitsarbeit ohne Binnenwirkung sollte dabei vermieden werden. Sie schadet der Schule mehr, als sie nützt.

(3) **Ein Imagekonzept allein ist für die Schule noch keine Garantie für ein positives Image.** Das Imagekonzept kann jedoch die schulischen Maßnahmen und Leistungen in ihrer Einzelwirkung und als Gesamtheit deutlich machen und verstärken. Und es kann auch mögliche Defizite und Probleme im Schulleben aufzeigen und zu lösen helfen.

4.7 Unterricht und Kommunikation als Grundlagen der Präsentation

Um die Überlegungen zur Öffentlichkeitsarbeit in ein konkretes Imagekonzept einbringen zu können, müssen die beiden Imagefaktoren der Schulen, nämlich Unterricht und Kommunikation, zunächst weiter untersucht werden. In den vielfältigen Maßnahmen wird die Komplexität der Schulen in ihren kommunikativen Bezügen und mit ihren entsprechenden Problemfeldern und Imagefaktoren deutlich. Gerade die Vielseitigkeit der unterschiedlichen Ansatzpunkte und ihre Interdependenzen machen eine abgestimmte Öffentlichkeitsarbeit der Schulen dringend notwendig. Ausgangsgröße der Imagegestaltung bleibt aber immer „das Produkt, die Kernkompetenz" der Schule, nämlich der Unterricht mit seinen beiden Elementen „Unterrichtsqualität" und „Unterrichtsbedingungen". (vgl. Abb. 31) Natürlich muss auch das Schulleben mit seinen ergänzenden Angeboten und persönlichkeitsbildenden Projekten mit dazu gezählt werden. Unterricht und Schulklima sind die beiden Säulen eines Schulmarketings, die durch bewusste Präsentationsanlässe, die Zusammenarbeit mit unterschiedlichen Ansprechpartnern und Projekte außerhalb der Schule sich bestens ergänzen und gegenseitig verstärken. So kann die Schule Ihr Profil schärfen und bei den einzelnen Zielgruppen ihr Ansehen und ihr Image verbessern. **Diese unterschiedlichen Teil-Images zusammen machen das Gesamtimage der Schule aus.**

Profilierung der Schule durch Marketing

Instrumentarium zur Imagebildung bei Schulen

<table>
<tr><td colspan="3">Image der Schule
Image bei Eltern, Schülern
Image bei Behörden, Politikern
Image in den Medien
Image bei den Mitarbeitern</td></tr>
<tr><td rowspan="3">Außenwirkung der Schule</td><td colspan="2">Öffentlichkeitsarbeit im Rahmen einer CI-Konzeption</td></tr>
<tr><td>"Schule außerhalb der Schule"
• Ausflüge, Exkursionen
• Besichtigungen
• Berufsorientierungen</td><td>Zusammenarbeit
• mit Eltern, Schülern
• Wirtschaft
• Medien</td></tr>
<tr><td colspan="2">Anlässe für schulische Darstellung / Veranstaltungen
• Projekte
• Aktionen
• Ausstellungen
• Feste
• Drucksachen
• Besuche</td></tr>
<tr><td>Innenwirkung der Schule (Basis)</td><td>Unterricht
• Unterrichtsqualität
• Benotung, Bewertung
• Unterrichtsbedingungen
• Pädagogisches Konzept
• Methodik, Didaktik</td><td>Schulklima
• Mitarbeiterführung
• Betriebsklima
• Schulleben
• Zusammenarbeit
• Wir-Bewusstsein</td></tr>
</table>

© Regenthal

Abb. 31: Profilierung der Schule durch Marketing

Schulmarketing soll hier als Maxime, als Denk- und Operationsstil und systematische Entscheidungsfindung betrachtet werden. Marketing, das ist eine marktorientierte Managementsichtweise mit entsprechenden Führungsprinzipien und Instrumenten (to market – auf den Markt gehen). Ziel der Schule ist es, Leistungen anzubieten und nicht nur einfach Unterricht zu machen, der vielleicht gut ankommen könnte. Das Hauptproblem dabei ist das Angebot der Schule zu verbessern und auch gut darzustellen. „Machen Sie gute Schule und reden Sie darüber!"

Diese marktorientierte Ausrichtung ist eigentlich nicht neu, da sich die Schule schon immer nach den Anforderungen der Gesellschaft, der Eltern und der Schüler ausgerichtet hat. Das Aufnehmen der Schülerorientierungen und der gesellschaftlichen Forderungen ist ja auch als didaktische Leitorientierung ein „Muss-Faktor". Der neue Aspekt im Schulmarketing ist das marktorientierte – das anbietende – Denken und Handeln nach innen und außen und das wird häufig – falsch verstanden – als „Profitorientierung" abgelehnt. Es soll einerseits zur Identitätsbindung nach innen und andererseits zur Imagebildung nach außen arbeiten. Beide Pole bedingen einander (Interdependenzen und Feedback) und verstärken somit den Erfolg einer Schule:

(1) **Verbesserung des Unterrichtsangebotes und der Arbeitsgemeinschaften** (Orientierung an den Wünschen und Erwartungen der Schüler und der Gesellschaft – z.B. Arbeitsgemeinschaften, Projekte, Schulveranstaltungen (Problemanalyse der am Schulleben Beteiligten),

(2) **Verbesserung der Darstellung der Leistungen** (das zielgerichtete, marktorientierte Handeln erfolgt planmäßig und systematisch – d. h., alle Einzelmaßnahmen müssen im Rahmen der Gesamtdarstellung (Öffentlichkeitsarbeit) gesehen werden. Die Abstimmung und Ausrichtung bringt das Imagekonzept,

(3) **Verbesserung der Kommunikation mit den unterschiedlichen Zielgruppen** (zielgerichtete Kommunikation mit den vielfältigen Ansprechpartnern, wie Schüler, Eltern, Betriebe, Vereine, Verbände, Sponsoren, Behörden, andere Schulen usw., um entsprechende Ergebnisse zu erzielen),

(4) **Verbesserung der Kommunikation mit der regionalen und sozialen Umwelt** (Beziehung der Schule als Ganzes zur Gemeinde, den Parteien,

Vereinen und Interessenverbänden, der Öffentlichkeit, der Presse usw., Dazu gehört die Marktbeobachtung – Tendenzen, Schulentwicklung, Konkurrenten und die langfristige Imagebildung).

Schule hat vielfältige Möglichkeiten sich darzustellen – was zählt ist aber nicht die Quantität, sondern die Qualität – „weniger ist mehr" – „nicht die Masse, sondern die Klasse" – das Richtige zur Profil- und Markenbildung präsentieren.

Möglichkeiten der schulischen Darstellung:

(1) **durch guten Unterricht**, gerechte Bewertung, hohe Qualität usw.

(2) **durch schulische Pflichtveranstaltungen** wie Sprechtage, Elternabende, Konferenzen, Feiern, Informationsveranstaltungen usw.

(3) **durch das Schulgeschehen** belebende Veranstaltungen wie Projekte, Feste, „Tag der offenen Tür", Aufführungen von Theatergruppen, von Chor und Orchester, Sportveranstaltungen, Wettbewerbe, Vorträge usw.

(4) **durch Aktionen außerhalb der Schule** wie Berufsorientierungen, Betriebspraktika, Erkundungen und Besichtigungen, Exkursionen und Ausflüge, Projekte, Wettkämpfe usw.

(5) **durch die Einbeziehung der Bevölkerung** in das Schulgeschehen bei Abschlussfeiern, Einschulungen, Jubiläen usw.

(6) **durch ein intensives Schulleben**, das die schulspezifische Zielsetzungen widerspiegelt und Eltern, Schüler und Mitarbeiter anspricht (z.B. „Gemeinsam arbeiten, gemeinsam feiern!")

(7) **durch ein spürbar angenehmes Schul- und Betriebsklima** (spannungslose und motivierende Zusammenarbeit von Schulleitung, Kollegen, Eltern, Schüler: die Vermittlung eines „Wir-Gefühl" usw.)

(8) **durch eine Erfolg versprechende, vorbildhafte und zugleich sensible Mitarbeiterführung** (Vertrauen, Teamgeist, persönliches Ansprechen und Motivieren, demokratischen Führungsstil usw.)

(9) **durch publizistische Möglichkeiten** (von sinnvoll gestalteten Elternrundbriefen bis zur „Festschrift", von der grafisch abgestimmten Drucksache bis zum Einladungsplakat, von der Schul- und Schülerzeitschrift bis zur kontinuierlichen Berichterstattung in den Lokalzeitungen usw.)

(10) **durch die grundsätzliche Öffnung der Schule** für die interessierte Bevölkerung (Öffnung der Schule nach außen)

(11) **durch die schülerorientierte, freundliche und übersichtliche Gestaltung des Schulgebäudes** – zumindest im Eingangsbereich (Hinweisschilder usw.), um Schulfremde „einzuladen“ und nicht abzuschrecken, besondere Projekte usw.
(12) **durch ein „gepflegtes“ Schulimage**, das dem gemeinsam erarbeiteten Schulprogramm/Schulkonzept entspricht (Identifikationsmöglichkeit aller Beteiligten) usw.

Das schulische Geschehen hat eine bessere Wirkung im Rahmen einer transparenten Planung und Organisation, die den Bildungsauftrag verdeutlicht und verwirklicht sowie die spezifische Zielsetzungen der Schule widerspiegelt.

Transparenz heißt in diesem Zusammenhang auch Mitwirkungsmöglichkeiten aller Beteiligten/Betroffenen: ein Jubiläum, das „gemacht werden muss“, bringt häufiger weniger Erfolg und Freude als eines, das auf dem – von allen getragenen – Schulprogramm basiert, das von allen geplant und durchgeführt wird und das dadurch Perspektiven und Motivation für zukünftige Aktionen aufweist – also in ein Gesamtkonzept „eingebaut“ ist.

Die Schulleitung ist gefordert…

Bei der Öffentlichkeitsarbeit ist besonders der Schulleiter gefordert, der nicht nur „die Arbeit verteilen“, sondern diese Aufgaben gemeinsam mit dem Kollegium angehen sollte; und er hat darauf zu achten, dass diese (und andere) Aktionen nicht isoliert, sondern stets im Rahmen des abgesprochenen Konzeptes durchgeführt werden.

Seine wichtigste Aufgabe in diesem Zusammenhang bleibt aber, Anlässe und Ansatzpunkte zu erkennen und auch zu schaffen, um die Leistungen der Schule allgemein bekannt zu machen. In der PR-Branche gibt es die **AIDA-Formel**, (vgl. Abb. 7) die diese Vorgehensweise verdeutlicht und auf die Schule bezogen lautet:

A	für attention: Aufmerksamkeit wecken, auf die Schule hinweisen, Anlässe aufnehmen, Aufhänger und Anfänge suchen, Akzeptanz schaffen;
I	für interest: Interesse auf die Schule lenken, informieren über die Schule, Interesse schaffen;
D	für desire of possession: „direkten Besitzwunsch" anregen, also den Wunsch wecken, „dabei zu sein", auf die innere Bereitschaft vorbereiten, die Schule zu akzeptieren; Image bilden, direkte Notwendigkeiten verdeutlichen, den direkten Nutzen aufzeigen;
A	für action: Aktionen für die Zielgruppen (Eltern, Schüler, Mitarbeiter, Förderer, Politiker, Verwaltungsleute), Beteiligung und Teilhabe, zur positiven Entscheidung bringen und die Meinung und das Verhalten direkt ansprechen, Aktionen und Prozesse beginnen...

Tipp: Schulleitungsimpulse zur Öffentlichkeitsarbeit

Alle Maßnahmen zur Umsetzung des Imagekonzeptes und zur Verbesserung der Öffentlichkeitsarbeit erfordern vom Schulleiter einen besonderen Einsatz.

Die Öffentlichkeitsarbeit in Unternehmen und Schulen unterscheiden sich hauptsächlich dadurch, dass in den Schulen besonders Wert gelegt werden muss auf die **Akzeptanzschaffung und Einbindung und Motivation der Beteiligten.** Nur so können viele Probleme und Schwierigkeiten in der Durchführung vermieden werden.

- Vorschläge zu Initiativen bereitwillig aufnehmen (manchmal allerdings auch auswählen),
- zu Aktivitäten anregen und in Angriff genommene Projekte unterstützen,
- notfalls auch selbst solche Aktionen anregen und planen und an Kollegen zur Durchführung delegieren,
- die verschiedenen laufenden Vorhaben koordinieren und in ihren Fortschritten überwachen und fördern,
- stetes ein offener und flexibler Ansprechpartner sein, der bereit ist, sich mit Rat und Tat einzubringen und unerwartet auftretende Schwierigkeiten aus dem Weg zu räumen,

- für die entsprechenden Ressourcen sorgen; das gilt für die Ausstattung, die Räumlichkeiten, das notwendige Budget, aber auch für die Freiräume, die die Kollegen bei der Durchführung einer solchen Maßnahme benötigen,
- eine schulinterne Struktur und einen unterstützenden konzeptionellen Rahmen (Imagekonzept) mit einem gemeinsamen Prozess (Team) aufbauen,
- die inhaltliche Abstimmung, die vorgegebenen Zeitpläne und schließlich die Erfolge kontrollieren, reflektieren,
- sich der Unterstützung der Mitarbeiter, Eltern und Schüler versichern und Helfer/Zuarbeiter/Beauftragte einarbeiten,
- die Beteiligten persönlich und zielorientiert loben und motivieren,
- die Mitarbeiter und das Umfeld überzeugen,
- sich als Person vorbildlich einbringen und verhalten,
- entsprechende Kontakte und Beziehungen zu Vertretern des öffentlichen Lebens, der Wirtschaft, zu den Eltern aufbauen und besonders pflegen,
- durch seine Teilnahme an Besprechungen oder an den entsprechenden Veranstaltungen sein Interesse dokumentieren,
- seinen Dank und seine Zufriedenheit ausdrücken (Lob und Dank an die Beteiligten bei einer Abschlussfeier, in einer Nachbesprechung, ebenso allerdings auch offene und konstruktive Kritik äußern, wenn einmal nicht alles so geklappt hat, wie es eigentlich vorgesehen war),
- darauf achten, dass die Beteiligten in der Berichterstattung zu diesem Ergebnis in den Medien, in der Nachinformation (Aushang), in der Schulzeitschrift gebührend erwähnt werden usw.

5. Ablaufplan zum Aufbau einer Öffentlichkeitsarbeit

Das Hauptziel der Öffentlichkeitsarbeit ist die Akzeptanzschaffung. Durch viele einzelne Maßnahmen und unterschiedliche Projekte wird nicht nur ein Bild von der Schule bei den Zielgruppen vermittelt, sondern auch eine Meinung – eine Bewertung und das bedingt eine Verhaltensveränderung. Letztlich geht es darum, für die Schule so ein positives Umfeld aufzubauen, dass sich alle Beteiligten mit der Schule identifizieren. Und das ist ein schwieriger und langfristiger Prozess der Vertrauensbildung. (Zur Erarbeitung von Maßnahmen kann hier auch die Rasteranalyse Abb. 17 als Methode eingesetzt werden.)

Wichtig dabei ist, dass alle kommunikativen Maßnahmen, Aktionen und Projekte miteinander vernetzt auf ein gemeinsames Ziel ausgerichtet sind und sich nicht gegenseitig behindern oder gar in ihren Wirkungen aufheben. Es soll ein einheitliches und profiliertes Image gezielt entwickelt werden und das geht am besten mit einer Konzeptentwicklung, die die einzelnen Schritte strategisch und inhaltlich verbindet. Bei der Planung und Abstimmung sollten die Verantwortlichen einen Übersichtsplan erstellen, der die einzelnen Aktionen und auch die entsprechenden Termine mit berücksichtigt und so dann öffentlich für das ganze Kollegium aushängt. Für die Fein-Planung hat sich das Projektmanagement in der Praxis bestens gut bewährt: transparent – effizient – effektiv! Eine Übersicht zum Projektmanagement haben wir Ihnen online zur Verfügung gestellt.

Ein idealtypischer Ablauf zum Aufbau einer Öffentlichkeitsarbeit in der Praxis könnte aus folgenden Stufen bestehen (Grobvorschlag für Impulse und Anregungen):

- Informieren der Gesamtkonferenz über den geplanten Aufbau der Öffentlichkeitsarbeit; Beschlussfassung der Gesamtkonferenz (als Basis für eine praktische Umsetzung durch Veranstaltungen und Mitarbeit – auch der Eltern) und Bildung eines entsprechenden Ausschusses und/oder Beauftragung eines Mitarbeiters (Beauftragter/Koordinator für Öffentlichkeitsarbeit in einem Team).
- Informationen über das Imagekonzept und die Umsetzungsmöglichkeiten für Mitarbeiter und für das ganze Kollegium (durch: Konferenzen, Vorträge, Seminare, Fortbildung und entsprechende Beratungen).
- Erstellen eines schulspezifischen Imagekonzeptes mit Aufbaustufen und Terminvorschlägen als Beschlussfassungen für die Gesamtkonferenz (Schulprogramm/Schulkonzept, Leitbild, Richtlinien, Grundlagen).
- Einstieg in die praktische Umsetzung durch erste Veranstaltungen, die entsprechend dieser Konzeption geplant, durchgeführt und nachbereitet werden.
- Erste Rückkopplungsmöglichkeiten für die ganze Schule: Erfahrungen, Kritik, Motivation und Ergebnisse:
  - Einladungsliste nach Bereichen (Schule, Verwaltung, Politik, Wirtschaft, Medien, Lehrerkollegium/Mitarbeiter, Nachbarn...) ordnen – so ermöglichen Sie einen problemlosen Austausch und flexible Zusammenstellungen.

- „Einheitliche“ Einladungen, Anschreiben und Plakate an festen Aushängeplätzen (Behörden, Geschäften, in der Schule...).
- Zusammenarbeit der Verantwortlichen für die Öffentlichkeitsarbeit mit dem Kollegium, den Eltern und den Schülern durch Anerkennung, Lob, Teilnahme, Berichterstattung und „Nachfeier“ und/oder „kleine Geschenke“ fördern und unterstützen.
- Berichterstattung in den Medien und Zusammenarbeit mit den Medienvertretern durch feste Ansprechpartner und persönliche Kontakte intensiver fördern. Die Berichte aushängen (Öffentlichkeitsbrett) und Dank/Kritik an den/die Verfasser. Archivieren Sie Ihre Berichterstattungen!

- Unterstützung der Aufgabe durch eine sensible Mitarbeiterführung des Schulleiters in Bezug auf das Kollegium und auch für jeden einzelnen engagierten Mitarbeiter. Das persönliche Ansprechen, Motivieren und Loben jedes einzelnen Mitarbeiters ist der „beste Motor“ für die Intensivierung der Öffentlichkeitsarbeit – ohne diese Unterstützung und Identifizierung der Mitarbeiter bleibt die Auswirkung der Schule nur formal und aufgesetzt.
- Erst die Sensibilisierung der einzelnen Mitarbeiter und Vertiefung der Öffentlichkeitsarbeit lässt persönliche Beziehungen und Kontakte zu den wichtigsten Vertretern des öffentlichen Lebens („VIP’s“) entstehen; diese Kontakte sind meistens Anlässe zum Kommen und Berichten; durch sie ergeben sich auch weitere Veranstaltungsmöglichkeiten, Unterstützung und Weiterempfehlungen, so dass sich die Schule allmählich bekannt macht und ein gutes Image bekommt. Diese für die Schule wichtigen Personen sollten direkt und persönlich eingeladen und betreut werden (durch den Schulleiter und Beauftragte).
- Die Öffentlichkeitsarbeit braucht feste Strukturen und Grundlagen, um effizient arbeiten zu können:
  - Ein Extra-Konto für Öffentlichkeitsarbeit und Schulveranstaltungen des Eltern-Fördervereins erleichtert die Abrechnung der Kosten (zwei Verfügungsberechtigte). Durch Spenden von Eltern, der Ehemaligen, der Kollegen, der Förderer und Sponsoren aus der Wirtschaft (Partnerunternehmen und Vertreter der Unternehmen, mit denen die Schule gute/enge Verbindungen hat – durch Betriebspraktika, Planspiele, Aufträge, Bestellungen und regionale Nachbarschaft) kann das Konto aufgefüllt werden

(Sachspenden für Tombolas, Preise bei Wettbewerben und kleine Geschenke als Dankeschön zusätzlich sammeln).

- In der Adressenliste der Schule diese Spender (Geld- und Sachspender) und Förderer (zum Beispiel durch die Anzeigen in den Schulbroschüren) besonders vermerken und zusammenstellen in entsprechenden Listen, um bei anderen Aktionen Ansprechpartner direkt „zur Hand" zu haben; den Dank ausdrücken durch persönliche Schreiben, Erwähnungen, Hinweise, regelmäßig Belegexemplare von Schulbroschüren zuschicken, besonderes Ansprechen und Einladen zu bestimmten Schulveranstaltungen.

• Alle Einladungen, Materialien und Berichte zu den einzelnen Schulveranstaltungen der Schule sammeln (zusätzlich/extra entsprechende Beispiele aus Publikationen und von anderen Schülern), damit so ein Fundus entsteht, der die Vorbereitung neuer Veranstaltungen wesentlich erleichtert (durch Checklisten, Arbeits- und Projektpläne und Prozessabläufe), der den Nachfolgern eine entlastende Einarbeitung und Kontinuität der beabsichtigten Wirkungen ermöglicht und der zugleich die beste Fundstelle für Jubiläen ist. In einem separaten Raum können auch die Schulplakate, die restlichen Publikationen, die Sachspenden, die Ordner, die Karteikästen, die Hilfsmittel, vor allem auch die Materialien der Ausstellungen aufbewahrt werden. Auch Fotos von den Veranstaltungen und den einzelnen (wichtigen) Personen sind zu sammeln und zu ordnen sowie Videos/Filme von der Schule (sie eignen sich auch als kleine Geschenke). Ordner mit den gesammelten Unterlagen für die Ausflüge, Studienfahrten, Betriebsbesichtigungen, Praktika,... können hier übersichtlich bereitgestellt werden. Wenn Bewirtungs-/Gestaltungsutensilien angeschafft wurden, können diese hier ebenfalls gelagert werden. Sinnvoll erscheint dabei die räumliche Zuordnung der Sammlung zu den Medien der Schule (Kameras, Video-Kameras…).

• Durch die Traditionen werden langfristige Beziehungen aufgebaut. Insofern sollten alle Ergebnisse der Schule (und der Gemeinde/des Stadtteils/des Einzugsbereiches) gesammelt und zusammengestellt werden zu einer Schulchronik; Grundlage dafür sind die einzelnen Veranstaltungsunterlagen der Schule und die Berichterstattung in den Medien. Zusätzlich können Berichte von Schülern, Eltern, Lehrern (mit Fotos, Skizzen...) die Schulchronik ergänzen und beleben.

- Für die Selbstdarstellung der Schule gegenüber „neuen" Eltern, Schülern, Lehrern, Referendaren, Förderern und Gästen ist eine kleine Broschüre/Zusammenstellung über die Entwicklung und Struktur der Schule sowie ihrer Besonderheiten förderlich (vielleicht kann diese Selbstdarstellung mit einer Jubiläumsbroschüre verbunden werden). Für die Besucher kann auch ein Schul-Gästebuch angeschafft werden. „Wichtige" Persönlichkeiten können sich darin bei Ausstellungen und auf Veranstaltungen „verewigen" – zumindest aber in der Schulchronik (mit Foto, auch nachträglich möglich). Schulchronik und Schul-Gästebuch lassen sich auch gut kombinieren.
- Wenn die Schule durch eine erfolgreiche Öffentlichkeitsarbeit allmählich ein spezifisches Profil (Identität), eine Bekanntheit und ein gutes Image erhalten hat, können besondere Veranstaltungen und Aktionen diese Ansätze ergänzen und vertiefen:
  - Themenorientierte Projekttage/-wochen können das Schulleben aktivieren und den Unterricht anregend ergänzen. Sie haben meist nicht nur eine Außenwirkung, sondern auch einen wichtigen Innenaspekt: Anregung für Arbeitsgemeinschaft, „Schule anders", Verbesserungen der Beziehungen Lehrer und Schüler/Eltern, Verbesserung des Betriebsklimas...
  - Berufsorientierung für die Schüler in den unterschiedlichen Klassenstufen können aus- und aufeinander aufgebaut werden: über die obligatorische Berufserkundungen und Berufspraktika hinaus die Intensivierung der Zusammenarbeit mit dem Arbeitsamt, der Berufsberatung und Berufsinformationszentren; Durchführung von Berufsberatung/Studienberatung in der Schule (zwei bis drei Tage/eine Woche; externe Referenten aus Elternschaft und Vertretern der Wirtschaft, zu denen die Schule schon gute Kontakte hergestellt hat).
  - Schwerpunkt Unternehmenspartnerschaften: Aufbau einer besonderen Beziehung zu einem/zu einigen Wirtschaftsbetrieben im Umfeld der Schule – mit dem Ziel, sich gegenseitig zu unterstützen, gezielt zu helfen, sich und die Arbeit besser kennen zu lernen usw.
  - Schwerpunkte für Aktionen können auch Sport-, Musik- und Kunstveranstaltungen sein, aber ebenso auch die Vorstellung von Ergebnissen/Vorhaben aus den anderen Fächern (Geschichte, Erdkunde; Umweltprobleme im Einzugsbereich der Schule; Mensch und Technik in den Sozialwissenschaften usw.; die Besuche von oder in den Partnerschulen können sogar

zu internationalen Begegnungsprojekten werden – mit deutschen, französischen, englischen Theater-, Sport-, Musik- oder Kunstaufführungen mit Diskussionen und gemeinsamen Festen.

- Höhepunkte für Schüler sind die Ausflüge/Exkursionen/Studienfahrten. Außerhalb der Schule kann durchweg besser gelernt werden und meist auch handlungsorientierter/praxisnäher. Außerdem: man lernt sich auf solchen Fahrten in der Gruppe näher kennen, „entdeckt" andere Menschen, sammelt neue Erfahrungen. Klassenreisen, die einmal gut vorbereitet und bei den Schülern und Lehrern erfolgreich waren, die auch Spaß gemacht haben, können von anderen Klassen und Kollegen als „schon erprobt" (Ordner mit Unterlagen und Erfahrungsberichten) ohne allzu großen Aufwand übernommen werden. Traditionelle Schulfahrten und Schullandheime sind ein besonderer Aspekt für die Innen- und Außenwirkung der Schule. Schulen ohne „nachwirkende" Schulfahrten und/oder Schullandheime sind wenig attraktiv und haben meistens nicht das beste Image. Eine gute Öffentlichkeitsarbeit kann solche Ergebnisse verdeutlichen und die Höhepunkte herausstellen...; das gilt besonders auch für Schulen, die ihre Partnerschulen im Ausland besuchen.
- Schüler und Eltern vergleichen die Schulen und ihre Angebote; und sie bewerten damit auch „Ihre" Schule: „Warum haben wir keine Extra-Projektwoche, wenn doch die Nachbarschulen diese schon mehrmals erfolgreich organisiert und durchgeführt haben?" Diese Erwartungshaltung kann auch für den Schulleiter und die Lehrer Anreiz sein, neue Ideen und Projekte einfach einmal auszuprobieren. Flexibilität und Innovation sind also gefragt – bevor eine Schule lediglich reagiert und nur im Zugzwang/im Vergleich/in Konkurrenz zu anderen Schulen handelt, ist es wohl schon besser, möglichst selbst Maßstäbe zu setzen– mit neuen Ideen zu Projekten und Veranstaltungen. Nehmen Sie sich doch mal Ihr besonderes Profil vor und überlegen mal, was man alles gezielt und innovativ hierauf bezogen machen könnte…

5.1 Pressearbeit

Tipp: Zur Pressearbeit

Die Aufgaben der Öffentlichkeitsarbeit gehen von Veranstaltungen, über Kontakte und Selbstdarstellungen bis hin zur Besucherbetreuung und Pressearbeit. **Zentraler Aspekt der eigentlichen Öffentlichkeitsarbeit ist die gute**

Beziehung zur Presse: Sie bewirkt, dass über bestimmte Schulen häufig und gut berichtet wird, während Berichte und Einladungen anderer Schulen nicht berücksichtigt werden. Zum Aufbau guter Beziehungen zur Presse können folgende Überlegungen hilfreich sein:

- Suchen Sie sich einen festen Ansprechpartner, den Sie bei der entsprechenden Zeitung als Ihren Beauftragten für die Öffentlichkeitsarbeit/PR-Berater der Schule betrachten. Informieren Sie diese Person jeweils sofort und unmittelbar. Das allgemeine Ansprechen einer Redaktion ist im Allgemeinen nämlich nicht sonderlich hilfreich.
- Entwickeln Sie eine gute Zusammenarbeit durch Vorschläge für Berichterstattungen (Ideen, Einladungen, Informationsmaterial und evtl. Presseerklärungen/vorbereitete Berichte), aber auch durch Einladung zu Schulfesten, Schulveranstaltungen, Exkursionen, Betriebserkundungen und Projekten. Gehen Sie auf die Wünsche der Presse ein (z.B. Fototermine usw.), oder laden Sie doch mal Ihren Pressevertreter in den Unterricht ein!
- Pressevertreter suchen immer „einen besonderen Aufhänger" – Was ist neu? Was ist aktuell? Wer war Besonderes dabei? Was ist das Besondere, das unsere Leser interessiert? Bieten Sie entsprechend klare Angebote an, damit Sie die Journalisten besser und schneller überzeugen können!
- Erstellen Sie selbst Presseartikel/Berichte, die genau den Wünschen der Journalisten entsprechen. Stellen Sie sich auf deren Bedürfnisse ein und beachten Sie von der Form und vom Inhalt genau die Erfahrungen, die als Richtlinien zusammengestellt sind. (vgl. Abb. 32) Brauchbare Artikel werden eher gedruckt und schaffen gleichzeitig eine neue Nachfrage. Die Zusammenarbeit läuft für beide Seiten viel effektiver und effizienter.
- Berücksichtigen Sie die Konkurrenz der Presse untereinander („Wenn diese Zeitung vorher darüber berichtet, berichten wir nicht mehr!"). Machen Sie getrennte Termine für die einzelnen Pressevertreter, z.B. zusammen mit dem Schulleiter und dem Betroffenen bei einem Kaffee!
- „Bleiben Sie am Ball" und fragen Sie ab und zu bei der Presse nach, wenn Berichte überfällig sind und geben Sie Rückmeldungen über Berichte (von Eltern, Lehrern und Schülern) weiter (oder auch nur ein „Dankeschön, bis zum nächsten Mal"! Auch hierbei ist wieder – wie immer – die einheitliche Darstellung der Schule im Rahmen eines Konzeptes wichtig, um damit die Imagewirkung zu verstärken (und nicht aktionistisch und verzettelnd zu zerstören).

Richtlinien für einen guten Presseartikel

Was macht einen guten Presseartikel aus? Direkte Zielgruppenansprache: (ev. Räumlicher Bezug) Was interessiert den Leser dieser Zeitung?

Form Wie? **Inhalt Was?**

Struktur Aufbau Ablauf	Ansprache, Was interessiert?	Einfacher Sprachstil, gute Lesbarkeit	Kernaussagen	Ergänzungen, Details
Überschrift (Nur Vorschläge machen, für Aufmerksamkeit)	Aufmachung (Praktikable Gebrauchsform für den Journalisten)	Weniger ist oft mehr...	Beantwortung der "W-Fragen" am Anfang klären	Zahlen nur, wenn nötig - mit klarer Aussage
"W"-Fragen, "Das Wichtigste zuerst"	Aufmerksamkeit schaffen: AIDA-Strategie	Wörtliche Rede einbauen	Die ersten drei Sätze müssen das Wesentliche beinhalten	Besonderheiten, Innovationen
Wer, Was, Wann, Wo, Wie, Warum? (Welche Quelle?)	Aussagekräftige Fotos (Ergänzung zum Text)	Klare, einfache Satzstruktur	Kernsatz, zentrale Aussagen	Aufhänger, Aufreißer
Überblick, Zusammenfassung für "Schnellleser"	Fotos als "eye-catcher"	Maximal 14 Wörter pro Satz	Authentizität, pointierte Darstellung	VIPs: Namen:"so bekannt/angeseh. wie möglich"-begrenzen
Details zum Schluss	Begrenzung Reduktion	Aktive Verbformen	Gefühle ansprechen	Aktualität, Zeitnähe
Zeilenbreite wie in der Zeitung, Vereinfachung für Journalisten	Regelmäßigkeit Kontinuität	Keine Schachtelsätze, keine Negation	Trennung von Nachricht und Kommentar	Ausblick geben, Perspektive, Vision
	Emotionen ansprechen	Am Ende Bezug auf den Beginn nehmen		

Abb. 32: Richtlinien für einen guten Presseartikel

5.2 Kooperationsansätze zwischen Wirtschaft und Schule

Die Kooperation von Schule und Wirtschaft ist auch heute noch mit vielen Problemen verbunden. Vorurteile und Befangenheit bestimmen immer noch die Möglichkeit des Miteinanders. Trotz einzelner – auch schon längerfristiger – Ansätze für eine Zusammenarbeit von Schule und Wirtschaft und entsprechender Arbeitskreise, Seminare und Projekte fehlt letztlich noch ein entscheidender Durchbruch für eine allgemeine „gute Beziehung". Jedem Lehrer ist eigentlich die Bedeutung dieser Zusammenarbeit klar. Und die Hinführung der Schüler zur Arbeits- und Wirtschaftswelt ist als wichtige Aufgabe der Schule anerkannt. Eine Zusammenarbeit von Schule und Wirtschaft ist nicht nur für den Unterricht in Wirtschaftskunde wichtig. Sie gibt allgemein eine Orientierung im wirtschaftlichen Bereich und ermöglicht das Kennen- und Verstehen lernen der wirtschaftlichen Grundbegriffe, der Verflechtungen und Abhängigkeiten zwischen den Bereichen Politik, Gesellschaft und Wirtschaft. Letztlich dient es gezielt der Persönlichkeitsentwicklung!

Darüber hinaus kann jede Schule aber auch ihr Image aufbessern und vor allem ihren Schülern bei der Berufsorientierung helfen, wenn sie mit der Wirtschaft eng zusammenarbeitet.

Die Wirtschaft ihrerseits betreibt eine stringente Öffentlichkeitsarbeit als Image- oder Zielgruppenwerbung und versucht, direkt auf die einzelnen Schulen zuzugehen. Die Arbeitsgemeinschaften Schule/Wirtschaft, das Institut der deutschen Wirtschaft, einzelne große, aber auch mittelständische Unternehmen und besonders die Sparkassen sind seit längerem bemüht, den Dialog mit der Schule zu verstärken und haben einen entscheidenden „Schritt nach vorn getan". Die Bereitschaft zur Kooperation sollte auf beiden Seiten umfassender aufgenommen und erheblich verstärkt werden – das ist eine der Hauptaufgaben der Öffentlichkeitsarbeit.

Die Interdependenzen zwischen Schule und Wirtschaft müssen also transparent gemacht werden, um so die unterschiedlichen Interessen von Schule und Wirtschaft besser verstehen zu können und gemeinsame Zielsetzungen zu finden und entsprechend umzusetzen.

Über die persönlichen Beziehungen von Vertretern beider Bereiche (Verwandte, Bekannte, Freunde, Vereinsmitglieder, Eltern usw.) sind Anknüpfungen möglich;

sie sollten aber permanent erweitert und vertieft werden, um somit eine solide Basis für eine Zusammenarbeit zu schaffen. **Insgesamt sind es drei Bereiche, in denen diese Wechselbeziehung Schule – Wirtschaft deutlich wird.**

(1) Für beide Seiten ist die Zusammenarbeit ein Teil der Öffentlichkeitsarbeit, die sich gegenseitig unterstützt. Die Spannbreite der Unterstützung geht von Tombolageschenken und Anzeigen in Schulbroschüren über entsprechende Projekte und Unterrichtsmaterialien bis hin zur Trikotwerbung und zu gemeinsamen Veranstaltungen (z.B. Feiern, Berufsorientierungen usw.). Auch die Seite der Wirtschaft zeigt vielfältige Interessen – wie beispielsweise Imagewerbung und Zielgruppenwerbung (Schüler, Eltern, regional).

(2) Schule und Wirtschaft können sich auch hervorragend gegenseitige Unterstützung der internen Arbeiten gewähren. Zugegeben, es gibt wohl nur wenige Unternehmensbereiche (z.B. Banken), die von Seiten der Schule in ihrer Arbeit „direkt unterstützt" werden können. Aber die Wirtschaft verfügt über vielfältige Möglichkeiten, die schulische Arbeit zu fördern und zu ergänzen: durch Referenten, Betriebsbesichtigungen, Unterrichtsmaterial und Planspiele kann der Unterricht erheblich vertieft werden. Dabei ist nicht nur der fachliche Aspekt wichtig (Fachleute zum Thema Wirtschaft), sondern auch der praktische (Praxisorientierung als Ergänzung zum theoretischen Unterricht) und auch der finanzielle (Unterstützung, Sponsoring).

(3) Gleiche Interessen zeigen sich auch in Bezug auf die Berufswahl. Die Seite der Wirtschaft hat Interesse an gut ausgebildeten und motivierten Mitarbeitern, die sich auch mit ihrem Unternehmen identifizieren. Die Schule hat das Interesse an einer stärkenden Persönlichkeitsentwicklung. Das kann durch eine gute Zusammenarbeit für beide Seiten durchaus förderlich sein. Und die Schule hätte durch eine kontinuierlich aufgebaute, verständnisvolle Zusammenarbeit mit der Wirtschaft den Vorteil: die Berufsorientierung und ev. sogar die Vermittlung von Arbeitsplätzen ließe sich weiter verbessern, sodass sich eine positive Wechselbeziehung entwickeln könnte (die das Image auf beiden Seiten verbessern würde). Die gemeinsame Aufgabe und Verantwortung für die Jugendlichen in der Region und ihre Zukunft verbindet beide Bereiche und sollte sie zusammen arbeiten lassen!

Checkliste zum Corporate-Behavior-Konzept in Schulen

Ein glaubwürdiges, engagiertes und professionelles Verhalten nach innen und außen in einem Gesamtkonzept schafft ein gutes Profil: Bewerten Sie den IST-Zustand mit Noten von 1 sehr gut bis 6 ungenügend und starten Sie den SOLL-Zustand: IST SOLL

Bestandteile eines Corporate-Behavior-Konzeptes	Wie? Note	Wer? Namen	Wann? Termin
1. Allgemeine Vorstellungen - Ziele (Bezug zum Schulprogramm) Grundlagen, Strategie...			
2. Grundsätze des Verhaltens - Führungsgrundsätze für alle Führungskräfte - Verhaltensgrundsätze für das Kollegium...			
3. Führungskonzept / Mitarbeiterführung - Management, Mitarbeitermotivation, Konfliktmanagement - Führungsstil, Ziele, Arbeitsverhalten, Gespräche - Arbeitsweisen (Teamentwicklung, Projektmanagement...) - Arbeitsabläufe (Arbeitsplatzgestaltung, Richtlinien) - Organisationsstruktur, Schulverwaltung...			
4. Personalentwicklung - Neue Mitarbeiter, Ausbildung, Patenschaften - Weiterbildung, Schulungen - Sozialbereich, Sport- und Freizeitaktivitäten - Betreuung, Beförderung, Beurteilung, Versetzung...			
5. Mitarbeiterinformation / -Kommunikation - Informationen, Kommunikationsstrukturen, Konferenzen - Veröffentlichungen, Briefe, Mitteilungen - Anlässe, Feste, Traditionen...			
6. Auftreten nach außen - Marketing, Zusammenarbeit mit Organisationen, Eltern... - Präsentationen, Medien, PR, Projekte, Veranstaltungen - Telefonverhalten, Verhalten außerhalb der Schule - Kooperationspartner, Behörden, Ämter - Region, Standort...			
Schaffung, Stärkung und Entwicklung von Verhaltenskompetenzen durch ein ganzheitliches Corporate-Behavior-Konzept: Handlungs-Kompetenz Grundlagen-Kompetenz Team-Kompetenz Fach-Kompetenz Projekt-Kompetenz Soziale-Kompetenz Führungs-Kompetenz Methoden-Kompetenz			
Zur Entlastung und Professionalisierung sind Berater eine echte Hilfe: Es geht effizienter, einfacher und letztlich erfolgreicher.			

Abb. 33: Checkliste zum Corporate-Behavior-Konzept in Schulen

Checkliste zum Corporate-Communication-Konzept in Schulen

Eine aufeinander abgestimmte Kommunikation nach innen und außen vermittelt ein gutes Bild von der Schule und der pädagogischen Arbeit:Bewerten Sie den IST-Zustand mit Noten von 1 sehr gut bis 6 ungenügend und starten Sie den SOLL-Zustand: IST SOLL

Bestandteile eines Corporate-Communication-Konzeptes	Wie? Note	Wer? Namen	Wann? Termin
1. Grundlagen der Kommunikation - Grundsätze / Richtlinien (Bezug zum Schulprogramm) - Zielsetzung (auch in einzelnen Bereichen) und Zielgruppen			
2. Marketing-Kommunikation - Strategie und Art des Auftritts, Erscheinungsbild, Slogan, zentrale Aussage, Gestaltungsrichtlinien aus dem Corporate Design, Markenbildung, Alleinstellung, Positionierung - Besondere Aussagen, Wirkungen, Maßnahmen, Medien...			
3. Schulinterne-Kommunikation - Kollegiale Informationsschriften und Infoblätter, Mails, Ablagen/Fächer für Mitarbeiter / Mitarbeiterinnen, öffentliches Brett, Ordner für Infos/Beschlüsse/Richtlinien - Lehrerausflüge, Feste, Jubiläen, Sportfeste, Ehrungen und Geburtstage für Mitarbeiter/Mitarbeiterinnen			
- Schulklima, Lehrerzimmer, Freizeiträume - Zusammenarbeit der Abteilungen, Management - Konferenzen, Dienstbesprechungen - Mitarbeiterführung, Personalentwicklung, Weiterbildung...			
4. Öffentliche-Kommunikation - Lehrerausflüge, Feste, Jubiläen, Sportfeste, Ehrungen und Geburtstage für Mitarbeiter/Mitarbeiterinnen - Schulklima, Sozialräume/Lehrerzimmer, Freizeiträume			
- Schulinformationen, Presseberichte, Schulberichte, Flyer, - Jubiläen, Chronik, Imagebroschüren, Videofilme, Computer-Animationen, Multivisionsshow, Homepage, Aufkleber,			
- Schulkleidung, T-Shirts, Caps...			
- Geschäftsdrucksachen insgesamt, Architektur innen/außen - Schulleben, Schulprojekte, -veranstaltungen, Wettbewerbe			
- Ausflüge, Besichtigungen, Exkursionen, Lernorte außerhalb - Auftreten aller Beteiligten in der Öffentlichkeit - Partner für Zusammenarbeit, Kooperationen, Sponsoring - Ausstellungen / Messen...			
Corporate Branding: Das Besondere herausstellen, profilieren, kommunizieren, leben und pflegen - Schule als Marke. Zur Entlastung und Professionalisierung sind Berater eine echte Hilfe.			

Abb. 34: Checkliste zum Corporate-Communication-Konzept in Schulen

Checkliste zum Corporate-Design-Konzept in Schulen

Ein visuelles Erscheinungsbild mit Wiedererkennung durch ein aufeinander abgestimmtes Designkonzept schafft ein spezifisches Image: Bewerten Sie den IST-Zustand mit Noten von 1 sehr gut bis 6 ungenügend und starten Sie den SOLL-Zustand: IST SOLL

Bestandteile eines Corporate-Design-Konzeptes	Wie? Note	Wer? Namen	Wann? Termin
1. Grundlagen des visuellen Erscheinungsbildes - Wort-Bild-Zeichen, Logo, Signet - Grundsätze / Richtlinien (Bezug zum Schulprogramm) - Corporate-Design-Manual (Layout, Farben, Schriftart...)			
2. Drucksachen - Briefbögen und Zweitblätter, Faxbögen, Visitenkarten - Formulare und Vordrucke, Kurzmitteilungen - Aufkleber, Umschläge, Stempel, Freistempler - Rundschreiben Eltern, Kooperationspartner - Schulpräsentationsordner, Schüler-Organizer - Neujahrskarten, Glückwunschkarten, Beilagenkarten - Einladungen, Urkunden - Prospekte, Image-Broschüren, Schulprogramm - Schulberichte, Jubiläumsschriften, Jahresbücher...			
3. Werbung und Öffentlichkeitsarbeit - Schülermappen - Plakate, Anzeigen - Flyer, Schulzeitschriften - Anstecknadeln, Tragetaschen - Schulungs- und Präsentationsfolien...			
4. Außenwerbung - Orientierungssystem, Farbenkonzept - Innenraumgestaltung - Kleidung, Mützen...			
5. Besondere Maßnahmen - Messekonzepte, Ausstellungssysteme - Werbegeschenke, Wettbewerbe - Transparente, Außenschilder, Fahnen - Schaukästen, Ausstellungen - Architektur, besonderes Schulgebäude, Beschriftungen...			
Zur Unterstützung und Begleitung der einzelnen Schritte sind Berater eine echte Hilfe: Es geht effizienter, einfacher und letztlich erfolgreicher. Zur Entlastung und Professionalisierung sollte beim Corporate Design auch eine Agentur einbezogen werden.			

Abb. 35: Checkliste zum Corporate-Design-Konzept in Schulen

5.3 Entwicklung eines Imagekonzeptes

5.3.1 Teilkonzept zur Öffentlichkeitsarbeit entwickeln und in das Gesamtkonzept integrieren

Alle unterschiedlichen Zielsetzungen und Maßnahmen müssen aufeinander abgestimmt und miteinander vernetzt sein, damit auch wirklich eine einheitlich gute Gesamtwirkung entstehen kann und das erfordert ein Teilkonzept, das wiederum in das Gesamtkonzept der Schule integriert sein muss: ein Imagekonzept.

Wichtig: Unterscheiden Sie das deduktive und das induktive Vorgehen.

Wenn Sie vom Allgemeinen – von einem Gesamtkonzept – ausgehen hat das den Vorteil, dass Sie eventuell schneller vorankommen, einen besseren Gesamtüberblick und eine leichtere Verbindung aller Aspekte und Elemente haben. Im Rahmen des Prozesses zur Erarbeitung eines Schulkonzeptes (als Gesamtkonzept) würde beim deduktiven Vorgehen automatisch auch zu der Öffentlichkeitsarbeit ein entsprechendes Teilkonzept entwickelt. Das könnte man als Ausgangsbasis nehmen, um es nach und nach zu einem professionellen Imagekonzept auszubauen und zu ergänzen.

Wenn Sie induktiv vorgehen (wie hier erläutert wird) – und von den einzelnen Elementen aus dem Schulalltag ausgehen – haben Sie den Vorteil, dass Sie die schon vorhandenen Maßnahmen und Projekte besser und würdigender aufnehmen und damit einfacher in einen Identität stiftenden Prozess kommen. Sie müssen das aber Ihrer schulischen Situation anpassen und letztlich bei beiden Vorgehensweisen die andere Vorgehensweise entsprechend noch mit dazu nehmen, um zu einem ganzheitlichen Ganzen zu kommen…

Unterscheidung der verschiedenen Ebenen

Unterscheiden Sie deutlich die begriffliche Vielfalt in Ihrer Strategie und klären Sie immer, auf welcher Ebene Sie gerade arbeiten: Ist das eine Zielsetzung, eine Maßnahme oder ein Qualitätsstandard? Die Erklärungsbedürftigkeit der ganzheitlichen Komplexität der unterschiedlichen Bereiche sowie die nicht enden wollenden eigenen, unzulänglichen Definitionsversuche im Schulbereich führen zu einer großen Unsicherheit in Bezug auf die praktische Arbeit. Ihre strategische Öffentlichkeitsarbeit ist nur dann erfolgreich wirksam, wenn klare

Konzepte und Strategien erarbeitet werden und durch effektive und effiziente Methoden umgesetzt und gelebt werden. Unterscheiden Sie bei Ihrem Prozess also deutlich, auf welcher Arbeitsebene Sie sich gerade befinden:

- **Metaebene** (über der Theorie, allgemeine, grundsätzliche, werteorientierte und visionäre Ausrichtung mit verfassungsgebender Basisfunktion, Leitbildfunktion),
- **Theorieebene** (strategische und konzeptionelle Ausrichtung mit der Aufgabe, aus dem Leitbild/der Verfassung/der Vision konkretere Anleitungen, Ziele, Richtlinien, Gesamt- und Teilkonzepte abzuleiten (auch das Imagekonzept), damit die Umsetzung in der Praxis ermöglicht und gewährleistet wird),
- **Praxisebene** (konkrete Umsetzung der Grundlagen aus der Metaebene und den Richtlinien aus der Theorieebene im Alltag am Arbeitsplatz – hier wird die Öffentlichkeitsarbeit gelebt und schafft den eigentlichen Erfolg durch Verbesserungs-, Identitäts- und Imageprozesse).

Alle Begriffe in der Schulkonzept-Pyramide müssen ganzheitlich und corporate aufeinander abgestimmt sein – also deutliche Zuordnungen und Vernetzungen haben:

Metaebene
Ausgangspunkt ist eine Vision (Wunschvorstellung, Idee), die zeigt, wo es längerfristig (für ca. drei bis fünf Jahre) hingehen soll. Sie ist eine zukunftsorientierte allgemeine Orientierungsgröße, eine zusammenfassende Zielsetzung, die als Leitspruch und/oder Slogan die Marken bildende Richtung vorgibt.

Dazu muss ein entsprechendes Leitbild als Selbstverständnis (mit Leitsätzen zu den wichtigen Bereichen der Schule: z.B. „Wir gestalten eine identitätsstiftende und Profil bildende Öffentlichkeitsarbeit." die auch gleichzeitig die Überschriften für die entsprechenden Teilkonzepte sind) mit allgemeinen Grundlagen, Werten und Aussagen zu grundsätzlichen Fragen formuliert werden, damit die Vision konkreter und so besser umgesetzt wird:

> *Wer sind wir (eigentlich)? Was machen wir/bieten wir (eigentlich) an? Warum machen wir das? Welche Grundwerte und Ziele haben wir? Wen wollen wir ansprechen? Wie wollen wir eigentlich arbeiten? Welche spezifische und*

besondere Profilierung haben wir? Welche Vision haben wir? Können wir das alles in einem Slogan/Leitspruch zusammenfassen?

Wie eine Art Verfassung ist das Leitbild langfristig (für ca. drei bis fünf Jahre, Ergänzungen und Überarbeitungen sind im Laufe der Zeit natürlich grundsätzlich möglich) und hauptsächlich für die eigene Orientierung gedacht. Es muss aber auch von außen in den Grundzügen verstanden werden. Auf diese Basis sollten alle Maßnahmen nach innen und außen ausgerichtet sein. Nur so schafft man die Vernetzung und Abstimmung zu den einzelnen Bereichen und eine profilierte Positionierung. Das Leitbild ist also als Selbstverständnis die verpflichtende Basis und Grundlage für alle weiteren Schritte und das ganze Denken und Handeln.

Theorieebene

Abgeleitet von dem Leitbild sollten im nächsten Schritt jetzt genauere strategische Ziele (Leitziele) formuliert werden. Die Schulziele sind dann so genau wie möglich durch konkrete Indikatoren zu hinterlegen und messbar zu machen. Die Ziele sind kurzfristiger (ca. ein bis zwei Jahre) und die Strategien und Konzepte schon viel genauer in ihren Aussagen und Festlegungen und dabei auch immer zielgruppenspezifischer in der Verständlichkeit und Ausrichtung. Im Rahmen der Organisationsstrategie können die genaueren operationalen Ziele für die einzelnen Abteilungen und Bereiche entsprechend zugeordnet werden. So entwickelt sich aufbauend auf das Leitbild ein Gesamtkonzept mit Zielen, Strategien und Bereichs- und Teilkonzepten in der Form einer Pyramide:

- Corporate-Behavior-Konzept für das Verhalten nach innen und außen mit Personalentwicklung, Mitarbeiterführung, Verhaltensgrundsätzen... (Abb. 33)
- Corporate-Communication-Konzept für die Kommunikation nach innen und außen mit Corporate Branding, Marketing, PR, Öffentlichkeitsarbeit... (Abb. 34)
- Corporate-Design-Konzept für das gesamte Erscheinungsbild mit Logo, Wort-Bild-Zeichen, Manual, Auftritten in den verschieden Medien... (Abb. 35)

Praxisebene

Das Team für Öffentlichkeitsarbeit als Steuerungs- und Koordinationsgruppe für den Prozess und die Entwicklung des Imagekonzeptes verbindet die Einzelelemente in Absprache mit der Schulleitung, mit Unterstützung des Beraters und zusammen mit unterschiedlichen Projektgruppen (zu Einzelbereichen, besonderen Aufgaben, Projekten) und sorgt für die Implementierung, die konsequente Umsetzung und das Controlling. Die Gefahr der Unglaubwürdigkeit, der leeren Worthülsen und Schlagworte besteht besonders an der Schwelle des Übergangs zwischen Theorie und Praxis und kann die ganze Öffentlichkeitsarbeit „ins Wanken bringen". Eine professionelle Beratung, das Team und ein begleitendes Controlling sorgen für eine erfolgreiche und nachhaltige Profilierung. Zur weiteren Unterstützung der konsequenten Umsetzung im Schulalltag und am Arbeitsplatz helfen auch:

- Corporate-Identity-Richtlinien (Verhaltensgrundsätze, Gestaltungsgrundsätze, Projektrichtlinien, CD-/CC- und CB-Manuals…),
- Schulungen (Seminare für Führungskräfte und Team…),
- Kommunikation (Broschüren, Treffs, Besprechungen, Flyer, Feste…),
- Management (Schulleitungskonzept, Organigramm…),
- Controlling (Soll-Ist-Vergleiche, Reflexion, Überprüfung des Image-Konzeptes).

Nur durch ein ganzheitliches Imagekonzept kann die strategische Öffentlichkeitsarbeit glaubwürdig wirksam werden, eine starke Identität entwickelt und ein profiliertes Image aufgebaut werden.

5.4 Arbeitsstruktur für ein Imagekonzept

Bei dem induktiven Vorgehen ist es wichtig, unbedingt auf die genauen Strukturvorgaben und Anleitungen zu achten, damit das einzelne Teilkonzept dann später in ein Gesamtkonzept integriert werden kann.

Sammeln Sie mit Ihrem Team die bisherigen Einzelergebnisse, Maßnahmen und Projekte zur Öffentlichkeitsarbeit und fügen diese nach den Richtlinien in die Vorlage zur Teilkonzeptstruktur ein. Formulieren Sie dafür (bezogen auf das Gesamtkonzept/das Leitbild/das bisherige Schulprogramm) eine Überschrift als Wir-Leitsatz zum Thema Öffentlichkeitsarbeit. So können Sie jetzt ganz leicht mit Hilfe der Tabellenstruktur (Abb. 36, entspricht der Schulkonzept-Pyramide mit seinen fünf Ebenen) alles grob zusammenstellen und „puzzeln“: „Was gehört wohin?“ Halten Sie sich genau an die Richtlinien! Das sind jahrelange Erfahrungen aus der praktischen Schulberatung in unterschiedlichen Schulformen. Diese Anweisungen sollen Sie nicht einengen, sondern Sie entlasten und es Ihnen einfacher machen. „Was genau ist ein Leitziel, ein Qualitätsstandard und was eine Maßnahme?“ Unterscheiden Sie das sehr genau auch in den Formulierungen, umso leichter kommen Sie voran und müssen das später nicht wieder ändern.

Diese Teilkonzeptstruktur kann natürlich gleichermaßen für die einzelnen Arbeitsgruppen beim Pädagogischen Tag benutzt werden, um den Vorschlag des Teams zu diskutieren und zu ergänzen und so gemeinsam das Imagekonzept zu erstellen (Akzeptanzbildung schaffen für die spätere verbindliche Umsetzung). Auch hier sollten Sie die Arbeitsvorgaben genau und verbindlich vorgeben und auch darauf achten, dass die Moderatoren sie auch kennen und in den Arbeitsgruppen entsprechend konsequent umsetzen. Die Vorschläge der Kollegen gerne aufnehmen und nicht ablehnen, sondern in das Teilkonzept an der richtigen Stelle zuordnen. (Achten Sie darauf, dass Sie die Mehrheit des Kollegiums für einen Konsens finden – „extreme Meinungen“ also eher noch außen vor lassen und/oder als Maßnahme-Möglichkeit einplanen.)

Das Imagekonzepte sollte nach Erarbeitung auf der nächsten Gesamt-/Lehrerkonferenz verbindlich mit möglichst einer 2/3-Mehrheit entschieden werden. Damit kann es auch im Rahmen des Gesamtkonzeptes nach außen präsentiert (zur Abgabe bei der Landesbehörde oder bei der Schulinspektion und auch zur Profilierung im Wettbewerb direkt benutzt werden) und für alle als verlässliche Grundlage eingefordert werden. Durch die Verabschiedung dieser Teilkonzepte wird das gemeinsame Arbeiten besser aufeinander abgestimmt, entlastender und auch von der Qualität her besser. Die Transparenz und die festgelegten Verantwortlichen, Termine und begleitenden Evaluationen sorgen so eher für die verbindliche Umsetzung.

Der nächste Schritt wäre die Integration dieses Teilkonzeptes in das Gesamtkonzept, damit die Verzahnung und Vernetzung, und damit auch die einheitliche Gesamtwirkung gewährleistet wird. Durch die klare portfolioorientierte

Struktur (die für alle Teilkonzepte und das Gesamtkonzept gleich sind und somit eine direkte Vernetzung und Integration ermöglicht) ist eine einfache Implementierung und auch Weiterentwicklung jederzeit möglich, und das ohne großen Aufwand. Dieser Vorteil schafft nicht nur Klarheit, Transparenz und Entlastung, sondern auch eine motivierende Identität im Kollegium. Diese Aufbruchsstimmung ist mit entscheidend, ob diese Konzepte auch gelebt werden. Gerade im ersten Schuljahr sollten alle Beteiligten bewusst auf diese „Vorgaben" achten und deren sinnvolle praktische Umsetzung kritisch prüfen. Gleichzeitig wäre es auch gut, Ergänzungen und Innovationen anschließend in das Teilkonzept einzuarbeiten. Alle Interessierten können sich an das Team wenden und auf den Dienstbesprechungen und Konferenzen auch direkt zur Umsetzung in ihrem Bereich dazu äußern und so das Konzept immer weiter verbessern. Eine Veröffentlichung des Imagekonzeptes im Rahmen des Gesamtkonzeptes schärft so Ihr Schulprofil, verbessert Ihr Image und Ihre Identität – schafft aber auch gleichzeitig eine Verbindlichkeit für die ganze Schule.

5.4.1 Ein Beispiel für die Struktur eines Imagekonzeptes

Integrierte Gesamtschule Salzgitter
www.igs-salzgitter.de

Öffentlichkeitsarbeit

Leitsatz: WIR PRÄSENTIEREN UNSERE SCHULE UND DIE ERFOLGE UNSERER ARBEIT IN DER ÖFFENTLICHKEIT.

Leitziele *„Wir..."*	**Qualitätsstandards (smart)** *„Alle ..."/„Jeder ..."*	**S= Standard N= Neu**	**Umsetzung/Maßnahmen/Projekte (Projektmanagement)**
Wir präsentieren unsere Schule auf verschiedensten regionalen und überregionalen Veranstaltungen entsprechend unseres Selbstverständnisses.	Alle interessierten Lehrkräfte sind eingeladen auf Profil bildenden, schulrelevanten, regionalen und überregionalen Veranstaltungen mitzuwirken.	S	• Tag der offenen Tür • Informationsabend für Grundschulen • Infoabend der Schule • Sportfeste • Ideen-Expo
Wir stellen ausgewählte Aktivitäten und Arbeitsergebnisse der Schule regelmäßig in den Medien vor.	Alle Leitungen der Jahrgänge und Fachbereiche informieren zeitnah in Abstimmung mit der Schulleitung, in für uns wesentlichen Medien, über ausgewählte Aspekte ihrer erfolgreichen schulischen Arbeit.	S	• Artikel in den Printmedien • Homepage der Stadt Salzgitter • Beiträge im lokalen Fernsehen (TV38)
Wir informieren auf Flyern und der Homepage über unsere Ziele und wichtige Angelegenheiten der Schule.	Alle profilrelevanten Themen und Termine der Schule werden auf der Homepage, in Flyern und Infobriefen regelmäßig und aktuell dargestellt.	S	• Homepage IGS • Flyer • Infobriefe • Schülerzeitung • Elternbriefe • Schulkalender

Leitziele **„*Wir...*"**	**Qualitätsstandards (smart)** **„*Alle ...*"/„*Jeder ...*"**	**S= Standard** **N= Neu**	**Umsetzung/Maßnahmen/Projekte (Projektmanagement)**
Wir sorgen für eine identitätsstiftende und einheitliche Darstellungsform unserer Schule nach außen.	Alle Präsentationen sind nach den verbindlichen Richtlinien des Öffentlichkeitskonzeptes mit dem Wort-Bild-Zeichen einheitlich gestaltet.	S	• Briefe • Visitenkarten • Schilder • Shirts + Caps • Homepage • Flyer • Schulkalender • Schülerzeitung
Wir stellen uns kontinuierlich Wettbewerben zur Präsentation besonderer Leistungen unserer Schule in der Öffentlichkeit.	Jede interessierte Lehrkraft kann nach Vorschlag und/oder in Absprache mit der Didaktischen Leitung und der Fachbereichsleitung mit den Schülerinnen und Schülern an einem Wettbewerb teilnehmen.	S	• Profilrelevante Wettbewerbe
Wir öffnen regelmäßig unsere Schule für interessierte Besucher.	Alle Interessierten werden einmal jährlich zum Tag der offenen Tür und zu besonderen Anlässen eingeladen.	S	• Tag der offenen Tür

Tipp: Richtlinien zur Bearbeitung des Imagekonzeptes – Aufbau der Struktur für ein Teilkonzept

Imagekonzept (als Teil-Konzept zur Öffentlichkeitsarbeit)

Leitsatz: Wir...

Leitziele *„Wir..."*	Qualitäts-standards (smart) *„Alle ..."/ „Jeder ..."*	S= Standard N= Neu	Umsetzung/ Maßnahmen/ Projekte (Projekt-management)	Wer (Verant-wort-lichkeit)	Wann (verbindl. Termine)	Evaluation/ Reflexion

Abb. 36: Imagekonzept-Struktur (als Vorlage)

Die Ebenen 1–3 sind für innen und außen (längerfristig)

(1) **Leitsatz**: Wir-Satz als grundsätzliche Aussage – als ein Teil des Leitbildes im Gesamtkonzept; positiv, aktiv, einladend, motivierend – auch als „Überschrift" für das Teilkonzept. Leitsätze sollen möglichst auch die Schulart und bisherige Schulkultur deutlich machen.
Beispiel: Wir präsentieren unsere Schule und die Erfolge unserer Arbeit in der Öffentlichkeit.

(2) **Leitziele** (ungefähr 6–10 pro Überschrift): Wir-Sätze, operative und strategische Ziele als Erläuterung und Konkretisierung der Überschrift/des Leitsatzes – formuliert wie beim Leitsatz – aber genauer für die Umsetzung (Absichten, „Warum tun wir das?" neu + alt)
Beispiel: Wir sorgen für eine identitätsstiftende und einheitliche Darstellungsform unserer Schule nach außen.

(3) **Qualitätsstandards** (ungefähr 6–12 pro Überschrift – nicht jedes Leitziel bekommt eigene Standards): verbindliche Alle/Jeder-Sätze, gemeinsame verbindliche minimale Messgrößen.
Beispiel: Alle Präsentationen sind nach den verbindlichen Richtlinien des Öffentlichkeitskonzeptes mit dem Wort-Bild-Zeichen einheitlich gestaltet.

Die Ebenen 4–5 sind nur nach innen (kurz- und mittelfristig/jährliches Arbeitsprogramm)

(4) **Umsetzungsebene**
Maßnahmen, Schritte, Projekte, Organisation, Abläufe, W-Fragen, Projektmanagement, Aufzählung der Maßnahmen als Schlagworte…
Beispiel: Briefe, Visitenkarten, Schilder, Shirts, Caps, Homepage, Broschüren, Flyer, Schulkalender, Schülerzeitung usw. nach den Richtlinien des Öffentlichkeitskonzeptes gestaltet. Sorgen Sie für verbindliche Termine und Verantwortlichkeiten.

(5) **Evaluation und Reflexion**
„Wer überprüft wann, was und wie?" Reflexion, Dokumentation, Kontrolle, Soll-Ist-Vergleich, Befragungen usw. bezogen auf die smarten Qualitätsstandards (Prozess-Qualität beachten).
Beispiele: Ziele mit messbaren Qualitätsstandards werden überprüft. Messbar durch klare Messgrundlagen, Verantwortlichkeiten, feste Termine, Verbindlichkeit; Dokumentation und Präsentation in der Öffentlichkeit. Hier bieten sich als Feedback die Befragungen mit den Spinnenanalysen an (Haupt- und Unterspinnen) und auch die Prozessabläufe und Checklisten. Damit schaffen Sie einen gleitenden Übergang zur Qualitätssicherung und zu nachhaltigen Erfolgen. Sie können auch die Protokolle des Teams für Öffentlichkeit auswerten, Probleme in der praktischen Umsetzung besprechen und ggf. durch Veränderungen lösen… Innovationen andenken für nächstes Schuljahr? (Balance finden zwischen dem „Müssen" und dem „Wollen" — was uns wichtig ist).

TIPP: Unterscheiden Sie Ergebnis- und Prozess-Qualität.

Ziel: Wir stärken kontinuierlich unser Ansehen und unser Image durch unsere strategische Öffentlichkeit.

Nicht: <u>Haben wir unser Ziel erreicht?</u>

Ergebnis-Qualität (Das Ansehen und das Image sind nicht direkt messbar, geschweige kann die Auswirkung durch die Öffentlichkeitsarbeit direkt erfasst werden. Welchen Anteil am guten Image haben wir mit unserer Öffentlichkeitsarbeit? Nicht überprüfbar!)

Besser: Was tun wir, um unser Ziel zu erreichen?

Das können wir konkret überprüfen und messen.

Prozess-Qualität gegenüber der Ergebnisqualität messbar und überprüfbar;

z.B. durch einen Qualitätsstandard:

Alle Projekte, Veranstaltungen, Präsentationen der Schule und die gesamte Kommunikation sind entsprechend der verbindlichen Gestaltungsgrundsätzen und Richtlinien der Öffentlichkeitsarbeit ausgerichtet und werden entsprechend min. 4 Wochen danach überprüft.

Tipp: Arbeitsaufgaben zur Bearbeitung des Imagekonzeptes

Arbeitsaufgaben für die Arbeitsgruppen (Team Öffentlichkeitsarbeit und/oder kollegiale Arbeitsgruppen):-

Zwei verschiedene Vorgehensweisen sind möglich – die meisten Schulen wählen die induktive. Wenn Sie sich entschieden haben, sollten Sie die Reihenfolge der Arbeitsaufgaben neu ordnen und überarbeiten...

(1) Nehmen Sie den Leitsatz zur Öffentlichkeitsarbeit (Vorschlag des Teams) als vorläufige Überschrift und erläutern und konkretisieren Sie diese durch das Finden und Formulieren von ca. 6 bis max. 10 Leitzielen (2. Ebene der Zielfindungspyramide). („Wir-Sätze" als operative und strategische – alt und neu – die Reihenfolge erst zum Abschluss festlegen). Die Mind-Map-Methode/Karten-Abfrag-Methode und die entsprechenden Beispiele und Impulse aus diesem Buch können hier bei dem deduktiven Vorgehen gut helfen.

(2) Für diese Zielsetzungen bitte entsprechende Qualitätsstandards (3. Ebene der Zielfindungspyramide) finden. Suchen Sie nach klaren, überprüfbaren Messgrößen in Form von „Alle- oder Jeder-Sätzen" smart formuliert. Keine Maximalwünsche, sondern realistische Minimalindikatoren und Besonderheiten. Nicht jedes Leitziel bekommt eigene Qualitätsstandards. Beziehen Sie sie mehr auf die Überschrift insgesamt (je Überschrift/Eckwert ca. 6, max. 12 Qualitätsstandards — alt und neu).

(3) Suchen Sie dann dazu die entsprechenden Maßnahmen und Schritte zur Umsetzung in der 4. und 5. Ebene der Zielfindungspyramide. Neue und

schon vorhandene Aktionen auflisten und genau zuordnen, „wer, wann, was" macht und wie reflektiert und evaluiert werden kann (Dokumentation, Besprechung, Qualitätssicherung…).

(4) ***Sie können auch induktiv vorgehen*** und die Pyramide nicht klein arbeiten, sondern mit Fragen beginnen: „Sehen Sie sich die Überschrift an. „Was alles machen wir schon zu dieser Thematik und was müssten wir eigentlich noch neu dafür machen?" Sammeln Sie so in der 4. Ebene der Zielfindungspyramide alle Maßnahmen und fragen dann: „Warum machen wir das?", um somit entsprechende Leitziele für die 2. Ebene der Zielfindungspyramide zu finden. Die entsprechenden Qualitätsstandards dann anschließend einfügen (s.o.). Dieses Vorgehen ist meist leichter, motivierender und schafft bessere Zielklarheit.

(5) Unterscheiden Sie egal bei welchem Vorgehen genau die einzelnen Ebenen: Was ist ein Leitziel, was ist ein Qualitätsstandard und was sind Maßnahmen? BEISPIEL:
- Leitsatz zur Erziehung: Wir erziehen zu verantwortlichen Persönlichkeiten in der Gesellschaft.
- Leitziel: Wir bieten unterschiedliche Erfahrungsräume zur bewussten Einübung achtsamer Verhaltensweisen an.
- Qualitätsstandard: Alle Schülerinnen und Schüler der Klasse 5 nehmen am Lions-Quest-Programm teil.
- Umsetzung: Planung und Organisation im Jahrgangsteam Klasse 5. Verantwortlich Klassenlehrer Herr NN in den ersten zwei Wochen nach Schuljahresbeginn. Dokumentation, Befragung der Schüler und Information durch Teamprotokoll für Schulleitung (als Evaluation).

(6) Zum Abschluss die „alte" Überschrift (Leitsatz) überprüfen/bestätigen/ggf. verändern (Neuvorschlag).

(7) Die besondere Profilierung der Schule (Schulmarketing, Markenbildung) muss durch die beiden profilbildenden Leitsätze und die entsprechenden Teilkonzepte noch ergänzt und integriert werden. Sie müssen nicht gleich ganz fertig sein – es reichen Grobkonzepte, die anschließend als schwerpunktmäßige jährliche Arbeitsprogramme (mit genauen Umsetzungen, Verantwortlichkeiten, Zeiten und Evaluationen und mit Neuerungen und Veränderungen) bearbeitet und umgesetzt werden können.

Tipp: Anleitungen und Tipps für gute Formulierungen

Wenn Sie für Ihre Schule erste Antworten als Aussagen für Ihr Imagekonzept formuliert und zusammengestellt haben, **überprüfen Sie Ihre Aussagen dabei immer auf folgende Güte-Kriterien:**

- **Wahrheit** (ernst nehmen, realistisch bleiben, keine Unterschiede zwischen Sagen und Tun)
- **Vollständigkeit** (alle Bereiche ansprechen, Anforderungen aufnehmen und Absichten)
- **Vernetzung** (alle Bereiche ordnen, miteinander vernetzen und verbinden)
- **Wiederholungen** (möglichst klare Zuordnungen, Synergieeffekte aber keine Wiederholungen)
- **Ausgewogenheit** (Balance von Theorie und Praxis, Müssen und Wollen, Altem und Neuen)
- **Konsensfähigkeit** (ein Kompromiss als Minimalkonsens, um eine große Mehrheit zu finden)
- **Verständlichkeit** (transparent für möglichst alle Zielgruppen, Aspekte schulischen Tuns)
- **Wertigkeit und Motivation** (qualitätsorientiert, identitätsstiftend, einladend für Zielgruppen)
- **Erinnerbarkeit** (langfristige Lerneffekte, Wichtigkeit und Besonderheiten herausstellen)
- **Umsetzbarkeit** (ist dieses auch realistisch und konsequent in die Praxis umzusetzen?)

Beachten Sie bei den Formulierungen der einzelnen Aussagen-Sätze folgende Punkte:

- Alle Formulierungen der Leitsätze und Leitziele sind Aussagen und Thesen als Selbstverständnis/aus der Sicht des Kollegiums (deswegen **Wir-Sätze** – werden später hinterlegt mit schulischen Qualitätsmerkmalen und konkreten Maßnahmen und Schritten).
- Unterscheiden Sie **Leitsätze** (sehr allgemein, grundsätzlich als Zusammenfassung der bisherigen Schulkultur (alt) und auch mehr als Vision (neu) – wohin die Schule sich entwickeln sollte – und als Überblick/Überschrift), **Leitziele** (die diese Überschriften erläutern und konkretisieren

als Absichten/operative und strategische Zielsetzungen – auch in Form von Wir-Sätzen…), **Qualitätsstandards** (als minimale konkrete Messgrößen mit Zeiten – „smart" formuliert – Alle-/Jeder-Sätze…) und **Maßnahmen** (einzelne Schritte, Maßnahmen und Projekte zur Umsetzung der Leitziele mit klaren Verantwortlichkeiten und Terminen (Projektmanagement) und einem entsprechendem **Controlling** – Evaluation, Reflexion und Dokumentation). **Beispiel:** Leitsatz – Wir sorgen für einen sicheren Autoverkehr. Leitziel – Wir überprüfen kontinuierlich die Autos. Qualitätsstandard – Alle Autos müssen min. alle 2 Jahre zum TÜV. Maßnahmen – Wer macht das? Wann wird das gemacht? Autowerkstatt, bei der Jahresinspektion, vorher nötige Reparaturen machen und Auto waschen. Beim TÜV: Brems-, Licht- usw. Kontrollen. Controlling – Bekomme ich den TÜV-Stempel? Der signalisiert die geprüfte Sicherheit meines Autos und ermöglicht der Polizei die entsprechende Überprüfung.

- Unterscheiden Sie bei den Qualitätsstandards Prozess- und Ergebnis-Qualität. **Beispiel:** Leitsatz als Zielsetzung – Wir sorgen für einen sicheren Autoverkehr. **Ergebnis-Qualität** (Haben wir unser Ziel wirklich erreicht? WAS – Outputorientiert) Ergebnis wäre: Alle Autos sind 100 Prozent sicher. (ist aber nicht nur nicht messbar und machbar/schwierig, sondern eher eine Fiktion – eine Zielsetzung) **Prozess-Qualität** (Was tun wir, um unser Ziel zu erreichen? WIE – Inputorientiert) wäre: Alle Autos müssen min. alle 2 Jahre zum TÜV. (das ist realistisch, machbar und überprüfbar/messbar – auch smart formuliert – und kann somit als Qualitätsstandard die Sicherheit der Autos anzeigen. Gerade im schulischen Bereich ist es sehr schwierig, Ergebnisse der pädagogischen Arbeit über die subjektive Einschätzung hinaus messbar zu machen und nur auf die schulischen Aktivitäten zurückzuführen. Es ist also viel sinnvoller, gemeinsame Prozesse verbindlich und transparent aufzuzeigen (**smart formuliert** – mit Messgröße, Termin, realistisch, spezifisch und aktionsorientiert), die für die pädagogische Qualität der Schule sorgen. Die minimale Formulierung soll lieber verlässliche Grundlagen und keine Utopien aufzeigen und damit das Kollegium auch nicht noch mehr unter Druck setzen.
- **Formulieren Sie alles aktiv**, positiv, sowie möglichst verständlich und einfach und **mit wertigen/qualifizierenden Adjektiven/Adverbien:** Wir gestalten unseren Unterricht qualifizierend, kompetenzstärkend und

schülerorientiert. Nicht mit zu vielen Heraushebungen übertreiben und keine negativen Abgrenzungen oder negative Formulierungen.

- **Reduzieren** Sie die Anzahl der Thesen-Sätze (Leitziele) auf möglichst 10 pro Leitsatz, damit Sie keine Verzettelung haben – lieber einiges zusammen fassen und klare Aussagen mit Gewicht.
- **Ordnen Sie Absätze und die Reihenfolge**, verdeutlichen Sie Steigerung/ Struktur/Lesbarkeit durch Absätze und Aufzählungen – keine Prioritäten, nur gute Lesereihenfolgen.
- **Fassen Sie zusammen und ordnen Sie genau zu.** (Wo gehört was hin? In welchen Bereich – Eckwert – gehört was? Gehört das besser zu den Leitsätzen, Leitziele, Qualitätsstandards oder zu den Maßnahmen? Was kann besser in die Einleitung/das Vorwort und/oder in die Highlights als Kurzprofil?).
- **Denken Sie an die praktischen Umsetzungsmöglichkeiten.** Unterscheiden Sie „alte, schon übliche" Aspekte und Neuerungen/Verbesserungen/ Wünsche, die erst noch „neu" angegangen werden sollen (vgl. auch Abb. 17: Raster-Analyse).
- Geben Sie möglichst einen **Leitspruch, Slogan**, Leitbilder oder Visionen als Ergänzung, Markenbildung und zur Identifikation dazu, die alles verbinden und zusammenfassen und eine gemeinsame Motivation schaffen.
- Denken Sie ganzheitlich – **was geht auch nach außen?** Ein gutes Profil als gemeinsames Ergebnis motiviert auch nach innen (Leitsätze, Leitziele und Qualitätsstandards gehen auch nach außen – die Maßnahmen und das Controlling sind das interne Arbeitsprogramm – auch mit Namen und Zeiten. Sie werden jährlich ausgewählt und gemeinsam schwerpunktmäßig angegangen).
- **Beteiligen Sie die Betroffenen** (Kollegium, Schüler, Eltern), nehmen Sie Vorschläge, Wünsche und Verbesserungsvorschläge wo möglich mit auf – „testen" Sie ihre Ergebnisse auf Verständlichkeit und Akzeptanz. Zum Abschluss sollte eine Person alle Formulierungen auf mögliche Fehler, Wiederholungen und eine abgestimmte Form vornehmen, dabei aber inhaltlich nichts mehr verändern.

V. Aufbau und Entwicklung einer Feedbackkultur

Ohne Rückmeldung weiß man nicht, wo man ist...

Feedbackkultur für Gespräche ist in den Schulen meist bekannt, wird aber weder bewusst gepflegt, noch in seiner Profil bildenden Wirkung genügend gewürdigt. So, wie Sie miteinander reden, kommunizieren und sich austauschen – so zeigen Sie Ihre Werte und Ziele – gegenüber Schülern, Eltern, Kollegen und Kooperationspartnern. Diese Gesprächskultur nach innen und außen zeigt deutlich, wie in dieser Schule wirklich gearbeitet wird und welche Lernatmosphäre dort herrscht. Diese gegenseitigen Reflexionen geben Orientierung und Stärkung und schaffen eine ganz andere Motivation. Meistens merkt man das negativ nur „als Bauchgefühl".

Warum also eine bewusste, konzeptionelle und wertige Feedbackkultur für die Öffentlichkeitsarbeit?

Eine Feedbackkultur nach außen umfasst:

- das Bewusstmachen der pädagogischen und schulischen Arbeit durch Selbst- und Fremdeinschätzungen und den Vergleich miteinander.
- Evaluationen der Unterrichtsqualität durch Eltern und Schüler.
- Evaluationen der gemeinsamen Schulprogrammarbeit als ein begleitendes Qualitätsmanagement.
- das Verhalten und den Umgang miteinander im Schulalltag mit allen Beteiligten.
- die gesamte Kommunikationskultur nach innen und außen, die als Außenwirkung das Profil prägt.
- eine Profilbildung und Verstärkung des Images der Schule durch eine gemeinsame besondere und unterstützende Gesprächs-/Arbeits- und Lernatmosphäre.

Aufbau und Entwicklung einer Feedbackkultur an der Schule:

- **Warum diese neuen Konzepte?** Forderungen, Ausgangslage und Bedingungen (Klärung der Ausgangslage, Nutzen, Notwendigkeiten und der Zielsetzungen...)

- **Wie muss man vorangehen** bei dem Aufbau und der Entwicklung von Feedbackkulturen? (Akzeptanzbildung, Strategieentwicklung – *wer und wie?*, Schulprogramm als Grundlage, Selbst-Evaluation in der Schule, Qualitätssicherung – welche Fragen, Eckwerte, Probleme und Bedingungen müssen dabei beachtet werden? Grundlagen schaffen, die aufbauen auf eine gute Schulkultur…)
- **Was ist eine Feedbackkultur** und wen betrifft das und wie geht das genau? (Im Unterricht und im Kollegium, zusammen mit Eltern und Schülern, gemeinsam und individuell, schriftlich und mündlich, Gesprächskultur und Konferenzkultur, zwischen Schulleitung und Kollegium usw. – Grundlagen, Strukturen, Methoden, Regeln, Richtlinien und Umsetzungs- und Evaluations-Konzepte, Reflexionen und Erfolge bewusst machen, gemeinsame Ziele und Entlastungen, Loben und Lernen und mehr Motivation und Anerkennung für gute pädagogische Arbeit…)
- **Wie kann man eine Feedbackkultur pflegen und weiter entwickeln?** (Erarbeitung eines Grob-Konzeptes als Vorlage mit Implementierung, Lernende Organisation, Qualitätssicherung…)

Für das phasen- und prozessorientierte Vorgehen ist in den Schulen besonders die Akzeptanzbildung ganz entscheidend und auch eine gemeinsame Zielsetzung und Strategie. In den Abbildungen 40 und 41 finden Sie genaue Anleitungen für das Vorgehen – auch als Checklisten. Der Prozess ist wichtiger als das schnelle Ergebnis. Besonders das „Umdenken“ aller Beteiligten ist wichtig: Feedback, Evaluation und Reflexion ist *keine* Kontrolle und *keine* hierarchische Kommunikation oder „Besserwisserei“.

1. Feedback – Was ist das eigentlich?

Feedback ist eine Rückmeldung an eine Person und oder an ein Team über deren Verhalten und deren Kommunikation, wie beides von Anderen wahrgenommen, verstanden und erlebt wird. Feedback erfolgt immer und meist unbewusst ohne gezielte kognitive Kommunikation, mehr als direkte Verhaltensreaktion (wörtlich oder körpersprachlich) – „man kann nicht nicht Feedback geben“. Ein gutes Feedback aber ist bewusst und achtsam – ist zielgerichtet und wirkt immer konstruktiv. Feedback bezieht sich direkt auf die Menschen – eine Feedbackkultur auf die gesamte Schule. Eine gemeinsam gepflegte

Feedbackkultur signalisiert Offenheit, Stärke, klare Werte und Ziele und präsentiert damit auch die Schule nach außen. Sie zeigt die Achtsamkeit beim Umgang miteinander und fördert die Zusammenarbeit. Klare Orientierungen schaffen ein vertrauensvolles und wertiges Denken und Handeln. Wozu also kann ein Feedback dienen?

Sein Selbstbild erkennen und stärken

Das Selbstbild (Wie sehe ich mich?) und das Fremdbild (Wie sehen mich die Anderen?) sind meistens nicht deckungsgleich. Die Spiegelung von Anderen hilft mir, mich besser zu erkennen und mich in meiner Identität zu stärken und zu entwickeln.

Wirkung seines Verhaltens erkennen und verändern

Jedes Verhalten hat eine Wirkung und wird von jedem Anderen ganz unterschiedlich empfunden und bewertet. Durch eine konstruktive Feedbackkultur kann jeder besser erkennen, wie er auf Andere wirkt und an seinem Verhalten arbeiten.

Beziehungen klären und weiter entwickeln

Gerade in Beziehungen ist vieles eingeschliffen und wird nicht konstruktiv geklärt. Durch ein achtsames und offenes Feedback wird Gewohntes und Verborgenes erkennbar und somit gestaltbar. Wünsche und Bedürfnisse, Freude und Anerkennung können ausgetauscht werden, aber auch Ängste, Konflikte und Probleme können angesprochen werden. So kann Vertrauen und Nähe entstehen.

Arbeitsstrukturen transparent machen und verbessern

Im hektischen Arbeitsalltag mit hohen Anforderungen kommt es schnell zu Verzettelungen, Problemen und Konflikten bei der Arbeit. Gerade die festen Arbeitsstrukturen und die dabei entstehende demotivierende Arbeitsatmosphäre brauchen zur Verbesserung der Arbeitsleistung eine konstruktive Feedbackkultur als notwendige Ergänzung. Nur wenn die Wirkungen transparent gemacht werden und gemeinsam daran gearbeitet wird, ist das Arbeiten erträglich und erfolgreich. Klarheit und Motivation sorgen für eine gute Qualität.

Das Arbeitsverhalten offen besprechen und ständig verbessern

In vielen Schulen werden Mitarbeitergespräche geführt, die dem einzelnen Kollegen eine Rückmeldung geben in Bezug auf sein Arbeitsverhalten – verbunden mit ganz konkreten Zielvereinbarungen zur Weiterentwicklung. Solche „Feedbackgespräche", die meist einmal pro Jahr durchgeführt werden, sollten eigentlich ein offenes gegenseitiges Austauschen und Besprechen sein – mit dem Ziel, den Erfolg in der gemeinsamen Verantwortung motiviert anzugehen. In der Realität verkommen diese Jahresgespräche zu nur beurteilenden und anweisenden Anforderungen und sind häufig reine Kritikgespräche und keine Feedbackgespräche.

Teams entwickeln und erfolgreich machen

Im wirtschaftlichen und sportlichen Bereich wird häufig in Teams gearbeitet, die ohne ein kontinuierliches Feedback überhaupt nicht voran kämen. Unmittelbare Rückmeldungen zum Verhalten des Einzelnen in der Gemeinschaft in aktuellen Situationen sind zur ständigen Veränderung und Verbesserung dringend notwendig. Voraussetzung für die konstruktive Wirksamkeit ist eine gegenseitige Vereinbarung mit klaren Regeln (zwischen Trainer und Sportler, Leiter und Mitarbeiter). Gerade auch das Arbeiten in Teams erfordert in den Schulen eine begleitende Reflexion.

Lernen wollen und sich weiter entwickeln

Stillstand ist Rückschritt – Weiterentwicklung aber braucht die Veränderungsbereitschaft. Wer bereit ist, über sein Verhalten selbst und mit anderen zu reflektieren, kann schneller und besser seine „Fehler" und Probleme angehen und seine Ziele auch wirklich erreichen. Diese Offenheit ist in beruflichen und privaten Beziehungen eine wirksame Lernmethode – „starke Persönlichkeiten" kommen mit einem „kritischen Freund an seiner Seite" (Goethe) besser voran.

Eine Kultur des achtsamen miteinander Umgehens schaffen: Feedbackkultur

Schaffen Sie eine Kultur des miteinander Umgehens und pflegen Sie diese. Dadurch haben Sie eine gute Basis, um Schwierigkeiten, Probleme und neue Anforderungen gemeinsam motiviert anzugehen. Regeln und Richtlinien für das Verhalten, für Gespräche und Besprechungen können helfen, diese Feedbackkultur aufzubauen. Durch diese Bewusstmachung der Wünsche und

Bedürfnisse aller Beteiligten und der Wirkungen des Umgangs und Arbeitens miteinander kommen Sie leichter und erfolgreicher voran. Identitätsstiftende Prozesse als lernende Organisationen sind nachhaltige Erfolgsgrundlagen. Eine gute Feedbackkultur ist die Basis zur Qualitätssicherung und ein prägendes Merkmal zur Profilierung im Wettbewerb.

Zielsetzungen beim Feedback

Das Feedback ist eine gezielte, strukturierte Rückmeldung und eine Spiegelung (in Form eines Gespräches, einer Evaluation und einer Befragung oder einer schriftlichen Beschreibung), um Anderen etwas mitzuteilen, wie ich sie empfinde bzw. zu lernen, wie andere mich sehen. Feedback hat also zwei Seiten, nämlich den Feedbackgeber und den Feedbacknehmer. Jeweils am Ende eines Arbeitsabschnittes, einer Besprechung, einer Gruppenarbeit oder auch einer Präsentation kann dieser Austausch stattfinden, um aus konkreten Erlebnissen und Erfahrungen zu lernen (lernende Organisation) und seine Arbeitsweise, Kommunikation, Argumentationstechnik, sein Auftreten in der Gruppe oder seine Präsentationstechnik oder sein Präsentationsverhalten zu verbessern. Alle Maßnahmen und Projekte der Profil bildenden Öffentlichkeitsarbeit sollten schon bei der Planung mit einem begleitenden Feedback versehen werden – und wenn es nur „Kleinigkeiten" sind die dokumentiert und damit festgehalten werden. Jedes Feedback stärkt Ihre Arbeit…

Eine **Feedbackmethode** (am Beispiel für Personen) hat unterschiedliche **Zielsetzungen und Ebenen**, die auch bei der Reflexion der Öffentlichkeitsarbeit beachtet werden müssen:

- Ich spiegele dem Anderen die positive und negative Wirkung seines Verhaltens zurück zur möglichen Veränderung, Verbesserung der Kommunikation miteinander (*kognitive Ebene*).
- Ich mache mir meine Befindlichkeit im Umgang mit dem Anderen bewusst und sage ihm das, um durch diese Befindlichkeitsklärung den Umgang miteinander zu verbessern (*emotionale Ebene*).
- Ich zeige dem Anderen was sein Verhalten bei mir für Wirkungen hat, um dadurch die gemeinsame Zusammenarbeit zu verbessern (handlungsorientierte Ebene).

- Ich gebe dem Anderen Impulse zur persönlichen Weiterentwicklung und seine Lernprozesse – was letztlich aber auch bei mir Erkenntnisse bringt (*trainerorientierte Ebene*).
- Ich gehe offener und bewusster mit dem Anderen um und pflege dadurch grundsätzliche Wertehaltungen wie Achtsamkeit, Verantwortung und Toleranz und sorge für unser gemeinsames Wohlgefühl und vertrauensvolles Miteinander (*kulturelle Ebene*). Diese Ebene fasst alle anderen Ebenen des wertschätzenden miteinander Umgehens ganzheitlich zusammen. Durch diese gegenseitige Vernetzung werden die anderen Aspekte erst wirklich wirksam: eine gute Feedbackkultur ist damit das höchste zusammenfassende Ziel.

Die Abbildung 38 zeigt noch einmal genau die Regeln und Intentionen dieser gegenseitigen Rückmeldungen auf. Das Beachten der Regeln im Alltag setzt voraus, dass die Regeln gemeinsam entwickelt und formuliert und dann offiziell von der Konferenz verabschiedet werden. Entscheidend ist, wer, wann und wie die Einhaltung überprüft. (Steuergruppe, Qualitäts-Team) Die Veröffentlichung verstärkt die Verbindlichkeit und sorgt so auch für eine umfassende Feedbackkultur, die auch nach außen geht und für alle Außendarstellungen gilt. Der Schulleiter hat hier auch eine Vorbildfunktion und kann für alle seine Gespräche und Auftritte nach innen und außen entsprechende Ziele formulieren und entsprechend dann zur Reflexion benutzen: sich selbst einschätzen und sich von den Gesprächspartnern einschätzen lassen (von Kollegen, Eltern, Schülern und Kooperationspartnern – vgl. Abb. 39)

2. Was bringt eine Feedbackkultur für das Image der Schule?

Tipp: Zum Feedback für die Öffentlichkeitsarbeit

Das Feedback für die Öffentlichkeitsarbeit kann insgesamt drei Aspekte umfassen:

(1) **Das Gesamt-Image der Schule** (Hauptspinnen: Abb. 26 und 23) mit unterschiedlichen Kriterien, die Sie schulspezifisch und entsprechend Ihres Markenprofil selbst auswählen müssen.

(2) **Abgeleitete Teilaspekte aus der Hauptspinne** (Unterspinnen: Abb. 27 und 37, die Sie nach Bedarf, weil es Schwerpunkt oder Bedarf Ihrer Arbeit

ist, selbst zusammen stellen müssen. Beachten Sie dabei auch, dass die Kriterien möglichst smart formuliert sind.)

(3) **Zentrale Kernkompetenzen als Grundlagen des Images** (als Unterspinnenbefragung Abb. 37 und 39 – Feedback zur Unterrichtsqualität, zum Verhalten der Lehrer und Schüler und zum Schulleiter, wobei Sie auch hier die Kriterien selbst anpassen müssen.

Alle Aspekte sollten auf der Grundlage Ihres Schulprogramms/Schulkonzeptes ausgewählt werden und dort integriert sein. So erhalten Sie eine ganzheitliche Feedbackkultur, die intern und extern sowie über alle Teilbereiche hinaus vernetzt sind und damit vielfältig genutzt werden können – nicht nur für die Öffentlichkeitsarbeit(mit seinen drei Bereichen Corporate Branding, Corporate Design und Corporate Behavior). Sie erhalten fast automatisch ein Controlling- und Evaluations-System als Qualitätsmanagement für Ihre Schule. Öffentlichkeitsarbeit professionalisiert Ihre gesamte Schule und macht die zentrale Bedeutung durch seine weitgehenden Auswirkungen deutlich...

ALSO: Erstellen Sie zuerst eine Hauptspinne für Ihr Image – Ihre Öffentlichkeitsarbeit, machen Sie dann eine Selbst- und dann eine Fremdeinschätzung, um durch den Vergleich Stärken und Schwächen heraus zu finden, an denen Sie dann gezielt arbeiten wollen. Dazu wäre als nächster Schritt eine entsprechende Unterspinne sehr hilfreich, um die einzelnen Schritte und Umsetzungsmaßnahmen gezielter und konkreter angehen zu können. Zentrale Kernkompetenzen (Unterrichtsqualität, Verhalten...) sollten Sie dazu parallel erfassen – damit wird das Gesamtbild abgerundet. Sie erhalten durch die unterschiedlichen Fragen automatisch wieder ein Feedback, was sich verändert und verbessert hat. So eine begleitende Evaluation haben schon einige Schulen etabliert und arbeiten sehr effektiv und effizient damit. Sie nennen das ihr „Radar“ und ihren „Kompass“, damit sie sich dadurch in ihrer Arbeit besser orientieren und ausrichten können.

Eine interne Feedbackkultur stärkt die kollegiale Zusammenarbeit und die pädagogische Arbeit. Sie schafft ein gutes Miteinander und Umgehen, Orientierung und Klarheit. Eine Feedbackkultur dient auch zur Überprüfung und Reflexion der gemeinsamen Ziele im Schulprogramm und nicht nur der Image-Qualität.

Sie ist also nicht nur ein Soll-Ist-Vergleich als steuerndes Controlling, um die Erfolge und die Defizite sichtbar zu machen und daran zu arbeiten. Als Feedback ist sie mehr ein Lob und eine Anerkennung, eine Rückmeldung und ein Impuls, um den Betroffenen bei der Optimierung ihrer Arbeit konkret zu helfen. Feedback sollte also immer auf diesen besonderen Ansatz achten (besonders auf die Zustimmung der Betroffenen für das Feedback), damit es nicht als Kontrolle oder Kritik verstanden wird.

Gerade eine Evaluation mit dem Vergleich zwischen Selbst- und Fremdeinschätzung macht die Erfolge sichtbar und hilft kontinuierlich an der Verbesserung zu arbeiten. Selbstverantwortliche Schulen haben einen eigenen Handlungsspielraum, den sie verantwortlich gestalten sollten und dazu gehört selbstverständlich eine begleitende Evaluation. Mit der Spinnenanalyse (die mit dem Excel-Programm entsprechend gut erarbeitet werden kann) kann durch eine Befragung der unterschiedlichen Zielgruppen ganz einfach und schnell ein „Kompass“ für die Image-Qualität entwickelt werden. Die Abbildungen 23, 26 und 27 zeigen Beispiele für mögliche Kriterien auf. So wird schulisches Arbeiten einfacher, entlastender und professioneller. Dieses auch nach außen zu zeigen ist nicht nur Ansporn und Motivation, sondern auch eine Verstärkung des Images der Schule. Feedback-Methoden zeigen eine ganz andere Qualität auf.

Eine besondere Arbeits- und Lehr-Atmosphäre wird auch von den Eltern und Schülern bewusst und achtsam wahrgenommen und geschätzt. Aber was hilft es direkt bei der Öffentlichkeitsarbeit? Hat das einen Einfluss auf das Ansehen der pädagogischen Arbeit und das Image der Schule? So, wie man über Ihr Verhalten und Ihre Arbeitsweisen redet, so entwickelt sich ein Bild von Ihrer Schule (Corporate Behavior). Gute Ergebnisse allein schaffen kein gutes nachhaltiges Image. Innen- und Außenwirkung sind immer ganzheitlich miteinander vernetzt und verstärken sich gegenseitig synergetisch. So sind die vielfältigen Kommunikationsstrukturen in der Schule auch gar nicht zu trennen.

Verschiedene Kommunikationsebenen in der Schule:

Zwanglose, offene Begegnungen und Gespräche

- Pausentreffs, Einzel- und Gruppen-Gespräche...
- Kollegiale Gespräche, Schüler-/Eltern-Gespräche...

- Anlässe, Probleme und Konflikte aufnehmen/besprechen...
- Austausch, Informationen zwischen Einzelnen, Gruppen...

Organisierter, strukturierter, gezielter Austausch

- Konferenzen, Dienst-Besprechungen...
- Sprechtage, Beratungsgespräche...
- Teamsitzungen, Arbeitsgruppen, Projekt-Teams...
- Mitarbeitergespräche, kollegiale Hospitationen...
- Feiern, Veranstaltungen, "Rituale", Ausflüge...
- Informationen persönlich/kollegial/öffentlich, schriftlich, online...
- Gem. Schulprogramm mit Zielen, Standards, Verantwortung...

Feedbackkultur / Qualitätssicherung

- Reflexion, "Blitzlicht", Loben, Umgang mit Kritik...
- Regeln, Richtlinien, Vereinbarungen einhalten/umsetzen...
- Analysen, Bestandsaufnahmen, Ziele, Problemlösungen...
- Rückmeldungen, Befragungen, Feedback aller Beteiligten...
- Regelmäßige Qualitätsdokumentation, Prozessabläufe...
- Evaluationen, Selbst und Fremdeinschätzung, Inspektion...
- Öffentlichkeitsarbeit, Presse, Kooperationsverträge...
- Auszeichnungen, Zertifizierungen...

Eine Feedbackkultur umfasst also eine große Spanne der gesamten Kommunikationen nach innen und außen. Es geht um eine Gesprächskultur, Verhaltenskultur, Konferenzkultur und eine Kommunikationskultur nach innen und außen und mit allen Beteiligten (Schüler, Eltern, Kooperationspartner, Behörden...), die das Profil der Schule entscheidend mit prägen: So, wie wir miteinander umgehen, so sind wir, so sind unsere pädagogischen Werte und Ziele, die über die anderen Qualitätsaspekte hinaus unser Ansehen und unser Image prägen. Das geschieht meistens nur unbewusst und nicht gezielt, aber jede Schule hat ein entsprechendes Profil und das entscheidet auch mit bei den Anmeldungen, bei den Kooperationen und letztlich auch über die Bedingungen des Lernens. Dabei ist der Schulleiter zwar Vorbild, aber nicht allein entscheidend, sondern es sollte von der Mehrheit freiwillig und motiviert im Alltag auch gelebt werden. Und wenn es denn bei den Schülern „ankommt" und sich auch dort in den Verhaltensweisen wieder findet, dann erst ist das Ziel auch wirklich erreicht…

Nutzen und Zielsetzungen für eine Feedbackkultur nach außen:

Durch ein begleitendes Feedback machen Sie „Unsichtbares“ sichtbar – Ihr unsichtbares Image und die Wirkungen Ihrer Öffentlichkeitsarbeit machen Sie sichtbar und damit gestaltbar… (ansonsten bleibt gerade die Einschätzung dieser Bereiche nur spekulativ und sehr persönlich)

(1) Verstärkung der kollegialen Feedbackkultur ganzheitlich und interdependent von innen nach außen,
(2) Erfolgscontrolling und Reflexion der pädagogischen Arbeit durch Selbst- und Fremdeinschätzungen,
(3) Bewusstmachung und für Transparenz der gemeinsamen Arbeitsziele und Arbeitsergebnisse sorgen,
(4) Qualitätssicherung und Evaluation der gemeinsamen pädagogischen und schulischen Arbeit intern und extern,
(5) Evaluation und Einschätzung durch die Eltern und Schüler als „Kunden“ der Schule,
(6) Identifikationsmöglichkeit und Motivation für alle am Schulleben Beteiligten,
(7) Ist- und Soll-Analyse für die Entwicklung neuer Schwerpunkte und Ziele,
(8) Ist- und Soll-Analyse für die Sichtbarmachung und Bearbeitung von möglichen Defiziten, Problemen,
(9) Schaffung einer konstruktiven und offenen, gegenseitigen und verbindlichen Kommunikation,
(10) Verstärkung und Ergänzung des schulischen Ansehens und Images durch eine besondere Kultur.

Feedback zur Sicherung der Unterrichtsqualität

Ist- und Soll-Analyse durch Selbst- und Fremdbild mit der Spinnenanalyse

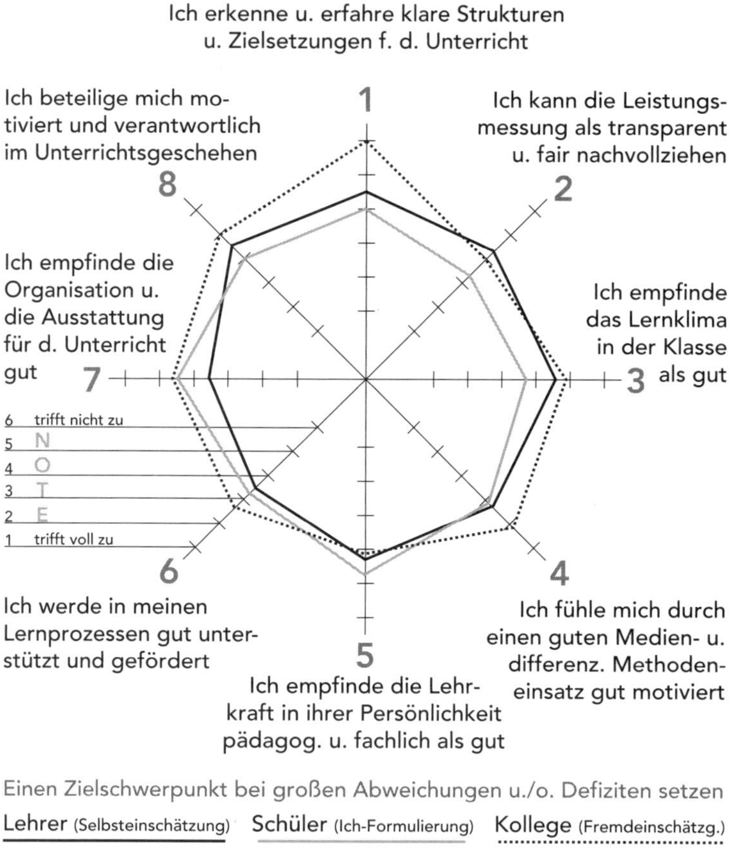

Abb. 37: Feedback zur Sicherung der Unterrichtsqualität

Feedback richtig geben und nehmen (Feedback-Regeln)

Ein gutes Feedback bezieht sich auf die drei „W" (positiv/negativ beschreiben)
1. **Wahrnehmung** (Ich habe das so wahrgenommen/gesehen. Mir ist folgendes aufgefallen...)
2. **Wirkung** (Ich habe mich dabei... angesprochen/traurig/motiviert/begeistert gefühlt...)
3. **Wunsch** (Ich wünsche mir, dass Sie das mal probieren/machen/versuchen...)

Feedback richtig geben wie geht das? Worauf muss ich achten?
Denken Sie an die fünf „DIREKT".

- **direkt/zeitnah** (möglichst direkt anschließend/unmittelbar. Ist der Feedbacknehmer wirklich jetzt aufnahmebereit/lernbereit? Lieber vorher noch einmal direkt nachfragen/verschieben.)
- **direkt/konkret** (einzelne Aspekte und klar ansprechen. Nicht bewerten, sondern beschreiben - nicht umständlich/missverständlich oder mit Floskeln, sondern konkret und eindeutig)
- **direkt/subjektiv** (meinen subjektiven Eindruck/meine Gefühle deutlich machen - so wie ich das sehe und empfinde und das ehrlich/glaubwürdig/authentisch...)
- **direkt/hilfreich** (das Ziel ist, den Feedbacknehmer „wie ein guter Freund" zu unterstützen und ihm zu helfen/zu nützen und nicht zu schaden/zu verunsichern)
- **direkt/persönlich** (Ich-Botschaften - und keine Verallgemeinerungen und Übertragungen wie „man und die anderen auch". Ich habe gesehen/Ich denke/Ich fühle/Ich wünsche mir...)

Feedback richtig annehmen wie geht das? Was muss ich beachten?
Denken Sie an die fünf „A".

- **aufnehmen** (bin ich aufnahmebereit/lernbereit/kritikfähig - ev. lieber momentan ablehnen/verschieben? Deutlich ablehnen oder um Feedback bitten und „durchatmen"...)
- **aktiv zuhören** (sich darauf einstellen, aufmerksam zuhören, aktiv zuhören. Ev. sich Notizen machen - unterscheiden Sie die drei „W"/Positives/Negatives/Tipps /Alternativen...)
- **annehmen** (nur kurze Verständnisfragen, keine Rechtfertigungen/Entschuldigungen = Regel. Feedback soll konstruktiv helfen, sich zu verändern/zu entwickeln/Meinungen zu finden...)
- **akzeptieren** (ein Feedback braucht nicht akzeptiert zu werden nicht alles und nicht von Jedem. Überlegen und entscheiden Sie in Ruhe, was Sie auswählen/zu Ihnen passt...)
- **ansprechen** (Danken. Feedback als Chance betrachten, die hilft neue Perspektiven und Ziele besser angehen zu können besser werden zu können/ev. „Gelerntes" ansprechen...)

Abb. 38: Feedback richtig geben und nehmen (Feedbackregeln)

Grundsätze für Schulleitergespräche (Unterspinne)

Qualitätssichernde Kriterien als Evaluation für alle Gespräche nach innen (Mitarbeitergespr.) und außen (Koop-Part.-Gespräche):

Ich lege bei meinen Gesprächen Wert auf ein gutes Was und Wie und eine Balance persönlicher und schulischer Aspekte

Ich führe alle Gespräche ziel- und ergebnisorientiert für alle Beteiligten

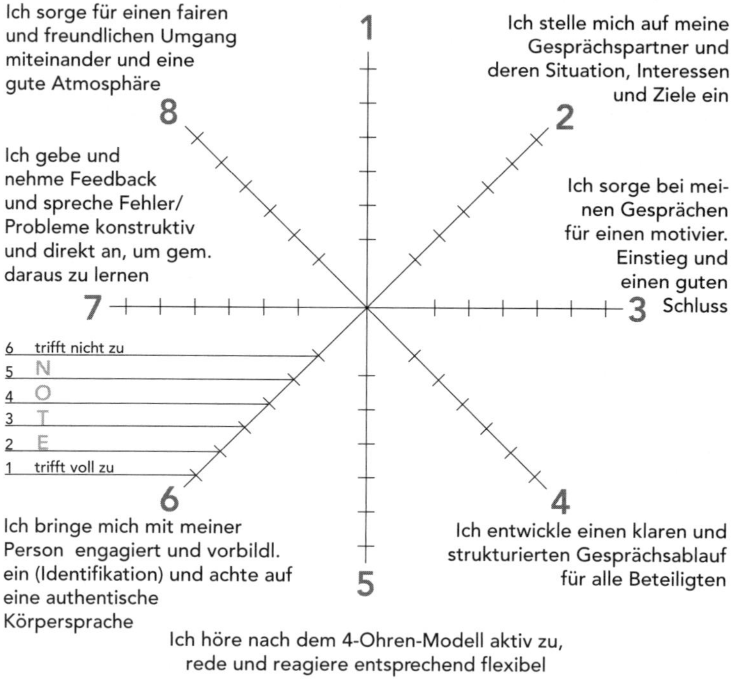

Schulleitung (Selbstbild) Kollegium (Fremdbild) Soll-Analyse/Ziele

Abb. 39: Grundsätze für Schulleitergespräche (Unterspinne)

Qualitätssicherung in 5 Schritten: Vom Müssen zum Wollen

Nachhaltige Qualitätssicherung in 5 Schritten:

1. Akzeptanzschaffung, Bewusstseinsprozess(Warum?)

- Anlässe aufnehmen, Anschub für Veränderungsprozesse
- Nutzen/Notwendigkeiten aufzeigen, Einwände behandeln
- Motivation, erste gem. Ziele, Entscheidungen festhalten
- praktische Methoden erproben

2. Eigener schulspezif. Qualitätsrahmen (Soll-Analyse)

- Schulprogramm-Arbeit, Leitbildentwicklung, Schulslogan
- gem. schulspezifische, smarte Qualitätsstandards
- gem. pädag./unterrichtliche Konzepte/Richtlinien
- theoretische Orientierungen als gem. Basis (Schulprofil)

3. Veränderungen für die Prozess-Qualität (Wer/wie?)

- interne (Selbst-)Evaluation, Prozess-Überprüfung/Erfolge
- gem. Reflexion, Auswertungen und Zielsetzungen
- erste gem. Veränderungen (Was und wie besser?)
- praktische Veränderungs-Schritte

4. Veränderungen für d. Ergebnis-Qualität(Ist-Analyse)

- externe (Aussen-)Evaluation, Bericht, Präsentation
- Vgl. interne-externe Evaluation, allg. Bild./Qual.Standards
- gem. Reflexion, Auswertungen und Zielvereinbarungen
- theoret. Reflexion und Weiterentwicklung der Konzepte

5. Nachhaltige Qualitätssicherung (Was/wie besser?)

- eigenverantw. identitätsstift. Schulentwicklungs-Prozesse
- professionell. ganzheitliches Projekt-/Qual.-Management
- lernende Organisation/Innovation. zur Zukunftsprävention
- praktische Verbesserungen von Schule/Schulqualität

Die größte Revolution in unserer Generation ist die Entdeckung, dass Menschen durch den Wandel ihrer inneren Einstellung die äußeren Aspekte ihres Lebens verändern können. William James

Abb. 40: Qualitätssicherung in 5 Schritten: Vom Müssen zum Wollen

Aufbau und Entwicklung einer Feedbackkultur in Schule

Die Pädagogische Identität als Schulkultur nachhaltig gestalten: In 10 Schritten mit der AMC-Strategie (Analysen - Maßnahmen - Controlling) zur wertigen, verbindlichen pädagogischen Feedbackkultur.

Schritte	Wer?	Wann?
1. **Akzeptanzschaffung:** Aufmerksamkeit, Informationen, Diskussionen, Prozesssteuerung (AIDA, Anlässe, Nutzen, Notwendigkeiten, Probieren, Akzeptanzschaffungsmeth.)		
2. **Beschluss der Gesamt- / Schulkonferenz** für entsprech. Prozess: Kollegium in Aktivitäten einbeziehen / beteiligen, Mehrheitsbeschluss, Projekt-Team-Auftrag (Ziele mit Bezug zum Schulprogramm, AMC-Strategie mit Terminen)		
3. **Bildung des Projektsteam:** (Steuerungsgruppe, AG, Team-Uhr, Teamregeln, Strategieentwicklung mit Schulleit.)		
4. **Ist-Analyse**, Stärken-Schwächen-Profil: Ausgangslage klären mit ZUG-Methode/Befragungen/Wünschen/Innov.		
5. **Soll-Analyse**, erste gemeinsame Ziele: Motivation, Vision, Prioritäten, überprüfbare Ziele, Vernetzung Leitbild		
6. **Effiziente Maßnahmen** zur Zielerreichung und Prozess: Arbeitsprogramm/Strategie mit Schritten, Projekten, Verantwortlichkeiten, Zwischencontrolling, Projekt-/Zeitmang.		
7. **Teilkonzepte entwickeln** durch einzelne Projekte, in Bereichen, im Unterricht: (Feedback-Konzepte für Kollegium, Lehrer-Schüler, Lehrer-Eltern, Unterricht, Schulprogr.)		
8. **Beschluss der Gesamt- / Schulkonferenz:** Entscheidungen über "Teilkonzepte Feedback" (mögl. 2/3 Mehrheit), schulische und persönliche Erprobungen u. Umsetzungen, Konkretionen und Ergänzungen, Umgang mit Fehlern und Problemen, Profilierung der Schule erweitern		
9. **Einarbeiten in das Schulprogramm** als Gesamtkonzept für eine bewusste, nachhaltige Feedbackkultur mit Teilkonzepten, verbindlichen Richtlinien, Qualitätsstandards und klaren Verantwortlichkeiten/Evaluationsmaßnahmen: (Präsentation, Öffentlichkeitsarbeit, Verbesserungsvorschläg.)		
10. **Selbstcontrolling** als Soll-Ist-Vergleich, Evaluation, Reflexion, Nachbesserungen, Prozess in Gang halten, Konsolidierung, Innovationen, lernende Organisation: (Spinnen-Analyse, Controlling-/Qualitätsstandards, Befragungen)		

Abb. 41: Aufbau und Entwicklung einer Feedbackkultur in Schule

VI. Öffentlichkeitsarbeit braucht Qualitätsmanagement

„Gute Arbeit kann man nur dann leisten, wenn man sich total mit seiner Idee und deren Umsetzung identifiziert.“ (Robert Bosch)

Die gemeinsam entwickelten Strukturen und Schulkonzepte durch die identitätsstiftenden Schulentwicklungsprozesse sind die Basis, für die eine Schulleitung einer Selbstverantwortlichen Schule als Erstes sorgen muss. Danach geht es um die Imagebildung und eine professionelle Öffentlichkeitsarbeit, die darauf aufbaut. Innen- und Außenwirkung ergänzen sich gegenseitig und verstärken sich synergetisch in ihren Wechselbeziehungen. Gleichzeitig sollten Sie eine begleitende Feedbackkultur aufbauen, die eine Reflexion Ihrer Arbeit ermöglicht, umso leichter ist dann später auch der direkte Übergang zum Qualitätsmanagement. Nach dieser Aufbauphase sollten in der Konsolidierungsphase die Festigung der bisherigen Prozesse, Strukturen und Ergebnisse angegangen werden. Die Schulleitung muss also anschließend die Qualitätssicherung als Schwerpunkt angehen, auch, um den Prozess in Gang zu halten (**K**ontinuierlicher **V**erbesserungs-**P**rozess – **KVP**). Ein schulisches Qualitätsmanagement bringt für die pädagogische Arbeit mehr Ansehen und Wertigkeit sowie Entlastungen und Professionalität – letztlich sogar nach außen auch ein nachhaltig besseres Image und eine zukunftsorientierte Positionierung der Schule. Ein Qualitätsmanagement ist die Basis für eine strategische Öffentlichkeitsarbeit. Der wirkliche Unterschied zwischen einer „guten und einer schlechten Schule“ lässt sich entscheidend darauf zurückführen, wie gut die Schule es versteht, ihre pädagogische Identität prägnant deutlich zu machen, zu stärken und gemeinsam kontinuierlich weiter zu entwickeln. Eine begleitende Qualitätssicherung schafft dafür die verlässlichen Grundlagen und den entsprechenden Rahmen.

1. Was ist eigentlich Qualität?

Im konfuzianischen Sinne ist Qualität die subjektive Wahrnehmung dessen, was eigentlich sein sollte – also die ganzheitliche Verbindung von Qualitätsstandards, subjektiven Einschätzungen von innen und außen und der Vergleich.

Gerade in den Schulen sollten Sie diesen Aspekt besonders betonen: Nur durch die Verbindung dieser beiden Pole durch eine begeisternde Identität, kann Qualität erlebbar werden. Nur durch die Identifikation des Kollegiums und der Schüler wird Qualität überhaupt erst sichtbar, gelebt und damit wirksam. Schulen sollten also diese ganzheitliche Verbindung der beiden Pole angehen: Über gewisse „objektive Messeckwerte" der Vergleichsarbeiten und der Schulinspektion hinaus auch „subjektive Einschätzungen" der pädagogischen Arbeit (als Selbst- und Fremdbild) ergänzend dazu nehmen und damit die Wertigkeit und das Ansehen der schulischen Arbeit verbessern.

Qualität braucht Qualitätsprozesse

Das schlechte Abschneiden bei den internationalen Vergleichstests und die permanenten neuen Anforderungen der Schulaufsicht zwingen die Schulen zu schnellen und nachhaltigen Veränderungen. Nachhaltige Qualität für Schulen kann aber nicht einfach eingefordert werden, sondern braucht kollegiale Veränderungsprozesse und die pädagogische Identität (als gemeinsame Vision) als Zielgröße. Auf dem Weg zur Qualitätssicherung braucht jede Schule allgemeine und ganz spezifische Meilensteine als Qualitätsstandards, die im Schulprogramm/Gesamtkonzept mit dem Leitbild vernetzt messbar und evaluierbar die Qualität der Schule bewusst und gestaltbar machen und ihre Positionierung im Schulmarkt verdeutlichen. Die pädagogische Identität ist eine zusammenfassende Profilierung der Schule, die durch die Qualitätsstandards als Eckwerte verdeutlicht, durch Arbeitsprogramme umgesetzt und durch ein eigenes Controlling überprüft werden – sodass sie letztlich verbindlich und glaubwürdig im Schulalltag gelebt wird. Schulentwicklungsprozesse nach der AMC-Strategie sind dafür ein notwendiger, dynamischer Veränderungs-, Profilierungs- und Identitätsprozess. (Vgl. Abb. 11)

Eine gute Prozessqualität schafft damit nachhaltige gute Ergebnisqualität und zusammen damit eine Verbesserung des Schulprofils und der pädagogischen Identität.

Um dieses Qualitätsmanagement für Schulen praktizieren zu können, ist die Entwicklung von festen Qualitätsstandards erforderlich und die Überprüfung aus der Innen- und Außensicht durch Befragungen. So sind der Vergleich untereinander und eine genaue Positionierung der Schule möglich als differenzierte Spiegelung und ein Feedback über die Auswirkungen der qualitätsstiftenden Maßnahmen. Durch den Vergleich von Selbst- und Fremdbild (Befragungen von Kollegium, Schülerinnen, Eltern, Kooperationspartnern und Besuchern) können selbstverantwortlich Zielgrößen und Handlungsfelder für die Schule im Rahmen ihres Schulentwicklungsprozesses festgelegt werden. Qualitätsentwicklung in Schulen wird so zu einem umfassenden, vernetzten und permanenten Veränderungsprozess, einem Innovationsprozess und Controllingprozess von Soll- und Ist-Werten zur Schaffung von identitätsbildenden Handlungen und Projekten. Die Gefahren vom „blinden Aktionismus", von gegensätzlichen Wirkungen nicht abgestimmter Projekte, von unreflektierter Schulroutine, „frustrierender Belastungen" und ineffektiver und ineffizienter Zusammenarbeit, Ressourcenverschwendung, schlechter Schulleitung und fehlender Organisationsstrukturen sowie „offener Baustellen", die niemals weiter bearbeitet werden, werden durch konsequente Qualitätsentwicklung zumindest weniger auftreten und eher vermieden (und das wäre eigentlich schon ein gutes Ergebnis an sich, weil es eine große Entlastung schafft).

Öffentlichkeitsarbeit muss mit Qualitätsmanagement verbunden und damit professionalisiert werden. Eine Chance, Schulen zu professionalisieren und die Wirkungen der Schulen erheblich und nachhaltig zu verbessern. Ein Quantensprung für die Schule – ein notwendiger Fortschritt für unsere Wissens- und Bildungsgesellschaft.

Erst durch eine qualitätssichernde Öffentlichkeitsarbeit zeigt sich, wo der eigentliche Handlungsbedarf liegt und Ihre Besonderheit und Alleinstellung noch optimiert werden kann.

Tipp: Ein Qualitätsmanagement für Schulen baut auf die Vorgaben der Schulbehörde und die Ergebnisse der Schulinspektion/Qualitätsanalyse auf und sorgt zusätzlich für:

- Akzeptanz und Anschub für Veränderungsprozesse (Motivation und Identität),
- Qualitätsstandards/-kriterien (Qualitäts-Check) abgeleitet aus dem Schulprogramm/Schulkonzept als realistische Vision/Groborientierung,
- Professionelle Qualitätsmanagement-Prozess-Beratung von außen,

- Selbstevaluation (Befragung des Kollegiums)/Außencontrolling (Befragung von Schülern, Eltern, Besuchern)/Vergleiche von Selbst- und Fremdeinschätzung und Messgrößen (Ist-Analyse als Ausgangslage mit Stärken und Schwächen),
- Qualitätsmethoden, Strategien und Konzepte, „Handwerkszeug" des Qualitäts-Teams für den Prozess und das Qualitätsmanagement,
- Gemeinsame vernetzte Ziele (Soll-Analyse) mit konkreten Anzeigern und Zeiten, unterschieden nach Grundsätzen, strategischen und operativen Zielen,
- Strukturen und Ausstattungen (Arbeitsbedingungen, Arbeitsinstrumente),
- Kompetenzen und Maßnahmen zur Verbesserung (Schulungen, Projekte),
- Konsequentes Handeln (Projektmanagement, Zeitmanagement, Glaubwürdigkeit),
- Controlling (Soll-Ist-Vergleich für Standards und Wahrnehmungen/Nachbesserungen/Innovationen als neue Herausforderungen und Ziele.

Ganzheitliche Identitätsprozesse sind also die notwendige Erfolgsgrundlage für strategische und konzeptionelle Veränderungen, Qualität und Innovationen in Schulen. Eine gute Unterrichtsqualität allein ist schon lange nicht ausreichend, sondern nur noch Grundlage, die auf einem hohen Niveau eingefordert wird. Qualität ist also die Grundlage für die Verbesserung der Zusammenarbeit, der Ergebnisse, die Stärkung der pädagogischen Identität und die Profilierung des Images der Schule.

Selbstcontrolling für eine lernende Organisation

Schulen sind auf dem Wege von der lehrenden zur lernenden Organisation. In Zeiten verkrusteter Strukturen, Handlungs- und Entscheidungsunfähigkeit, Krisen und Zusammenbrüchen brauchen wir neue Denkstrukturen, Perspektiven und Möglichkeiten des Handelns. Notwendig sind nicht *„Inkompetenz-Kompensations-Kompetenzen"*, sondern vorbildliche und engagierte Führungskräfte, die bereit sind, selbstverantwortliche Entscheidungen zu treffen, Innovationen zu probieren und dabei auch Fehler und Risiken als „Lernimpulse" verstehen und dafür ein reflektierendes Controlling zur „lernenden Organisationsentwicklung" einsetzen.

Im ersten Schritt muss der Prozesscharakter deutlich aufgenommen werden, um Motivation zu schaffen für die nächsten Schritte und um das Controlling zu integrieren. Controlling beginnt also mit der Ist- und Soll-Analyse und muss nicht nur die Effizienz und die Effektivität des Prozesses überprüfen und einen Soll-Ist-Vergleich ermöglichen, sondern auch weiterhin den Prozess in Gang halten und immer wieder und weiter anschieben, sodass eine „lernende Organisation" entsteht. Prozesse sind nur dann erfolgreich, wenn sie nicht ein statisches Ende haben, sondern eine permanente Veränderung bedeuten. Das bedeutet auch, den Umgang mit Fehlern und Konflikten im Rahmen des Prozesses neu zu definieren. Eine „lernende Organisation" kann letztlich nur dann funktionieren, wenn die Personen lernbereit die Veränderungen auch für sich selbst glaubwürdig und vertrauensvoll mittragen und umsetzen. Zur Steuerung des Prozesses durch einen Wechsel von Theorie und Praxis und durch immer neue Maßnahmen, Innovationen und Weiterentwicklungen ist ein starkes Team und teilweise auch eine externe Beratung notwendig. Nur eine motivierte und kreative Moderations- und Koordinierungsgruppe kann einen kontinuierlichen Veränderungsprozess in Gang halten und nur ein guter Prozess schafft gute Ergebnisse. (vgl. Abb. 42)

Controlling ist keine Kontrolle, es ist Selbstcontrolling/Evaluation und notwendige Reflexion und Steuerung von Prozessen als Soll-Ist-Vergleich zur Bewusstmachung der Ergebnisse und umfasst hauptsächlich zwei Fragestellungen (vgl. Abb. 42 und 33):

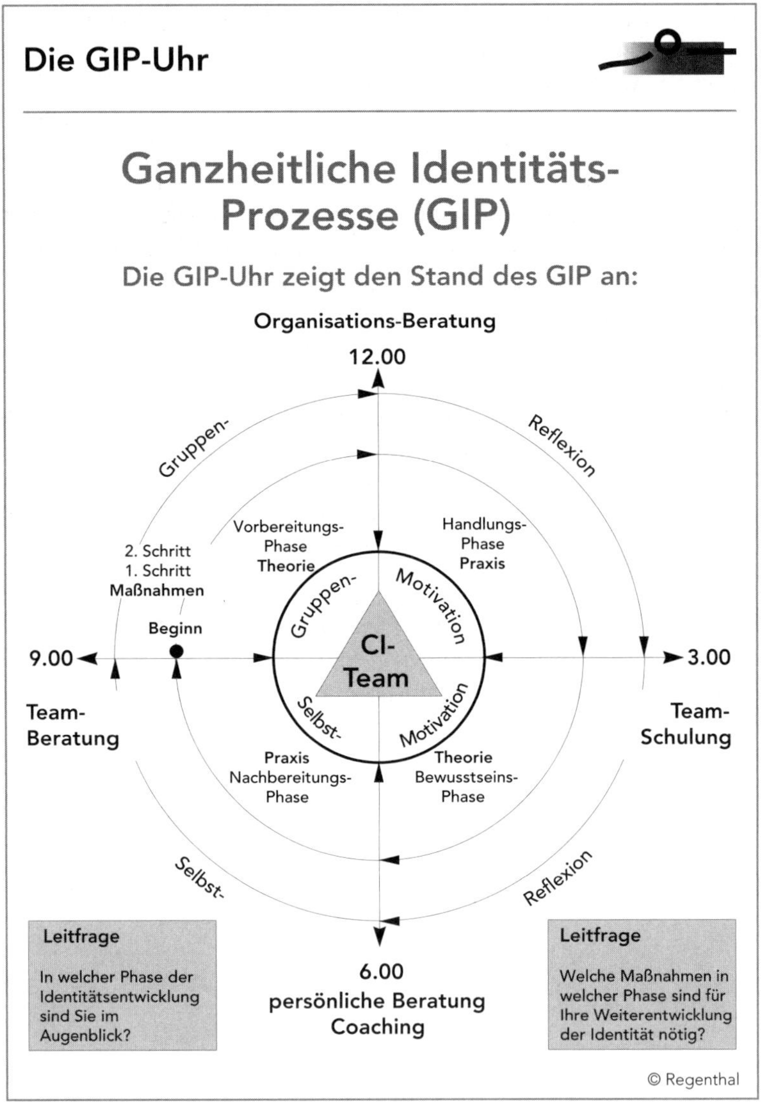

Abb. 42: Die GIP-Uhr

(1) *Haben wir unsere Ziele erreicht?*
Die Frage nach der Effektivität zielt ab auf die Wirkungen, auf die Messung der Ergebnisse. Wenn der Ist-Soll-Vergleich zeigt, dass die Ziele noch nicht erreicht sind, kann direkt nachgebessert werden. Dieses strategische Controlling muss Maßnahmen und Methoden beinhalten und auch Indikatoren, die zeigen, ob wir das Ziel wirklich erreicht haben. Das erfordert natürlich die vorherige Festlegung von klaren, d.h. messbaren Zielen und Richtlinien. Es ist also wichtig, die Ziele mit Qualitätsstandards sehr genau zu formulieren. Zur Orientierung dient das Smart-Modell, das bei der Formulierung der messbaren Eckwerte hilft. Leitbilder und entsprechende Umsetzungsrichtlinien sind hierfür die notwendige Grundlage, weil sonst kein Controlling greifen und einsetzen kann. Das Selbstcontrolling überprüft die vorher gemeinsam festgelegten Richtlinien, Regeln und Standards, um die Einhaltung, Wirksamkeit und die Überarbeitung zu überprüfen. Dadurch wird die konsequente Umsetzung der Maßnahmen garantiert, die Identität auch wirklich bewusst gelebt und innovative Überlegungen neu mit eingebaut. Dieses Feedback ist eine sinnvolle und notwendige Reflexion, um die Arbeitsqualität garantieren zu können und um aus der Schule eine flexible und lernende Organisation zu machen, die den Anforderungen in der Zukunft gerecht werden kann.

(2) *Wie haben wir die Ziele erreicht?*
Haben wir auf dem Weg zum Ziel die Ressourcen richtig eingesetzt, waren die Methoden richtig? Wie sorgen wir dafür, dass die Ziele erreicht werden?

Die Frage nach der Effizienz zielt ab auf mögliche Einsparungen bei den Ressourcen, Verbesserungen, Erleichterungen und auch auf die konkreten Fehler oder Verhinderer. Gefragt sind auch die Strukturen und Arbeitsweisen und ob sie bei der Zielerreichung hilfreich oder hinderlich waren. Dieses operationale Controlling muss Maßnahmen und Methoden beinhalten und messbare sowie konkrete Indikatoren, die zeigen, wo und wie wir bei der Zielerreichung besser vorgehen können.

Die Effektivität ist ergebnis- und outputorientiert (Haben wir unser Ziel erreicht?), die Effizienz ist prozessorientiert, d.h. inputorientiert (Wie haben wir unser Ziel erreicht?). Häufig werden diese beiden Begriffe verwechselt und auch nur als Einzelorientierung gesehen. Gefragt sind dann nur oberflächliche

Effekte, die Ergebnisse. Aber mit welchem Aufwand wurden diese Erfolge erreicht? Wäre es vielleicht nicht viel besser gewesen, vom Anspruch nur 80% der Ergebnisse erreichen zu wollen, aber mit wenigen effizienten Maßnahmen? Das wäre ökonomischer, strategischer und hätte eher synergetische Wirkungen. Mit 20% der wichtigsten Maßnahmen 80% des Erfolges zu erzielen, ist effektiv und effizient. Der Arbeitswissenschaftler Pareto aus Italien hat die 20–80-Regel erkannt und für das Zeit- und Projektmanagement aufgestellt. Sie trifft aber auf alle Bereiche des Lebens und Arbeitens zu und verdeutlicht damit auch die Schwierigkeit, die letzten 20% zum 100-prozentigen Erfolg noch zu bekommen. Dazu sind 80% der Maßnahmen notwendig: Stress, Hektik, volle Energie, keine Entlastung, 100-prozentige Anspannung und Anstrengung und ein Null-Fehler-Programm. Können wir glaubwürdig und auf Dauer diesem hundertprozentigen Anspruch gerecht werden? Die Leistungsansprüche sollen und können nicht gesenkt werden, sie müssen aber praktisch umsetzbar sein.

Ein Selbstcontrolling hilft dabei, indem belastende Probleme und Fehler aufgedeckt und die Lösungen als echte Chancen der Leistungssteigerung integriert werden. Nicht eine problemfreie Arbeit, sondern nur das erfolgreiche Umgehen mit Problemen kann das Ziel einer glaubwürdigen Organisationsentwicklung sein. Zusammen mit Innovationen und der Motivation der Beteiligten wird daraus eine „lernende Organisation", die daraus einen permanenten Verbesserungsprozess macht.

Ein Selbstcontrolling im Rahmen einer „lernenden Organisation" bezieht sich auf folgende Problembereiche der Arbeitsweise, die die Basis für eine notwendige Verbesserung sind und vor der Öffentlichkeitsarbeit geklärt werden sollten (sonst kommen sie als „Stolperfallen" während der Imagebildung verstärkt zum Tragen):

(1) **Verkrustete Strukturen**
- Organisationsstrukturen,
- Hierarchien und Machtstrukturen,
- Informelle Strukturen,

(2) **Schlechte Arbeitsweisen**
- Arbeitsbedingungen/-ausstattungen,
- Arbeitsstrukturen/-abläufe/-weisen,
- Qualität der Arbeitsergebnisse,

(3) **Schlechte Erfahrungen**
- Unsicherheit, schlechte Vorbilder, Erfolglosigkeit,
- Umgang mit Prozessen, Fehlern und Kritik,
- Nutzen und Notwendigkeit klarmachen,

(4) **Individualismus und Egoismus**
- Hohe Erwartungen und wenig Kompetenzen,
- Fehlen von Selbständigkeit und Selbstverantwortung,
- Misstrauen und Beklagen,

(5) **Fehlende Veränderungsbereitschaft**
- Aufwand (Kosten, Zeit, persönlicher Aufwand),
- Ängste und Widerstände, Einwände und Killerphrasen,
- Inkonsequenz und Unglaubwürdigkeit im Denken und Verhalten.

Wenn in Bezug auf diese Untersuchungskriterien die Ist-Analyse die Stärken und Schwächen sichtbar gemacht hat, können direkt Ziele der Imagebildung abgeleitet und entwickelt werden, die Stärken zu bestärken und die Schwächen abzubauen.

„Die eigenen Stärken zu stärken ist besser, als Schwächen zu schwächen." (Alexander Großmann)

„Lernende Organisation" heißt also vorrangig zu lernen und das geht meistens am besten über erste Erfolgserlebnisse und nicht über die größten Hürden und Schwierigkeiten: Lernen heißt Bestärken, sich sicherer auf den Weg machen, um die Ziele besser zu erreichen (Soll-Analyse):

(1) **Qualitätsverbesserungen**
- Schulgrundsätze, Leitbild,
- Schulprogramm, Schulkonzepte und -strukturen,
- Qualität der Arbeitsweisen, Angebote und Leistungen,

(2) **Weiterentwicklung der Arbeitsweisen**
- effiziente Arbeitsweisen,
- Selbstverantwortung,
- Verhaltensrichtlinien,

(3) **Effektive und effiziente Prozesssteuerung**
- Akzeptanzschaffung,
- Steuerungsteam,
- Prozessentwicklung für eine lernende Organisation,

(4) **Stärkung der Identität**
- Identifizierung mit Arbeit und Schule,
- Aufbruchsstimmung und Motivation,
- Wir-Gefühl, Schulklima,

(5) **Profilierung des Images**
- Kooperation mit anderen Organisationen und direkte Zielgruppenansprache,
- Schulprofil und Markenbildung,
- Strategische Öffentlichkeitsarbeit, Bekanntheit und Ansehen,
- spezifisches und profiliertes Erscheinungsbild.

Nachdem deutlich ist, „Was" in „Welche" Richtung verändert werden muss, wird die Frage nach dem „Wie" entscheidend für den Erfolg einer „lernenden Organisation", um den Visionen, den Leitideen und Idealen möglichst nahezukommen. Das Glück ist nach Hermann Hesse ein „Wie" und kein „Was", ein Talent, kein Objekt. Als Anleitung für die Umsetzung der Theorie in die Praxis kann z.B. die Raster-Analyse (s. Abb. 17) dienen. Die Erfolgsfaktoren müssen gemeinsam und organisationsspezifisch umgesetzt werden. Das stetige Bemühen um die Erreichung der Idealziele ist das eigentlich Entscheidende.

Um diese Veränderungen durchzuführen und zu Verbesserungen werden zu lassen, sind Vorgehensweisen und Methoden notwendig, die die Weiterentwicklungen im Prozess synergetisch fordern und fördern. Der Quantensprung vom „Was" zum „Wie" bringt erst den Erfolg – der Weg ist das Ziel.

2. Corporate Controlling: Leitfragen zum Selbstcontrolling

AHA-Effekte gibt es nur, wenn wir Analysieren – Handeln – Auswerten! (vgl. Abb. 43)

1. Haben wir unsere Ziele erreicht? Strategisches Controlling als Frage nach der Effektivität in Bezug auf
   - Qualitätsverbesserungen,
   - Weiterentwicklung der Arbeitsweisen,
   - effektive und effiziente Prozesssteuerung,
   - Stärkung der Identität,
   - Profilierung des Images.

2. Wie haben wir unsere Ziele erreicht? Operationales Controlling als Frage nach der Effizienz.
   - Kontinuierliche Verbesserungs-Prozesse (KVP), Qualitätsmanagement,
   - Ist-Soll-Vergleich nach der AMC-Regel,
   - Projektmanagement, Zeitplanung, Budgetierung,
   - Konfliktmanagement, Innovationsmanagement,
   - management by objectives, Personalbeurteilungsgespräche.
3. Was haben wir gelernt? Auswertung als Basis für eine lernende Organisation.
   - Bewusstmachen der Wirkungen, Stärkung des Selbstbewusstseins,
   - Auswertung positiver und negativer Erfahrungen,
   - Kompetenzveränderungen,
   - Veränderungen der Verhaltensweisen,
   - Reflexion der Werte und Grundsätze.
4. Wie können wir den Prozess in Gang halten? Prozesssteuerung und Weiterentwicklung als permanenter Veränderungsprozess.
   - Vorbilder, Multiplikatoren, Führungskräfte zur Verstärkung,
   - Team, Steuerungs-/Prozessgruppe, zur Motivation, Steuerung, Kontrolle,
   - Anlässe, Projekte zur konsequenten Umsetzung und Festigung, Ruhephase,
   - Beispiele, Vergleiche, Probleme, Konkurrenzen zur Veränderung, neue Ziele,
   - Anreize, Wettbewerbe, Nutzen, Anerkennung, Innovationen zur Motivation.
5. Welche Methoden können uns dabei helfen? Selbstcontrolling als Basis für selbstverantwortliches Handeln.
   - Evaluationsmethoden, Befragungen, Ist-Soll-Vergleiche, Selbst-/Fremdbild,
   - Zielvereinbarungs- und Personalbeurteilungsgespräche,
   - Informations-, Berichts- und Kontrollsysteme, Aufwandsdokumentationen,
   - Benchmarking, GIP-Uhr, Identitäts-Uhr,
   - Qualitätsindikatoren, Kennziffern.

Pädagogisches Selbst-Controlling mit Qualitätsindikatoren

Als Indikatoren für einen Selbstcontrollingprozess müssen gemeinsam spezifische Qualitätsstandards ausgewählt und festgelegt werden, die die Qualität der Schule verdeutlichen und messen können. Dabei sind die verschiedenen Ebenen der Qualität von Schule deutlich zu unterscheiden:
(Diese Auflistung der INDIKATOREN ist nur Anregung für wichtige Kennzahlen.)

Welche Ziele wollen wir gemein. an unserer Schule erreichen?

1. Ressourcen-Qualität: Womit wollen wir unsere Ziele erreichen?
Welche Ausstattungen, Organisationen / Strukturen / Abläufe und Ressourcen sind Grundlagen, ob wir unser Ziel erreichen? Bei pädagog. Zielen meist nicht so gut sichtbar und messbar - wird nur "eingefordert":
Ressourcenqualität:
Optimierung des geringsten Aufwandes, Entlastungen, Umgang mit Belastungen, Kapazitäten, Strukturen, Kostenstrukturen, Kompetenzen, Wirtschaftlichkeit, Zeitmanagement, Projektmanagement...
Organisations- / Struktur- / Ablauf- und Ausstattungsqualität:
Zuständigkeiten, Prozessabläufe, Ablauforganisationen, Informations- und Entscheidungswege, Ausstattungsniveau, Lage und Infrastruktur...
Mitarbeiterqualität:
Personalentwicklung, Kompetenzen, Fluktuation, Krankenstand, Motivation, Fortbildungsbereitschaft, Arbeitsplatzzufriedenheit, Identifizierung, Teilnahme, Beteiligungen, Einsatz außerhalb der Schule...

2. Prozess-Qualität: Was tun wir, um unser Ziel zu erreichen?
Welche Aktionen, Maßnahmen, Prozesse oder Projekte sind Anzeiger, ob wir unser Ziel erreicht haben? Gerade pädag. Ziele sind so gut messbar: Qualitätsstandards im Schulprogramm, Pädagogische-/Fach-Konzepte, zusätzliche Angebote, Förderkonzepte, Kooperationspartner, Dokument., Konfliktmanagement-Strategien, Prozesse / Gruppen, Steuerungsteams...

3. Ergebnis-Qualität: Haben wir unsere Ziele erreicht?
Woran können wir messen, dass wir unser Ziel erreicht haben?
Meistens für päd. Ziele nur schwer möglich und nicht eindeutig: Bildungsabschlüsse, Vergleichsarbeiten, Notenvergleiche, Zielerreichung, Zufriedenheit aller Beteiligten, Langzeitmessung, Statistiken, Motivation, Akzeptanz, persönlicher Nutzeffekt, Controllinganzeiger aus Projekten, Verhaltensweisen, Konflikt- und Problembewältigung, Konsensbildung, Ergebnisse der Öffentlichkeitsarbeit / Berichterstattung...

Abb. 43: Pädagogisches Selbst-Controlling

3. Pädagogisches Controlling für eine nachhaltige Öffentlichkeitsarbeit Selbstcontrolling heißt Fragen zu stellen!

Als Indikatoren für einen Selbstcontrollingprozess müssen selbst spezifische Indikatoren für die Öffentlichkeitsarbeit ausgewählt und smart festgelegt werden, die die Qualität der Schule verdeutlichen und messen können. Dabei sind die unterschiedlichen Ebenen, Bereiche und Prioritäten/Normen deutlich zu trennen, aber auch in einem Gesamtsystem zu vernetzen. (vgl. Abb. 43) Wenn die Vielzahl aller möglichen Qualitätskriterien ungeordnet und nicht nach transparenten Werten gestaffelt im Rahmen eines ganzheitlichen Systems aufeinander abgestimmt wird, ist weder die Validität, noch die Messgenauigkeit gewährleistet. **Selbstcontrolling heißt Fragen zu stellen**, um die gemeinsame Arbeit und ihre Ergebnisse zu überprüfen und aus dieser Reflexion Schlussfolgerungen für die Weiterarbeit zu ziehen:

- Was haben wir erreicht? – (Frage der Effektivität)
- Wie haben wir das erreicht? – (Frage der Effizienz)
- Was haben wir gelernt? – (Frage der „lernenden Organisation").

Kontinuierlich die einzelnen Schritte und Aktionen fragend zu begleiten, schafft die Möglichkeit auch während des Prozesses und in den Projekten flexibel zu reagieren und mit einem professionellen Projektmanagement und schriftlichen Zielvereinbarungen den Prozess und das Ergebnis zu verbessern.

Für eine direkte Rückmeldung in Bezug auf einzelne Projekte, Maßnahmen und die beteiligten und verantwortlichen Personen kann die KLM-Methode (Abb. 44) dienen – natürlich auch für die Qualitätssicherung-Prozesse. Sie hilft über die Gespräche hinaus eine gemeinsame Reflexion aufzunehmen, über das was gut oder weniger **gut gelaufen ist. Dabei geht es nicht um Schuldzuweisungen und Jammern, sondern darum, wie man gemeinsam noch besser werden kann.**

Tipp: Unterscheiden Sie beim Controlling die verschiedenen Ebenen (vgl. Abb. 46):

- Normatives Controlling (Grundsätze, Werte, Leitbild, Schulprogramm, -konzept),
- Strategisches Controlling (Schulkonzepte, Arbeitsschwerpunkte und Ziele),

- Operatives Controlling (Alle Planungs-, Kontroll- und Informationsprozesse),
- Strukturindikatoren zur Qualität der Schule (Ausstattung, Ressourcen),
- Prozessindikatoren zur Qualität der Schule (Schulentwicklungsprozesse, Meilensteine),
- Ergebnisindikatoren zur Qualität der Schule (Abschlüsse, Unterricht, Projekte),
- Muss-Kriterien (verpflichtende Indikatoren zum Vergleich, Schulinspektion),
- Soll-Kriterien (differenzierte Indikatoren zum schulformspezifischen Ranking),
- Kann-Kriterien (selbst gewählte Schulkriterien zur Selbst-Evaluation).

KLM-Liste als Rückmeldung/Controlling

Als Ergänzung und Verstärkung der Rückmeldung durch direkte Gespräche geben Sie mir/uns bitte diese ausgefüllte KLM-Liste zurück.
Sie ist für: ....Person oder Projekt Datum...........

Kritik auf die Person, die Aktionen und das Verhalten bezogen	**Lob** auf die Person, die Aktionen und das Verhalten bezogen	**Mögliche Verbesserungen,** Vorschläge, Wünsche und Ideen

Jeden Monat (später alle 2 - 3 Monate) kann jeder Kollege seiner zuständigen Leitungskraft (z. B. Schul-/Fachbereichs-/Jahrgangsleitung) und/oder Projektleitungen allein oder zusammen mit anderen eine schriftliche Rückmeldung geben, die auch anonym sein kann. Entsprechende "Briefkästen" werden eingerichtet. Diese Liste ersetzt nicht die Gespräche und andere Controlling-Methoden. An konkreten Beispielen soll aufgezeigt werden, was gut (Lob) oder nicht so gut (Kritik) läuft, damit die Zuständigen ihre Aktionen und ihr Verhalten reflektieren können (sie müssen aber dazu nicht Stellung nehmen). Die Verbesserungsvorschläge sollten als Dank abgearbeitet und wenn möglich gemeinsam umgesetzt werden.

Abb. 44: KLM-Liste als Rückmeldung/Controlling

Diese Auflistung kann nur eine Anregung und Orientierung sein, um gemeinsam spezifische Kennzahlen für Ihre Schulen festzulegen. (vgl. Abb. 45)

(1) **Strukturindikatoren zur Qualität der Schule.**
Ressourcenqualität:
- Optimierung des geringsten Aufwandes,
- Bilanzen, Statistiken, Kapazitäten, Strukturen,
- Kostenstrukturen, Wirtschaftlichkeit,
- Einzugsbereich, Nachfragesituation,

Organisations- und Ausstattungsqualität:
- Ablauforganisation,
- Informations- und Entscheidungswege,
- Schulklima,
- Ausstattungsniveau im Vergleich,
- Lage und Infrastruktur,

Mitarbeiterqualität:
- Personalentwicklung, Kompetenzen,
- Fluktuation, Krankenstand,
- Fortbildungsbereitschaft, Beratungsakzeptanz,
- Arbeitsplatzzufriedenheit, Identifizierung, Motivation,
- Einsatz außerhalb der Schule.

(2) **Prozessindikatoren zur Qualität der Schule:**
- Schulgrundsätze, Leitbilder,
- Schulkonzepte, Schulprogramme,
- Pädagogische Konzepte, Verhaltensweisen,
- Zusätzliche Angebote, Förderkonzepte,
- Einbeziehung/Beteiligung des Kollegiums,
- Einbeziehung Beteiligung der Eltern, Schüler, Kooperationspartner,
- Konfliktmanagement-Strategien,
- Prozessgruppen, Steuerungsteams,
- Verbesserungsvorschläge.

(3) **Ergebnisindikatoren zur Qualität der Schule:**
- Bildungsabschlüsse,
- Zielerreichung,
- Zufriedenheit aller Beteiligten,

- Akzeptanz, persönlicher Nutzeffekt,
- Controllinganzeiger aus Projekte,
- Verhaltensweisen,
- Konflikt- und Problembewältigung,
- Konsensbildung,
- Ergebnisse der Öffentlichkeitsarbeit/Berichterstattung.

Qualität kann nicht eingefordert werden, sondern nur durch gegenseitiges Vertrauen und eine entsprechende Einstellung (Identität) glaubwürdig und nachhaltig aufgebaut werden. Zur Entwicklung von qualifizierten Angeboten, Prozessen und Strukturen ist das Vertrauen unabdingbare Voraussetzung und dafür eine entsprechende Identität. Stimmige Konzepte und gutklingende Grundsätze im wirksamen Design ersetzen aber nicht das konkrete Verhalten im Alltag und nur das bringt diese Rahmenbedingungen zum Leben mit positiver Ausstrahlung. Um Verbesserungen zu erreichen, sind Veränderungen notwendig und somit auch Prozesse mit allen Beteiligten und einem gewissen Risiko. Dies führt zur Abkehr von der struktur- und ergebnisorientierten Qualitätsvorstellung hin zu einer Prozessqualität.

Gelingt es, die Qualität des Prozesses positiv zu beeinflussen, werden auch die Ergebnisse direkt verbessert. Der Prozess bestimmt die nachhaltige Qualität der Ergebnisse, das Vertrauen und die Einstellung/das Bewusstsein aller Beteiligten. Das Vertrauen und die Identität bleiben somit die letzten und entscheidenden Zielgrößen. Immer wieder Vertrauen wagen! Nicht aufhören anzufangen und nicht anfangen aufzuhören! Die Schule steht und fällt mit ihrer Qualität und die mit ihrer Identität – deswegen sind die spezifischen Identitätsprozesse so entscheidend – besonders für das Image und das Schulprofil.

Pädagogisches Qualitätsmanagement

Qualitätselemente müssen in den verschiedenen Bereichen nach verschiedenen Ebenen mit kontrollierbaren Indikatoren und vernetzten Methoden aufeinander abgestimmt und miteinander vernetzt werden.

Qualitäts-ebenen	Bereiche, in denen Qualitätskriterien als Standards gemeinsam festgelegt werden
Struktur-indikatoren	• **Leitbild, Organisationsgrundsätze** Leitsätze als Selbstverständnis, Identität und Vision, die eine verfassungsmäßige Basis sind
Prozess-indikatoren	• **Imagekonzept, Marketingkonzept** Schulmarketing, Positionierung, Slogan, Richtlinien für das Erscheinungsbild und Öffentlichkeitsarbeit, Corporate Design
Ergebnis-indikatoren	• **Verhaltensgrundsätze** Aussagen über das allgemeine Verhalten untereinander, Teamregeln, Arbeitsrichtlinien
gestaffelt nach	• **Schulleitungskonzept, Mangementkonzept** Mitarbeiterführung, Personalentwicklung, Führungsgrundsätze, Organisationsentwicklung, Schulziele, Budgetierung, Controlling
normativen Indikatoren, strategischen Indikatoren und nach operativen Indikatoren	• **Pädagogisches Konzept** Erziehungsziele, grundlegende Didaktik und Methodik, Schulleben, Ausstattung • **Fachkonzepte, Ausbildungskonzepte** Fachspezifische Schwerpunkte, Standards, Methoden, Projekte, Curricula, Abschlüsse
nach Muss-, Soll- und Kann-Normen	• **Jahrgangskonzepte, Klassenkonzepte** Jahrgangsspezifisch. Schwerpunkte, Projekte, Klassenstandards, Zusammenarbeitsregeln • **Unterrichtskonzepte, Förderkonzepte** Standards für Lernprozesse im Unterricht

Festlegen der Qualitätsstandards im Schulprogramm © Regenthal

Abb. 45: Pädagogisches Qualitätsmanagement

Tipp: Zur Qualitätssicherung bei der strategischen Öffentlichkeit

Ein Imagekonzept bei der strategischen Öffentlichkeitsarbeit bezieht sich nicht nur auf eine Selbstdarstellung nach außen im Sinne von Werbung oder informierender Öffentlichkeitsarbeit, sondern sie ist gekennzeichnet durch die Koordination und Integration aller für die Schule wichtigen kommunikativen und handlungsaktiven Maßnahmen nach innen und außen. Ziel ist die Profilierung der Schule durch Verbesserung und Stärkung ihrer Identität und ihres Images. Nur so wird keine aufgesetzte Werbung gemacht, sondern auf der Grundlage des Qualitätsprogramms die Schule und Ihre Arbeit wertig und profiliert präsentiert. Das erfordert eine Vernetzung der unterschiedlichen Controllingansätze in der Schule:

- Die **Qualitätssicherung der Maßnahmen und Projekte der strategischen Öffentlichkeitsarbeit** im Rahmen des Imagekonzeptes.
- Die **Qualitätssicherung der Prozesse der strategischen Öffentlichkeitsarbeit nach innen und außen**.
- Die **Qualitätssicherung der schulischen Ressourcen und kollegialen Arbeitsweisen**.
- Die **Qualitätssicherung der pädagogischen Arbeit**.
- Die **Qualitätssicherung der Schulentwicklungsprozesse und der schulischen Gesamtkonzeption.**

Ganzheitliches Controlling

Ganzheitliches Controlling (Selbst-Evaluation) ist:

normatives Controlling (Leitbild, Schulprogramm)
strategisches Controlling (schulische Ziele, Prozesse)
operatives Controlling (Planungs-, Kontrolleckwerte)

- **das methodische Erfassen und**
  Leitfragen, Strategien, Methoden, Befragungen
  Informationen, Dokumentation, Daten, Messgrößen
- **das begründete Bewerten von Prozessen und Ergebnissen zum**
  Ressourcen-Qualität (Womit?)
  Prozess-Qualität (Wie?)
  Ergebnis-Qualität (Was?)
- **besseren Verstehen und Gestalten einer Praxis-Maßnahme in der Schule durch Wirkungskontrolle, Steuerung und Reflexion.**
  Bewusstseins- und Identitätsprozess
  Veränderungs- und Lernprozess
  Handlungsbedarfe und Motivation
  Prozess in Gang halten und neue Ziele festlegen
  Soll-Ist-Vergleich und Ergebnispräsentation
  Nachbesserungen und Optimierung
  Koordination und Steuerung der Abläufe, Strukturen
  Imagebildung und Zukunftssicherung

Prüfet aber alles und das Gute behaltet .

1. Thessalonicherbrief 5 Vers 21

Abb. 46: Ganzheitliches Controlling

4. Wie kann man Prozesse in Gang halten?

Bei der Qualitätsentwicklung und Veränderung der Strukturen in selbstständigen Schulen wird von allen Beteiligten immer wieder festgestellt, dass es letztlich um die entscheidende Frage geht: **Wie kann man mit Widerständen und fehlender Akzeptanz fertig werden und das Kollegium so motivieren, dass es ein gemeinsamer Schulentwicklungsprozess wird und dass die erarbeiteten Konzepte und Indikatoren auch selbstverantwortlich und nachhaltig umgesetzt und gelebt werden? Wie kann man die Aufgaben selbstverantwortlich angehen, ein gemeinsames Qualitätsmanagement aufbauen und eine nachhaltige Identifikation schaffen? Denn nur wenn die Beteiligten es in der Mehrzahl selbst wollen, wird es auch wirklich erfolgreich umgesetzt.**

Die strategische Präsentation der Schule und die damit verbundene Verbesserung der kollegialen Zusammenarbeit, sowie die Positionierung mit einem individuellen Schulprofil sorgen für eine qualitative Veränderung der Schule.

Die dazu wichtigen Fragen müssen diskutiert und mit effektiven und effizienten Methoden sofort praktisch angegangen werden: (vgl. dazu auch Abb. 40)

- Wie kann man Akzeptanz und Motivation für einen gemeinsamen Schulentwicklungsprozess schaffen und ihn richtig steuern? (Schulentwicklungsprozess, Prozessmanagement),
- Wie kann man Teamentwicklung richtig machen und ein gutes Team aufbauen, um auch die neuen Denk- und Verhaltensweisen einzuüben und wie arbeiten sie intern und extern (mit Kollegium, Projektgruppen, Schulleitung, Kooperationspartnern)? (Teamentwicklung),
- Wie kann man das Kollegium abholen und motivieren, damit die Mehrheit die Veränderungsprozesse aktiv mit trägt und unterstützt? (Führungsprozesse, Schulmanagement, Schulleitungskonzepte, Motivationsmanagement),
- Wie kann man mit Widerständen und Konflikten gut umgehen und Lösungsstrategien finden? (Konfliktmanagement),
- Wie kann man die Maßnahmen und Projekte professionell umsetzen, vernetzen und evaluieren und damit die Qualität der Schule sichern? (Projektmanagement, Zeitmanagement, Controlling, Qualitätsmanagement),

- Wie kann man den Schulentwicklungsprozess nachhaltig in Gang halten, das Schulprogramm gemeinsam leben? (Schulprogrammarbeit, pädagogische Identität/Slogan, Imagekonzept, Qualitätssicherung, Arbeitsprogramme, Selbstevaluationen),
- Wie kann man die Schule profilieren und nach außen durch ein einheitliches Erscheinungsbild und eine strategische Öffentlichkeitsarbeit präsentieren? (Schulmarketing, Markenbildung, Alleinstellung).

Wie können wir die kollegiale Zusammenarbeit optimieren und damit eine gute Qualität unserer Öffentlichkeitsarbeit erreichen? Die Schulleitung zusammen mit dem Team müssen von ihrer Verantwortung, Position und Arbeitsweise her gut zusammen arbeiten und auch ein Vorbild für die Anderen sein. Zusammen sind sie der „Motor" für den Schulentwicklungsprozess und das Qualitätsmanagement. Das professionelle Arbeiten in gemeinsamen Prozessen bekommt damit die zentrale Bedeutung und muss ständig weiter entwickelt werden – auch, um die aufkommenden Widerstände und Probleme gemeinsam zu lösen und die Qualität den wachsenden Anforderungen und unterschiedlichen Bedingungen anpassen zu können.

Prozessbeschreibungen

Bei der Entwicklung eines qualitätssichernden Konzeptes mit überprüfbaren Qualitätsstandards sind auch die wichtigsten Prozessabläufe der Schule bewusst zu machen, festzulegen und zu dokumentieren. Besonders für die Öffentlichkeitsarbeit, wo sich die Wirkungen sofort nach außen zeigen, sollten Prozessabläufe zur Professionalisierung verstärkt eingesetzt werden.

Alle Schulen haben eine Vielzahl von Strukturen und Regelungen, wie bestimmte Prozesse ablaufen, aber meist eher unbewusst als „Alltags-Kultur" und nicht genau mit klaren Verantwortlichkeiten und Verbindlichkeiten schriftlich fixiert, nicht einfach und übersichtlich dokumentiert und allen Beteiligten direkt zugänglich. Das heißt, man fängt immer wieder neu von vorne an und das ist ineffiziente Doppelarbeit – eine große Belastung, die man schnell abbauen kann.

Diese Prozessbeschreibungen schaffen Klarheit, Verbindlichkeit und Entlastung für immer wiederkehrende Abläufe. Doppel- und Mehrarbeit werden dadurch meist vermieden. Beschreiben Sie nach und nach die wichtigsten Prozesse (nach Prioritäten und Dringlichkeiten -nicht alle auf einmal – z. B. Einschulungs-Prozesse, Kurswahlen/Arbeitsgemeinschaftswahlen, Abschlussprozesse, Vertretungsprozesse, Konferenzabläufe, Projektabläufe, Klassenfahrten, Unterrichts-/Fach-Absprachen, Methodenkonzepte... und für die Öffentlichkeitsarbeit z. B. Aktualisierung der Website, Pressearbeit, Tag der Offenen Tür, öffentliche Veranstaltungen, Einsatz der Corporate-Design-Richtlinien für alle Veröffentlichungen nach außen...) und schaffen damit eigenverantwortliche Handlungs- und Orientierungsräume. In einer Prozessbeschreibung sollten die Aufgaben, die Beteiligten, Schritte und Maßnahmen, Verantwortliche, Entscheidungen und Korrekturen, auch Evaluationen entweder tabellarisch, stichwortartig und/oder visuell dargestellt und veröffentlicht werden.

Das Ziel ist es, die gemeinsamen Leitziele, Standards, Regeln und Richtlinien im pädagogischen Alltag (auch in allen Ebenen) gemeinsam und erfolgreich leben zu können, um damit die pädagogische, unterrichtliche Qualität zu verbessern, die schulische Identität und das Schulprofil zu stärken. Die Prozesslandkarte (vgl. Abb. 47) zeigt die einzelnen Prozessbeschreibungen für die vielfältigen Aufgaben in der Schule auf und gibt auch eine gute Übersicht über die Vernetzungen und Zuständigkeiten. Die Führungsprozesse, die für die Profilierung der Schule entscheidend wichtig sind, müssen von der Schulleitung verantwortlich und vorbildlich angestoßen und angegangen werden. Da es aber gemeinsame Prozesse sind, muss die Steuergruppe und/oder das Qualitäts-Team mit beteiligt werden, um so die Mehrheit des Kollegiums mit einbeziehen und im Alltag die Ziele auch wirklich leben zu können.

Prozessmodell/ Prozess-landkarte	**Prozessbeschreibungen für zentrale schulische Aufgaben**					
Führungs-prozesse	Schulleitung, Führen, Managem.	Strategie-entwicklung	Schulmar-keting	Personal-entwicklung	Öffentlich-keitsarbeit, Pressearbeit	Qualitäts-Sicherung Feedback
Kernprozesse	Bildungs-angebote planen	Bildungs-angebote umsetzen	Unter-richtskon-zeptionen	Lernprozesse der Schüler	Prüfungen, Bewertungen	Bildungs-angebote evaluieren
Unters-tützungs-prozesse	Allgem. Verwaltung	Haushalts-Planung, Finanzen	Gebäude-Raumaus-stattungen	Allgem. Organisation	Sicherheits-konzepte	Koopera-tionsprozesse
Schulent-wicklungs-prozesse	Leitbild-Entwicklg; Schulpro-grammarbeit	Kommuni-kation, Informa-tionsflüsse	Konferenz-abläufe, Organisa-tion	Fortbildungen, Fortbildg.-Konzept	Veranstal-tungskon-zepte	Teament-wicklung, Bereichs-entwicklg.

Abb. 47: Prozessmodell/Prozesslandkarte © *Regenthal*

(in kursiv und fett abgebildeten Überschriften und wiederkehrende Grundlagen)

Prozess:	***Grundlagen:***
Umsetzung des Methodencurriculums (Fassung 1) ***Ordnungs-Nr........................***	Schulkonzept/Qualitätsleitbild... Anlässe, Probleme: Doppelarbeit, Verzettelung, keine Abstimmung...

Geltungsbereich:	***Zuordnungsbereiche:***	***Prozessverantwortlicher:***	***Vereinbarung/ Entscheidung durch/vom:***
Alle Lehrkräfte	1.2.3. Unterricht 2.3.5. Qualitätsstandard Alle Fachbereiche	Herr Muster (sSL) Frau Beispiel (QM-Team)	GK Beschluss v. 12.12.11

Ziel / Nutzen: (direkter Bezug zum Schulkonzept)			
Leitsatz:...Leitziel:................................Qualitätsstandard:............. Wir pflegen ein gemeinsames, aufeinander abgestimmtes Methodencurriculum, um unsere Unterrichtsqualität zu verbessern, unseren Schülerinnen und Schülern wichtige Kompetenzen zu vermitteln, unsere Zusammenarbeit zu verbessern, zu entlasten und zu vereinfachen und auch, um damit unser Schulprofil zu schärfen.			
Regelungen Schritte Maßnahmen:	Diskussion über Nutzen, Notwendigkeiten und Durchführung eines gemeinsamen Methodencurriculums in der Dienstbesprechung	***Termin:*** 20.09.11	***Verantwortlich:*** Schulleitung mit Steuer- Gruppe und QM-Team
Regelungen Schritte Maßnahmen:	Erarbeitung eines Vorschlages für ein Methodencurriculum mit allen Fachobleuten und dem QM-Team	***Termin:*** 20.10.11	***Verantwortlich:*** Schulleitung mit QM-Team/Fachobleuten
Regelungen Schritte Maßnahmen:	Verbindliche Festlegung des Methodencurriculums durch Abstimmung in der Gesamtkonferenz mit Verfahrensvereinbarung/Dokumentation/Verantwortung	***Termin:*** 12.12.11	***Verantwortlich:*** Schulleitung und QM-Team, Prozessverantwortliche

Regelungen ***Schritte*** ***Maßnahmen:***	Alle Lehrkräfte informieren sich über die zu vermittelnden Methoden für ihre jeweiligen Klassen und bereiten sich vor (Absprachen in Fachkonferenzen)	***Termin:*** Ab 6.01.12	***Verantwortlich:*** Alle Lehrkräfte und Fachobleute
Regelungen ***Schritte*** ***Maßnahmen:***	Zuordnung und Absprachen für die Themen, Materialien, Zeiten individuell, in Jahrgängen, Fachbereichen. Vollständige Umsetzung + Doku. im Klassenbuch	***Termin:*** Ab 3.02.12	***Verantwortlich:*** Alle Lehrkräfte und Fachobleute, Klassenlehrer (Evaluation)
Regelungen ***Schritte*** ***Maßnahmen:***	Min. einmal im Schuljahr findet eine Fachkonferenz statt, die Fragen, Probleme, Ergänzungen reflektiert und Schulleitung /QM-Team schriftlich informiert (ggfs. konkrete Vorschläge)	***Termin:*** Bis Juli 2012	***Verantwortlich:*** Fachobleute, Lehrkräfte, Prozessverantwortliche, QM-Team (Evaluation/Koordinierung)

© Regenthal

	Dokumentation im Zentralspeicher/***Qualitätshandbuch*** durch QM-Team/ QM-Beauftragten mit Datum.......

....

Datum ***Unterschrift der Schulleitung***

Abb. 48: Qualitäts-Prozessbeschreibung Methodencurriculum (kursiv und fett abgebildete Überschriften sind wiederkehrende Grundlagen; eine Vorlage zur individuellen Bearbeitung hierzu haben wir Ihnen online zur Verfügung gestellt.)

Zertifizierung der Schule als Herausforderung für die Profilierung

Schulen sollen sich verändern und haben sich verändert. Viele Schulen haben sich auf den Weg gemacht, um die vielen neuen Anforderungen zu meistern: Schulentwicklungsprozesse, Schulprogramme, Schulmanagement, Schulinspektionen, Vergleichsarbeiten, neue Curricula, neue Ausbildungsgänge usw. Sie machen bewusste Öffentlichkeitsarbeit, um ihre Schule und ihr pädagogisches Arbeiten zu präsentieren. Schulmarketing im Wettbewerb zur Sicherung und Positionierung ist eigentlich nichts Besonderes mehr für sie.

Tipp: Dabei ist aber genau zu unterscheiden,

(1) welchen Anspruch die Schulen bezüglich der Qualität (*Theorie*) haben und

(2) welchen Anspruch die Schulen bezüglich der Umsetzung (*Praxis*) haben und wie weit sie bereit sind, ihre Überlegungen zum Qualitätsmanagement auch durchgängig und konsequent (*Glaubwürdigkeit*) umzusetzen.

Schulentwicklungsprozesse sind damit die Ausgangsbasis, eine **Feedbackkultur** der Anfang des gemeinsamen Reflexions-Prozesses, das **Selbstcontrolling** der Selbstverantwortlichen Schulen die Aufbauphase, die dann in ein **Qualitätsmanagement** als Festigungs-/Konsolidierungsphase überleitet und „gekrönt" werden könnte durch eine **Zertifizierung** als eine ganz besondere Auszeichnung – damit wären Sie in einer ganz anderen Liga!

Besonders einige Berufsbildende Schulen haben schon ein Qualitätsmanagement nach Vorgaben des Ministeriums mit viel Aufwand aufgebaut, das aber nur schulisch orientiert ist und damit zu kurzfristig und aktionistisch nicht die nachhaltigen wirklichen Erfolge erzielen kann. ***Hier geht es wie in der Wirtschaft um die Einführung eines zertifizierungsfähigen Qualitätsmanagementsystems nach den Anforderungen aus der DIN EN ISO 9001:2008 und wie man das schulspezifisch leisten kann.*** Ein vorgegebenes Qualitätsmanagementsystem bedeutet für eine Schule aber wieder die Umsetzung von zusätzlichen konkretisierten Anforderungen. Das Qualitätsmanagementsystem orientiert sich somit nicht an den Randbedingungen der einzelnen Schule, wie das Umfeld der Schule, die besonderen Ziele der Schule, die angebotenen Bildungsgänge und die Größe und Struktur der Schule.

Trotz erster Erfolge fehlen auch weiterhin der entscheidende Durchbruch und die Anerkennung der Schule und der pädagogischen Arbeit in Gesellschaft und Wirtschaft. Das Ansehen der Lehrerinnen und Lehrer, ihrer Bildungs-, Erziehungs- und Beratungsarbeit und der Schule kann jetzt eine ganz andere Dimension, einen Quantensprung erfahren – **Die Zertifizierung ihres Qualitätsmanagementsystems nach der DIN EN ISO 9001 als Quantensprung für die Profilierung der Schule**: (vgl. Abb. 50)

(1) Die Schule kann jetzt mit dem Aufbau, der Dokumentation, der Umsetzung und Aufrechterhaltung ihres schulspezifischen Qualitätsmanagementsystems einschließlich der Zertifizierung alle Ansätze und Anforderungen erfüllen und zusammenfassen und die erforderlichen Prozesse auf einem Topp-Niveau vernetzt planen, entwickeln und umsetzen, um sich nicht mehr zu verzetteln und konzentriert und professionell an gemeinsamen Zielen zu arbeiten. (Schulentwicklungsprozesse, Schulprogrammarbeit, Qualitätssicherung, Vergleichsarbeiten, neue Standards und Curricula, Evaluationen usw. erfahren einen nachhaltigen Anschub und eine sinnvolle, entlastende und profilierende Gesamtwirkung für die Schule)

(2) Die Schule kann jetzt mit der Einführung und ständigen Verbesserung ihres schulspezifischen Qualitätsmanagementsystems endlich als selbstständige und eigenverantwortliche Schule auch wirklich selbst gestalten und aktiv und präventiv handeln – sie muss nicht mehr nur reaktiv den Anforderungen und Anweisungen nacharbeiten wie andere Schulen es machen. (innovative Schulen haben die einmalige Chance, sich im stärker werdenden Wettbewerb stark zu positionieren und zu profilieren – auch über mehrere Jahre hin – und schaffen somit Klarheit, Sicherheit und Vertrauen für alle Beteiligten am Schulleben)

(3) Die Schule kann jetzt mit der Zertifizierung ihres Qualitätsmanagementsystems ihre gesamte Arbeit gleichwertig wie der in der Wirtschaft präsentieren. (Bewusstmachung und Strukturierung der pädagogischen Arbeit, Messbarkeit und Vergleichbarkeit schaffen eine Professionalisierung und ein besseres Ansehen und ermöglichen damit letztlich auch eine bessere Unterstützung aus Gesellschaft und Wirtschaft)

Es ist ein gemeinsamer Umdenkprozess, als einen Weg vom „Müssen" zum „Wollen" – als Quantensprung für starke und innovative Schulen, die selbstverantwortlich ihre Zukunft gestalten wollen. Das Qualitätsmanagementsystem und die Zertifizierung wollen die pädagogische Arbeit stärken, Qualität sichern und Schule profilieren. Zu allen wichtigen Aspekten gibt es verständliche schulspezifische Ansprachen und Erläuterungen, die Ihnen helfen, die Frage nach dem Qualitätsmanagementsystem und der Zertifizierung zu klären und zu entscheiden und auch die Vorgehensweisen zu verstehen, wie man effektiv und effizient in kleinen Schritten vorankommt. Die Zertifizierung zu erreichen wird nicht ganz einfach sein, doch wenn Sie sie erhalten haben, wird vieles einfacher.

Dabei geht es nicht um aufgesetzte PR und die Darstellung der Schule mit unglaubwürdigen Leerformeln. Es geht auch nicht um Marketing im Kampf um Profit und Wettbewerb wie bei Unternehmen. Die Zertifizierung der Schulen muss schulspezifisch bleiben und gleichzeitig professionell sein. Präsentationen der Schule unter Niveau sind nicht nur imageschädigend, sondern auch demotivierend für alle Beteiligten. Nach Lessing ist nett gemeint das Gegenteil von Kunst – Schule muss sich nicht in ihrer Leistung selbst zu kritisch sehen, sondern die eigene Qualität ohne Übertreibung, aber mit Selbstbewusstsein professionell darstellen. Und das bedeutet für alle in den Schulen umzudenken – Darstellung der Schule als Notwendigkeit und nicht als Luxus zu sehen.

Bei diesem gemeinsamen Qualitätssicherungsprozess geht es nicht darum, alles völlig neu zu machen. Erprobte und bewährte Denk- und Arbeitsweisen, vorhandene Projekte und die bisherige Schulkultur, die zwar nicht allen direkt bewusst war, aber doch eine gewisse Basis für die Identität darstellt, alle Stärken gilt es bewusst und damit gestaltbar zu machen. Diese gemeinsame Bewusstmachung schafft Transparenz und Klarheit, Selbstbewusstsein und Sicherheit, schafft ein profiliertes Selbstverständnis und ein gutes Image. Stärken stärken und Schwächen abbauen! Es ist also notwendig, Defizite und Schwächen aufzuzeigen und sie abzubauen, Innovationen und neue Anforderungen aufzunehmen und aufbauend auf die bisherige Kultur weiter zu entwickeln. Dadurch können die Professionalisierung, die Qualität und die Leistungsfähigkeit, die Zusammenarbeit und die Identität gestärkt und die Außenwirkung, das Image verbessert werden: Profilierung der Schule von innen nach außen!

Die Managementmethoden dafür sind ganz einfache und erprobte Denkweisen, die in den Schulen z. T. ansatzweise schon vorhanden sind, nicht aber als schlüssiges Gesamtkonzept der Organisation. So kann eine glaubwürdige selbst gewollte Zertifizierung für alle Beteiligten ganz konkrete und gute Ergebnisse und Erfolge schaffen. Und gerade diese Erfolge sind notwendige Bestätigungen und Anerkennungen für alle Beteiligten und ihre bisherige Arbeit.

Tipp: Die Einführung eines Qualitätsmanagementsystems einschließlich der Zertifizierung ist ein gemeinsamer Prozess, muss von der Schulleitung zusammen mit der Steuergruppe angestoßen werden, dann sollte die Akzeptanzbildung beim Kollegium der nächste Schritte sein, um dann mit einer gemeinsamen Zielsetzung und Strategie die Einführung eines Qualitätsmanagementsystems anzugehen. Ein zertifiziertes Qualitätsmanagementsystem muss von der Mehrheit des Kollegiums getragen und später gelebt werden, damit sich die positiven Effekte auch nachhaltig auswirken und die Zertifizierung aufrechterhalten werden kann.

Was bringt uns die Zertifizierung unserer Schule?

Früher ging es darum, sich auf neue Anforderungen einstellen zu müssen – heute geht es darum, den Prozess der ständig neuen Anforderungen selbstverantwortlich für uns so zu gestalten, dass er uns nicht erdrückt, sondern dass wir ihn erfolgreich für uns nutzen.

> *Wir brauchen so etwas nicht! Was ist das überhaupt, was bedeutet das – warum sollten wir unsere Schule zertifizieren lassen? Wir machen guten Unterricht, haben ein gemeinsames Schulprogramm und sind bei der Schulinspektion gut bewertet worden. Unsere Eltern und Schüler meinen, dass wir gute Arbeit machen und wir auch – trotz schwieriger und belastender Bedingungen und Anforderungen. Wir haben die vielen neuen Anforderungen alle gemeistert, sind in vielen innovativen Projekten, Netzwerken und Wettbewerben gut aufgestellt – mehr können wir jetzt auch nicht mehr! Und jetzt noch zusätzlich wieder etwas Neues! Wir haben genug anderes zu tun und müssen nicht wie in der Wirtschaft Reklame für uns machen und wir haben auch keine Produkte, die ein Gütesiegel brauchen. Die Ergebnisse unserer vielfältigen und komplexen pädagogischen und unterrichtlichen Arbeit kann man sowieso gar nicht messen. Wozu bräuchten wir also eine Zertifizierung? So denken viele im schulischen Bereich – ob in der Schulleitung oder im Kollegium.*

Andere Schulen haben sich hingegen längst auf den Weg gemacht und sehen in der Zertifizierung eine riesige Chance für sich. Im Saarland gibt es bereits viele zertifizierte Berufsbildende Schulen, in Hessen, Niedersachsen und auch in anderen Ländern gibt es ähnliche Ansätze, um ein verbindliches und überprüfbares Qualitätsmanagement aufzubauen (die aber nicht der DIN-Norm entsprechen und wieder nur kurzfristig und aktionistisch angelegt sind). Welche Gründe kann es dafür geben – welchen Nutzen und welche Notwendigkeiten gibt es, die dafür sprechen? ***Was bringt es Ihrer Schule, wenn sie diesen innovativen Weg gehen und zertifizierte Qualitätsschule nach DIN ISO 9001 sind – genau wie in der Wirtschaft?***

Anlässe zur Zertifizierung

(1) Umstrukturierung der Schule (Gebäude, Schulleitung, Abteilungen, Angebote, Profilschwerpunkte, Kollegium…)
(2) Wichtige Feiern und Jubiläen (Schulfeste, Schulentwicklungen…)
(3) Kooperationspartner finden und Zusammenarbeit stärken (langfristige außerschulische Partner aus Wirtschaft, Gesellschaft und Region…)
(4) Imageverbesserung (Profilierung der Schule, Ansehen und Bekanntheit…)
(5) Stärker werdender Wettbewerb (Mitbewerber, Schulmarketing, Positionierung, Markenbildung…)
(6) Präsentation schulischer Besonderheiten (besondere Sprach-, Ausbildungs- und Qualifizierungsangebote…)
(7) Innovative Zukunftssicherung der Schule (jetzt die Schule zertifizieren, bevor es andere auch machen und später alle machen müssen, Erster und nicht Letzter sein…)

Nutzen der Zertifizierung

(1) Verbesserung der Zusammenarbeit in der Schule (weniger Doppelarbeit und Verzettelung, Entlastungen für alle Beteiligten in der Schule, Klarheit, Transparenz und Orientierung…)
(2) Gemeinsame Visionen und Ziele (Motivation und Strategie für gemeinsame Prozesse…)
(3) Professionelle Schulleitung (Entlastung der Schulleitung, gute Organisation der Schule und gutes Schulmanagement…)
(4) Ressourcenumgang verbessern (Zeit, Aufwand, Mitteleinsatz effizient einsetzen…)
(5) Profilierung der Schule (im Wettbewerb, in der Region, Stärkung des Ansehens…)

(6) Professionalisierung der schulischen Arbeit (Qualitätssicherung, KVP, Unterrichtsqualität, Qualitätsmanagement für pädagogisches Arbeiten und Abschlüsse…)
(7) Ansehen der pädagogischen Arbeit und der Lehrerinnen und Lehrer verbessern (Wertigkeit der pädagogischen Arbeit in ihrer Leistung und im Vergleich zur Wirtschaft selbstbewusst darstellen…)

Notwendigkeiten für die Zertifizierung

(1) Weiterführung des Schulentwicklungsprozesses (Motivation, neue Zielsetzungen, Qualitätsverbesserung des Prozesses, KVP, Verbindlichkeit, Kontinuität…)
(2) Weiterführung der Schulprogrammarbeit (Verdichtung und Strukturierung des Schulprogramms, Entwicklung von wichtigen Umsetzungs- und Teilkonzepten, Qualitätssicherung, Überprüfbarkeit und Reflexion der Ziele, Evaluation…)
(3) Qualifizierte Zusammenarbeit mit Unternehmen und Betrieben (Besonders für große Schulen – Berufsbildende Schulen, Gesamtschulen und Gymnasien – wird die Zusammenarbeit eine andere Dimension und Qualität bekommen, die Ergebnisse und Abschlüsse entsprechend ein ganz anderes Ansehen…)
(4) Besondere Ausbildungsgänge und weitergehende Abschlüsse profilieren (besondere Sprach-, Ausbildungs- und schulische Qualifizierungsangebote…)
(5) Bei drohender Schulschließung/Fusion und schlechtem Image (zur nachhaltigen Standortsicherung…)
(6) Alle Ansätze, Projekte und Prozesse vernetzen und ganz langfristig professionalisieren, koordinieren, qualifizieren – alles miteinander vernetzen und nachhaltig langfristig sichern schafft Ruhe, Orientierung, Stärke und ein prägnantes Profil (gerade für Schulen notwendig, die sehr viel machen und sich dabei leicht verzetteln…)
(7) Zertifizierung als notwendiger Quantensprung für die Schule und die schulische Arbeit und riesige Chance, die Zukunft aktiv gemeinsam zu gestalten (nicht mehr das zu machen, was gemacht werden muss, reaktiv und unter Druck, sondern das, was sie als selbstverantwortliche Schule machen wollen…)

10 Schritte zur professionellen und profilierenden Qualitätssicherung

In 10 Schritten idealtypisch in einen erfolgreichen und nachhaltigen Qualitätsprozess und damit zur professionellen und profilierenden Qualitätssicherung der Schule:

Schritte zum Qualitätsmanagement (QM)	Wer?	Wann?
1. Akzeptanzschaffung Aufmerksamkeit, Notwendigkeiten, Nutzen, Diskussionen, Widerstände/Einwände klären, "Warum eigentlich?"		
2. Beschluss der Schule für QM-Prozess Mehrheitsbeschluss, Auftrag an QM-Team, Festlegung der Qualitätsziele und des Vorgehens (QM-Prozess)		
3. Bildung des QM-Teams (QM-Beauftragter) Aufgabenstellung, Strategieplan, Schulung/Ausbildung, Einführung der QM-Prozesse nach DIN EN ISO 9001		
4. Verdichtetes Schulprogramm Strukturiertes Leitbild mit Leitzielen, Qualitätsstandards		
5. Ist-Analysen Interne/externe Evaluationen/Inspektionen, internes Audit		
6. Soll-Analyse Festlegung des Soll-Zustandes, Konzentration auf Schwerpunkte mit Schulleitung/QM-Team		
7. QM-Handbuch Erstellen/Zusammenstellen der geforderten QM-Eckwerte		
8. Dokumentenanalyse Zusammenstellung und Vorsichtung der Zertifizierungsgrundlagen, ev. Beratung und Ergänzung		
9. Auditierung/Zertifizierung Durchführung der Auditierung/abschließende Zertifizierung durch akkreditierten schulspezifischen Zertifizierer mit Besprechung und Festlegung der nächste Schritte		
10. Regelmäßige Überprüfung/Weiterentwicklung KVP, lernende Organisation, neue Anforderungen und Bedingungen integrieren, Präsentation der Zertifizierung zur Identitätsstiftung und profilbildenden Imagebildung, Überwachungsaudits, QM-Prozess in Gang halten...		

© Regenthal

Abb. 49: 10 Schritte zur professionellen und profilierenden Qualitätssicherung

Tipp: Qualitätssicherung in 5 Schritten (vgl. Abb. 40)

(1) Akzeptanzschaffung und gemeinsamer Schulentwicklungsprozess,
(2) Verdichtetes, strukturiertes Schulprogramm/Schulkonzept mit gemeinsamen, identitätsstiftenden Zielen,
(3) Selbstevaluation entsprechend des Schulprogramms als Ist-Analyse und Verstärker,
(4) Controlling als Vergleichsmöglichkeit zur Selbstevaluation und Konsolidierung,
(5) Ev. nachhaltige Qualitätssicherung durch eine anerkannte Zertifizierung.

Viele Schulen haben sich schon seit Jahren auf den Weg gemacht und sich entsprechend dieser fünf Schritte als lernende Organisation/selbstständige Schule profiliert gemeinsam weiter entwickelt. Die kontinuierliche Qualitätssicherung kann nach diesen Meilensteinen, die auch viele andere Schulen erreicht haben, automatisch einmünden in eine qualifizierte Zertifizierung – ein logischer nächster Schritt, der die gemeinsamen Prozesse und vielen Projekte und Konzepte zusammenfasst, weiter entwickelt, professionalisiert und profiliert. Die ersten vier Schritte müssen alle Schulen machen – den nächsten Schritt zur Zertifizierung können sie vielleicht auch machen…

Eine Zertifizierung von außen ist eigentlich gar nicht notwendig – die dafür notwendigen Strukturen, Prozesse, Richtlinien und Prozessbeschreibungen aber dafür schaffen, das ist notwendig!

Durch ein gutes Miteinander im Kollegium/Team können Sie eine effektive Zusammenarbeit und damit eine gute Qualität Ihrer Arbeit für Ihre Schule erreichen. Die Schulleitung zusammen mit der Steuergruppe müssen von ihrer Verantwortung, Position und Arbeitsweise her ein gutes Team sein und auch Vorbild für die Anderen. Als wichtigen Meilenstein sollten Sie ein **Qualitäts-Team gründen mit einem Qualitätsmanagement-Handbuch** für die Schule, wo alle qualitätssichernde Grundlagen, Strukturen und Prozess dokumentiert sind. Die **Schulleitung, die Steuergruppe und das Qualitäts-Team sind dann der Motor** für den Schulentwicklungsprozess, das Schulprogramm/Schulkonzept und das Qualitätsmanagement. Das professionelle Arbeiten in gemeinsamen Prozessen bekommt damit die zentrale Bedeutung und muss ständig weiter entwickelt werden, damit die aufkommenden Widerstände und Probleme gemeinsam gelöst werden können und die Qualität den wachsenden Anforderungen und unterschiedlichen Bedingungen entsprechen kann.

VII. Zum Schluss: Machen Sie sich auf den Weg…

Sie werden sich als Leserin und Leser zum Schluss fragen, was Sie als Anregungen und Orientierungen aus diesem Buch für Ihre Schule aufnehmen? Was hat Sie angesprochen und überzeugt, was wollen Sie konkret angehen?

- Einige werden sich bestimmt **„erschlagen fühlen"** von den vielen vorgeschlagenen Konzepten und Richtlinien, die in der Gesamtheit kaum umsetzbar erscheinen. Nehmen Sie sich Zeit, suchen sich Beispiele in der Nachbarschaft und konkrete Anlässe, um dann Ihren Weg zu finden…
- Einige werden („wieder zurück in die Zukunft") auf den stressigen und vollen Schulalltag mit den **vielen anderen Aufgaben verweisen, um doch lieber gar nichts Neues zu machen** und es lieber beim „Alten" zu belassen…
- Einige haben **schon einige Elemente, wie das Corporate Design, konkret umgesetzt** und können dann (Schritt für Schritt) **die anderen Bereiche ergänzen,** um so Ihr Schulprofil zu schärfen…
- Einige könnten auch **von der Idee der Markenbildung voll überzeugt sein** und sich jetzt motiviert auf den Weg machen, um sie für **Ihre Schule grundlegend (und idealtypisch) aufzubauen…**
- Einige sehen die **Sinnhaftigkeit der Profil bildenden Markenbildung** ein und gehen jetzt daran, die **noch fehlenden Lücken zu füllen…**
- Einige werden sich **wegen der fehlenden Designer-Kompetenz lieber gleich mit einer Agentur zusammen auf den Weg machen** – sollten aber vorher die schulischen und konzeptionellen Grundlagen schaffen…
- Einige möchten doch **lieber erst gute innere Strukturen schaffen** – das ist auch gut so – verbinden Sie doch gleichzeitig damit die Außenwirkung aller Projekte und Maßnahmen, **so kommen Sie automatisch in den Prozess der Imagegestaltung…**
- Einige machen Ihre Entscheidung, die Profilbildung Ihrer Schule anzugehen, abhängig von schulischen Anlässen (wie z. B. Rückgang der Schülerzahlen) und **warten zu lange ab** – Sie sind **dann aber „in der Verteidigung"** und nicht mehr in der überzeugenden Gestaltung…
- Einige nehmen einen **Anlass für den Beginn Ihres Prozesses** (z. B. Jubiläum) und beginnen rechtzeitig vorher, **um dann Ihre Schule „strahlend zu präsentieren"** – das ist **ein sehr häufiger und guter Entwicklungsprozess…**

- Einige machen lieber (zusammen mit einem Berater) **eine gemeinsame Auftaktveranstaltung,** um dann anschließend gemeinsam zu entscheiden, WAS WANN WIE gemacht werden soll – **so finden Sie Ihren ganz individuellen Weg,** der sehr identitätsstiftend ist, eine gute Grundlage schafft und dann entsprechend die einzelnen Elemente der professionellen Markenbildung angehen zu können…

Alle aber sollten sich bewusst machen: „Man kann nicht nicht kommunizieren. Watzlawick“ und das bedeutet, dass Sie Ihre Schule ***immer*** präsentieren (auch wenn Sie es nicht wollen) – mit einer **strategischen Öffentlichkeitsarbeit und einem professionellen Imagekonzept** aber viel wirksamer und entlastender. So ist die strategische Öffentlichkeitsarbeit mit einer gezielten Markenbildung IHRE Chance, Ihre Schule gemeinsam, identitätsstiftend und profiliert zu gestalten. Sie kommen also eigentlich um die Profilierung Ihrer Schule durch Markenbildung gar nicht umhin. Sie können die bisherigen Maßnahmen Ihrer Öffentlichkeitsarbeit einfach „puzzelnd“ an die richtige Stelle in Ihr Imagekonzept einfügen und bekommen so Orientierung und Motivation, um auch die restlichen Bereiche anzugehen… Gehen Sie also verantwortlich aktiv gestaltend auf diese Aufgabe zu und entscheiden Sie ***nicht ob*** Sie es machen, sondern ***wie*** Sie es machen. Egal welchen Weg Sie wählen, Sie müssen die strategische Öffentlichkeitsarbeit nicht gleich zu 100 Prozent umsetzen. Sie müssen sich nur entscheiden loszugehen und dabei Fragen und Probleme anzugehen und glaubwürdig Stellung zu beziehen und zu entscheiden („VerANTWORTung heißt eine Antwort auf wichtige Fragen zu geben, bevor man gefragt wird“). Und das bedingt immer ein gewisses Risiko – es kann ein Erfolg, aber auch ein Misserfolg sein, der hart kritisiert wird. Dabei kann man viele Entscheidungen falsch treffen, eventuell versagen, die Folgen und Auswirkungen schwer einschätzen und man kann dafür Kritik erfahren und zur Rechenschaft gezogen werden. Wenn wir aber nicht entscheiden, machen wir auch etwas falsch…

„Es ist besser, unvollkommene Entscheidungen zu treffen, als immer nach vollkommenen Entscheidungen zu suchen, die es niemals geben wird“. (Charles de Gaulle)

Wann ist ein Schiedsrichter am aufgeregtesten? Natürlich vor dem Spiel. Wann ist er am ruhigsten? Raten Sie mal! Untersuchungen haben bewiesen, dass in dem Moment, wo er pfeift und damit entschieden hat, er ganz ruhig und sicher ist, auch wenn er von Andersdenkenden bedrängt wird. Ein klares Symbol für Entscheidungen und deren gute Wirkungen für alle Beteiligten. Auch wenn die Entscheidung nicht richtig war und von allen akzeptiert wird, bleibt die Entscheidung. Deutliche und prägnante Entscheidungen stehen fest, schaffen Klarheit und Orientierung in der Sache und in den Positionen – besonders wichtig ist auch die Ruhe und Sicherheit bei dem Entscheider selbst. Man kann sich immer entscheiden, wie beim Optiker – besser oder nicht besser? Vergleichen Sie Alternativen, die Ja-Nein-Entscheidungen sind viel schneller und leichter zu fällen.

Um sich auf den Weg zu machen braucht man eine Vision und Neugier, Vertrauen und Motivation für den Start und Konsequenz und Ausdauer, um auch weiter zugehen. Zögern Sie nicht!

„Und wenn doch zu viele Fragen, Bedenken und Probleme auftauchen, die Sie abhalten sich aufzumachen, nehmen Sie sich einen „kritischen Freund" zur Unterstützung mit dazu – einen Berater, dann geht alles viel leichter und besser…

„Einen kritischen Freund an der Seite, kommt man immer schneller vom Fleck". (J. W. v. Goethe)

VIII. Anhang

Beispiele für Imagekonzepte / Konzepten zur Öffentlichkeitsarbeit aus unterschiedlichen Schularten zur Orientierung (Best-practice-Beispiele)

„Beispiele machen Lust, Befehle nicht". (Pestalozzi)

Die Beispiele für Imagekonzepte sind sich in der grundsätzlichen Struktur und im Aufbau ähnlich. Das dient sowohl entlastend der einfacheren Erarbeitung als auch der transparenten Überschaubarkeit und Lesbarkeit. Auf den ersten Blick, insbesondere bei den Leitsätzen, scheinen die Konzepte sogar fast gleich zu sein. Wie so oft zeigen sich die besonderen Identitäten meist aber erst beim genauen hinschauen: In der Ausrichtung durch die Feinstformulierung, in der Zusammenschau der Profil bildenden Besonderheiten und in der Gesamtwirkung.

Tipp: Zum Verständnis und den Gebrauch der Schulbeispiele

Die Beispiele für die strategische Öffentlichkeitsarbeit als IMAGEKONZEPTE sind in ein GESAMTKONZEPT (Schulkonzept) der Schule eingebunden – achten Sie dabei besonders auf Folgendes:

(1) Auf die **Profil bildenden Besonderheiten der Schule** (meist zwei Leitsätze zu den besonderen Profilaspekten – am Anfang und am Ende),
(2) auf die **Gesamtausrichtung der Schule** (durch die Profilbeschreibung und / oder den **Slogan als Leitspruch der Schule** und / oder gemeinsame Vision) und besonders
(3) auf das **Teilkonzept Öffentlichkeitsarbeit als IMAGEKONZEPT** mit den Qualitätsstandards und Maßnahmen…

Beachten Sie auch besonders die genauen Formulierungen und Akzente. Die einzelnen Schulen haben sich bei den inhaltlichen Ausformulierungen und Feinheiten alle entsprechend ihrer Schulart und ihrer Schulkultur sehr unterschiedliche schulische und pädagogische Aspekte und Schwerpunkte gesetzt. Dabei haben sie sich auch nicht immer an die genauen Anleitungen und Vorgaben gehalten – und das ist gut so. Selbstverantwortliche Schulen können und sollten entsprechend der Mehrheit ihre pädagogische Identität selbst finden und sich in ihren unterschiedlichen Profilen präsentieren. Alle Konzepte sind zusammen mit dem Kollegium und z.T. auch mit den Schüler- und Elternvertretern entwickelt, erarbeitet und mit großer Mehrheit entschieden worden und werden durch schulische Teilkonzepte laufend erweitert und ergänzt.

Ganz herzlichen Dank all den Schulen, die bereit sind, ihre innovativen schulischen Konzepte hier vorzustellen!

Die Konzepte sind natürlich alle nicht „fertig" – sie können auch niemals fertig sein, denn sie sind der augenblickliche STAND, der kontinuierlich weiter entwickelt und verfeinert wird. Sie können aber allen Interessierten Orientierung, Hilfe und Impulse geben und darüber hinaus anregen, sich selbst mit Ihrer Schule auf den Weg zu machen. Namen und besondere Aspekte sind rausgenommen und anonymisiert worden…

1. Kardinal-von-Galen Grundschule, Münster-Handorf

www.kvg-gs-muenster.de

Kardinal-von-Galen
Schule Handorf
Städtische Grundschule

Unser Erscheinungsbild: Profilbeschreibung auf der Homepage

Die Kardinal-von-Galen Schule liegt im Herzen von Handorf. Sie ist eine moderne katholische städtische Grundschule.

Alles für den besten Start ins Leben

Schule heißt Lernen und Leistung. Wir nehmen die Leistung unserer Schüler in den Blick und die Freude daran: Das heißt für uns, in einer offenen und freundlichen Atmosphäre gemeinsam zu leben, zu lachen und zu lernen, wie gesellschaftliches Zusammenleben funktioniert. Wir fördern die geistige, körperliche und soziale Entwicklung jedes Einzelnen, entdecken die Kompetenzen unserer Schüler im Unterricht und unterstützen die individuellen Fähigkeiten. Mit vielen zusätzlichen Projekten fördern wir musikalischen und sozialen Fähigkeiten sowie die Ich-Stärkung des Kindes. Unser Schulprogramm gibt allen Interessierten Einblick in unsere pädagogische Arbeit, macht sie transparent, ermöglicht uns Verbindlichkeit und ist für uns Handlungsverpflichtung.

Unser Namenspatron

Der Namensgeber unserer Schule – Clemens August Graf von Galen – war von 1933 bis 1946 Bischof von Münster und wurde 1946 zum Kardinal berufen. Sein Einsatz für die Menschen ist für die Schüler / Innen und die Lehrer / Innen der Kardinal-von-Galen Schule Vorbild und Wegweiser.

Er ist bekannt als „Löwe von Münster".

Sein Wahlspruch „NEC LAUDIBUS – NEC TIMORE" – „Weder durch LOB noch durch FURCHT" hält uns an zu Zivilcourage und Achtung vor dem Nächsten.

Der Beiname „Der Löwe von Münster" prägt das Erscheinungsbild unserer Schule: Eine Löwentatze. Weil aber ein Löwe selten allein kommt, hat das Logo der Kardinal-von-Galen Schule gleich drei Löwenfußabdrücke.

Sie ermutigen uns, in die Fußstapfen unseres Namenspatrons zu treten.

Ein Erscheinungsbild für eine Grundschule muss ganz einfach sein.

Ganz einfach freundlich,
ganz einfach fröhlich,
ganz einfach farbig und
ganz einfach phantasievoll.

Für die Kardinal-von-Galen Grundschule muss es außerdem noch ganz einfach löwenherzig sein.

Weil aber ein Löwe selten allein kommt, hat das Logo der KvG gleich drei Löwenfußabdrücke.

Sie stehen in den Primärfarben für ganzheitliches, spielerisches und lebendiges Lernen.

Und sie stehen dafür, miteinander die Welt zu entdecken.

Die bunten Löwentatzen ermutigen uns als Schulgemeinschaft in die Fußstapfen unseres Namenspatrons zu treten.

Unser Selbstverständnis – Leitsätze der Kardinal-von-Galen Schule Handorf

(1) **grundlegender Unterricht**
Wir unterrichten qualifizierenden Unterricht.

(2) **Erziehung**
Wir stärken auf der Grundlage christlicher Werte die Persönlichkeitsentwicklung und fördern das soziale Lernen.

(3) **Schulleben**
Wir gestalten unsere Schule als anregenden Lern- und Lebensort.

(4) **Offener Ganztag**
Wir bieten einen offenen Ganztag mit differenzierten, vielfältigen Angeboten in liebevoller Atmosphäre.

(5) **interne Zusammenarbeit**
Wir arbeiten zielgerichtet und engagiert im Team zusammen.

(6) **Elternmitarbeit**
Wir gestalten gemeinsam mit Eltern unsere schulischen Prozesse.

(7) **externe Zusammenarbeit**
Wir kooperieren regelmäßig, kontinuierlich und vertrauensvoll mit außerschulischen Partnern.

(8) **Öffentlichkeitsarbeit und Imagebildung**
Wir pflegen unser anerkanntes Profil in der Öffentlichkeit.

2. Werner-von-Siemens-Schule in Lorsch

Haupt- und Realschule des Kreises Bergstraße
www.siemens-schule-lorsch.de

WERNER-VON-SIEMENS SCHULE LORSCH

Werner-von-Siemens-Schule Lorsch
Eine Partnerschule der Siemens AG
SIEMENS

MARKENBILDUNG – Wie geht das? Konzeptentwicklung an unserer Schule

Wissen-Verantwortung-Selbststärkung – für deine Zukunft

Mit diesem Leitwort heißen wir Sie und Euch herzlich willkommen!

Die Werner-von-Siemens-Schule besteht nunmehr seit 40 Jahren als Haupt- und Realschule und ist die einzige weiterführende Schule der Karolingerstadt Lorsch. Unsere Schule wird – damals wie heute – von Jugendlichen aus Lorsch,

Einhausen, Hofheim, Bürstadt und Biblis besucht. 510 Schülerinnen[1] und Schüler werden in modern ausgestatteten Klassen- und Fachräumen von 45 Lehrkräften unterrichtet.

Wissen

Von zentraler Bedeutung ist für uns die Vermittlung von Wissen, was wir durch eine hohe Qualität von "Lehren und Lernen" erreichen. Dabei verstehen wir Unterricht als sozialen Prozess, der sich an bildungspolitischen Vorgaben sowie am aktuellen fachwissenschaftlichen und pädagogisch-psychologischen Forschungsstand orientiert. Damit verfolgen wir das Ziel, fachliche und überfachliche Kompetenzen aufzubauen. Wir begleiten die Schüler bei ihrer Berufsorientierung und Berufsfindung und bereiten sie auf höher qualifizierte Schulabschlüsse vor.

Verantwortung

Über die Vermittlung von Wissen und Kompetenzstärkung hinaus, ist uns die Übernahme von Verantwortung besonders wichtig. Die Stärkung und Erweiterung des eigenverantwortlichen Lernens durch entsprechende Lernchancen und ein wertschätzender Umgang miteinander prägen unser pädagogisches Selbstverständnis. Die Verantwortung für sich selbst, die anderen und die Gesellschaft bestimmen unser Handeln.

Selbststärkung

Wir legen verstärkt Wert auf Zukunftsorientierung und Lebenswegplanung, um jeden Einzelnen in seiner Persönlichkeitsentwicklung zu begleiten. Dabei verfolgen wir das Ziel einer selbstbewussten Persönlichkeitsbildung. Unser pädagogisches Verständnis und unser gesamtes schulisches Handeln sind ausgerichtet auf die Selbststärkung, denn nur so können unsere Schüler die zukünftigen Anforderungen mutig angehen.

Mit diesem Schulkonzept informieren wir Sie über unsere vielfältige pädagogische Tätigkeit. Diese Broschüre zeigt unsere Schulkultur auf und wie wir unsere Schule in den nächsten Jahren gestalten, um weiterhin – zum Wohle der Schüler – zeitgemäß und zukunftsorientiert zu arbeiten.

---

1 Zur besseren Lesbarkeit wird im Weiteren nur die männliche Form verwendet

Aus diesem Grund hat die Schulgemeinde in gemeinsamer Arbeit im Herbst 2014 Leitsätze entwickelt, die unsere Schule charakterisieren. Darauf aufbauend wollen wir die Schulentwicklung der kommenden Jahre steuern, notwendige Innovationen ermöglichen, sowie Bewährtes erhalten und optimieren.

Zum besseren Verständnis haben wir in einem weiteren Schritt Leitziele ausgearbeitet und diese mit messbaren Qualitätsstandards hinterlegt, die eine kontinuierliche Überprüfung und Evaluation ermöglichen.

Überzeugen Sie sich selbst!

Schulleitung, Kollegium, Schüler- und Elternschaft

Für die zukünftige Ausrichtung der Schule, die gesamte Schulentwicklung und als Grundlage für alle Maßnahmen nach innen und außen, sowie zur schulischen Markenbildung und Profilierung im Wettbewerb wurde gemeinsam

(1) ***ein strukturiertes und verdichtetes Schulkonzept als Gesamtkonzept der Schule erarbeitet, das die folgenden Bereiche beinhaltet, integriert und vernetzt. (Schulkonzept):***

Unser Leitbild

Individuelle Lebensvorbereitung

Wir eröffnen individuelle Zukunftsperspektiven durch verstärkte Lebensweg- und Berufswahlorientierung

Wir begleiten jeden Einzelnen persönlich und intensiv bei der Berufswahl.
Wir gewährleisten mehrmalige praktische Berufserkundungen, um einen vielfältigen Einblick in die Berufswelt zu ermöglichen
Wir schulen Jeden zusammen mit außerschulischen Experten, um sich effektiv bewerben zu können.
Wir helfen den Schülern ihre Stärken und Schwächen zu erkennen, um den bewussten Umgang damit zu fördern.
Wir vermitteln gezielt alltagsrelevante Lebensstrategien.
Wir beraten Schüler und Eltern kontinuierlich bei dem Entscheidungsprozess, um einen optimalen schulischen oder beruflichen Bildungsweg zu finden.
Wir legen besonderen Wert auf die gezielte Vermittlung von zukunftsorientierten Kompetenzen und Fertigkeiten.

Wir unterstützen und begleiten unsere Schüler bei der Entwicklung ihres selbstsicheren Auftretens.

- Alle Schüler nehmen entsprechend ihrer Jahrgangsstufe an den vielfältigen Projekten des Berufsorientierungs-Konzeptes teil (z.B. **B**erufs-**I**nformations-**B**örse, Paten für Ausbildung, Besuch von Ausbildungsmessen).
- Alle Schüler der Jahrgangsstufen 8 und 9 bekommen in zweiwöchigen Betriebspraktika anschauliche Einblicke in die Arbeitswelt.
- Alle Schüler der Stufe 9 und 10 erhalten eine allgemeine, sowie eine auf Wunsch individuell zugeschnittene Berufsberatung.
- Jeder Schüler ab Klasse 8 nimmt am Bewerbungstraining teil.
- Alle Schüler, die keine zweite Fremdsprache erlernen, werden im Rahmen des WPU, in Hauswirtschaft, Werken und Informatik unterrichtet.
- Alle Schüler erfahren begleitend eine individuelle Beratung durch die Klassen- und Fachlehrer.
- Alle schulischen Curricula beinhalten die zukunftsorientierte Kompetenzvermittlung, den Alltagsbezug sowie die praktische Umsetzung und reflektieren dies mindestens einmal jährlich
- Alle Schüler nehmen an Projekttagen in 8H / 9R teil, an denen sie lernen wie man einen eigenen Haushalt führt.
- Jeder Schüler der Klassen 5 und 6 nimmt an den Projekttagen „Lernen lernen“ teil.
- Alle Eltern werden jährlich zu Informations- und Beratungsabenden eingeladen. Alle Kolleginnen und Kollegen achten darauf, dass die Schüler ihre Meinung in angemessener Form offen äußern können.
- Alle achten Klassen besuchen verbindlich ein Seminar zur Körpersprache.

Begleitende Erziehung

Wir unterstützen und begleiten jeden Einzelnen, zusammen mit den Eltern, seine Persönlichkeit eigenverantwortlich zu entwickeln

Wir geben Raum und Strukturen zur Entwicklung eines eigenverantwortlichen Lebens.
Wir vermitteln grundlegende Regeln und fordern deren Einhaltung, um Orientierung und Halt zu geben.
Wir pflegen einen toleranten und wertschätzenden Umgang miteinander.

Wir legen Wert auf eine grundlegende Gesundheitsförderung.
Wir leiten gezielt zu umweltbewusstem und nachhaltigem Handeln an.
Wir leben demokratische Strukturen durch umfassende Teilhabe in der Schule.
Wir arbeiten in Erziehungsfragen lösungsorientiert mit den Eltern zusammen.
Wir unterstützen aktiv bei der Entwicklung zu selbstbewussten und mutigen Persönlichkeiten.

- Alle Beteiligten der Schulgemeinschaft versichern zu Beginn der Schulzeit die Schul- und Hausordnung einzuhalten.
- Jede Klasse stellt zu Beginn des Schuljahres gemeinsam verbindliche Klassenregeln auf, verteilt Klassendienste und achtet auf deren Einhaltung.
- Jeder Schüler wird regelmäßig durch den Einsatz von Selbsteinschätzungsbögen zum Reflektieren seines eigenen Verhaltens aufgefordert.
- Alle achten auf einen freundlichen und höflichen Umgangston, den wir projektorientiert überprüfen.
- Alle Fachcurricula berücksichtigen verstärkt die Gesundheitsaspekte und deren jährliche Umsetzung.
- Alle kennen die schuleigenen Richtlinien zur Sauberkeit und Ordnung und achten auf die strikte Umsetzung (Hofdienst).
- Jeder Schüler nimmt in der 10. Klasse an einer Exkursion ins KZ Struthof teil.
- Jeder hat die Möglichkeit sich für Ämter zur Verfügung zu stellen (Klassensprecher, Schülerrat, SV,…).
- Alle Eltern haben die Möglichkeit nach Absprache das Beratungsangebot der Schule (Elternsprechtag, Förderplangespräche,…) wahrzunehmen.
- Jedem Schüler wird monatlich die Möglichkeit gegeben, sich bei konkreten Anlässen von unserem Schulpsychologen in der Schule (‚Runder Tisch') beraten zu lassen.
- Jeder hat die Möglichkeit im Rahmen des jährlichen AG-Angebots soziale Verantwortung zu übernehmen und seine Persönlichkeit zu stärken.
- Alle engagierten Schüler erhalten für ihre besonderen Leistungen über das Zeugnis hinaus zusätzlich Lob und Anerkennung.
- Jeder Schüler nimmt im Laufe seiner Schulzeit an verschiedenen Präventionsprojekten teil.

Zukunftsorientierter Unterricht

Wir unterrichten schüler- und praxisorientiert zur Erreichung verschiedener Abschlüsse

Wir schaffen für unsere Schüler Raum und Zeit für eigenverantwortliche Lernprozesse und fördern verstärkt das selbstständige Lernen und Üben.
Wir schaffen ein förderliches und unterstützendes Lernklima.
Wir vermitteln aufeinander aufbauende Methoden und Arbeitstechniken für eigenverantwortliches, kooperatives und sachgerechtes Lernen. Wir gestalten Handlungsspielräume, in denen sich die Kinder mit ihren Stärken und Schwächen selbstorganisiert erfahren können.
Wir unterrichten auf der Grundlage der bildungspolitischen Vorgaben mit klaren Strukturen für ein zielorientiertes Lernen.
Wir unterstützen unsere Schüler individuell dabei leistungsgerechte Schulabschlüsse zu erzielen.
Wir gestalten gezielt unseren Unterricht für berufsorientierende und lebenspraktische Erfahrungen.
Wir bieten unseren Schülern ein differenziertes Lernangebot unter Berücksichtigung ihrer Lernvoraussetzungen.

- Alle Schüler bearbeiten selbstständig ihren individuellen Wochenplan zur Gestaltung ihrer Erfahrungsräume.
- Alle Kolleginnen und Kollegen nutzen regelmäßig Selbsteinschätzungs- und Feedback-Bögen.
- Alle Schüler nehmen regelmäßig an praxisnahen und jährlichen Angeboten im naturwissenschaftlichen Bereich teil.
- Alle Kollegen arbeiten nach einem gemeinsam abgestimmten Methodencurriculum zusammen und reflektieren es jährlich.
- Alle Lehrer arbeiten nach den fachspezifischen Vorgaben und den Schulcurricula transparent, zielorientiert und strukturiert.
- Alle Fachkonferenzen definieren halbjährlich die Schwerpunkte und Umsetzung der fachspezifischen Standards.
- Alle Schüler arbeiten in der jährlichen Projektwoche selbstständig an einem fächerübergreifenden Thema.
- Alle Fachcurricula gewährleisten die unterrichtliche Differenzierung.

- Alle Lehrer sorgen mit dem Einsatz angemessener Sozialformen und Medien für ein lern- und leistungsförderliches Klima.

Gemeinsames Schulleben

Wir pflegen gemeinsam mit Schülern, Eltern und Kooperationspartnern ein vielfältiges und lebendiges Schulleben

Wir pflegen gezielt die schulische Gemeinschaft für ein lebendiges Schulleben.
Wir sorgen für eine lehr- und lernfreundliche Atmosphäre in unserer Schule.
Wir stärken gezielt das „Wir-Gefühl" durch pädagogisch ausgewogene Studienfahrten und Exkursionen.
Wir wecken und fördern die Interessen unserer Schüler durch ein facettenreiches und zusätzliches Angebot.
Wir beteiligen die Schüler an der Gestaltung unserer Schule, um eine gemeinsame Identität zu entwickeln.
Wir beteiligen interessierte Eltern an der Gestaltung des gemeinsamen Schulentwicklungsprozesses.
Wir pflegen ein identitätsstiftendes Schulleben durch abwechslungsreiche, öffentliche Veranstaltungen.

- Alle Schüler nehmen entsprechend unserer jährlichen Schulplanung an jahrgangsspezifischen Aktionen (Hockey-Turnier, Erlebnissporttag) zur Förderung der Gemeinschaft teil.
- Alle Fach- und Klassenräume werden entsprechend unseres jährlichen Raumkonzeptes gemeinsam gestaltet.
- Alle Schüler nehmen entsprechend unseres Fahrtenkonzepts an mindestens zwei Studienfahrten teil.
- Jeder Schüler hat die Möglichkeit, sich seinen Interessen und Fähigkeiten entsprechend in das vielfältige AG-Angebot einzuwählen (Schulband, Gartenbau-AG, Sport – AG).
- Jeder Schüler kann durch soziales Engagement entsprechend unseres jährlichen Angebotes zum Wohl der Schulgemeinde beitragen (Sanitätsdienst, Streitschlichter, Sozialer Tag).
- Alle Eltern können gemeinsam mit den Lehrern in verschiedenen Gremien das Schulleben mitgestalten (Schulkonferenz, Elternbeirat, Förderverein).

- Allen Schülern, Eltern und Lehrern werden jährliche außerschulische Veranstaltungen und Feste zur Förderung der Schulgemeinschaft angeboten (Theateraufführung, Schulfest / Projektwoche, Abschlussfeier).

Interne Zusammenarbeit

Wir arbeiten vertrauensvoll und konstruktiv in Teams an unseren gemeinsamen Zielen

Wir sorgen für eine entlastende Organisationsstruktur und eine vertrauensvolle Arbeitsatmosphäre.
Wir orientieren uns bei der Schulentwicklung an den Zielen unseres Schulkonzeptes und am gesellschaftlichen Wandel.
Wir haben eine Schulleitung, die auf der Basis unseres Selbstverständnisses ein verantwortungsvolles, professionelles Schulmanagement und ein solidarisches Miteinander praktiziert.
Wir arbeiten zur Optimierung unserer professionellen Arbeit in Fach- und Jahrgangsteams konstruktiv zusammen.
Wir bringen durch regelmäßige Fortbildungen neue Impulse ins Kollegium.
Wir entwickeln zur Optimierung und Nachhaltigkeit unserer Arbeit die Qualität unserer kollegialen Zusammenarbeit permanent weiter.

- Alle Kollegen kennen und nutzen die Aufgabenverteilung und beteiligen sich an der Gestaltung der guten Arbeitsatmosphäre.
- Alle Mitglieder der Steuergruppe treffen sich monatlich zur Koordination der Maßnahmen der Schulentwicklung.
- Alle Schulleitungsmitglieder arbeiten durchgängig mit dem Kollegium in den verschiedenen Gremien nach einem professionellen und transparenten Schulleitungskonzept.
- Alle Kollegen koordinieren ihre pädagogische Arbeit regelmäßig in Klassen- und Jahrgangsteams.
- Alle Kollegen nehmen im Rahmen eines schulinternen Fortbildungsplanes an Fortbildungen teil.
- Alle Fortbildungen werden in Fach- und Gesamtkonferenzen vorgestellt.
- Alle schulischen Gremien tagen zur Absprache der gemeinsamen Arbeit nach verbindlichen schuleigenen Terminplänen.
- Alle Kollegen nutzen mindestens einmal jährlich ausgewählte Evaluationsinstrumente und reflektieren kontinuierlich ihre pädagogische Arbeit.

Regionale Kooperationen

Wir kooperieren mit unseren regionalen und überregionalen Partnern eng und zielgerichtet zur Ergänzung unserer pädagogischen Arbeit

Wir arbeiten vertrauensvoll mit anderen Schulen zusammen, um unseren Schülern einen guten Übergang zu ermöglichen.
Wir kooperieren zur Erweiterung unseres schulischen Angebotes mit regionalen Organisationen.
Wir arbeiten gezielt mit einer Vielzahl von Unternehmen und der Agentur für Arbeit zusammen, um die Umsetzung unseres umfassenden Berufsorientierungskonzepts zu gewährleisten.
Wir eröffnen durch unsere besondere Kooperation mit der Siemens-AG
den Schülern vielfältige Einblicke in innovative Unternehmen und ihre Arbeitsweisen.
Wir arbeiten mit außerschulischen Einrichtungen und Experten zur Bereicherung unseres Unterrichts zusammen.
Wir arbeiten zur Unterstützung bei individuellen Problemen mit Beratungseinrichtungen und Behörden vertrauensvoll zusammen.

- Alle Kollegen des 4. Jahrgangs der Grundschulen werden regelmäßig zum Erfahrungsaustausch eingeladen.
- Alle weiterführenden Schulen werden jährlich eingeladen ihr Profil und besondere Angebote den Schülern und Eltern auf einem Elternabend an unserer Schule vorzustellen.
- Alle Schüler des 5. Jahrgangs werden durch Projekte unserer Kooperationspartner im richtigen Verhalten im Straßenverkehr und auf dem Schulweg geschult.
- Alle Kooperationspartner gewährleisten unseren Schülern der Jahrgangsstufen 8 und 9 Einblicke in die Arbeitswelt und das Sammeln von praktischen Erfahrungen entsprechend unseres Berufsorientierungskonzepts.
- Alle Unternehmen der Region sind eingeladen ihr Unternehmerprofil jährlich für alle Schüler der Klassen 9 vorzustellen.
- Alle jährlichen Maßnahmen und Projekte mit der Firma Herbert und der Siemens -AG werden auf der Grundlage unseres Kooperationsvertrages geplant und organisiert.

- Alle für das Berufsorientierungskonzept verantwortlichen Lehrkräfte arbeiten mit dem BIZ zur individuellen Berufsberatung mindestens zweimal im Jahr zusammen.
- Jeder Jahrgang arbeitet mindestens einmal pro Jahr themenbezogen bzw. ergänzend zum Unterricht mit Experten zusammen und besucht außerschulische Lernorte.
- Allen Schülern und deren Eltern werden im Bedarfsfall Hilfen von beratenden Institutionen vermittelt (z.B. Jugendamt, Schulpsychologe, Sozialpädagogen).

Profilbildende Öffentlichkeitsarbeit

Wir präsentieren unsere Schule und die Erfolge unserer Arbeit regelmäßig in der Öffentlichkeit

Wir arbeiten transparent nach innen und außen, um Vertrauen und Akzeptanz für unsere Arbeit zu schaffen.
Wir laden alle Interessierten ein, sich über laufende Projekte, Veranstaltungen und unsere pädagogische Arbeit zu informieren.
Wir informieren die Schulgemeinde regelmäßig durch schuleigene Medien über das vielfältige Schulleben und wichtige Termine.
Wir arbeiten eng mit der lokalen Presse zusammen, um die Öffentlichkeit über unsere aktuellen schulischen Aktivitäten zu informieren.
Wir stärken die Identifikation unserer Schüler mit unserer Schule.
Wir zeigen unsere Fähigkeiten und Fertigkeiten, indem wir uns regionalen und überregionalen Wettbewerben stellen.
Wir sorgen gemeinsam mit unseren Präsentationen für ein einheitliches Erscheinungsbild.

- Alle wichtigen und aktuellen Informationen werden der Öffentlichkeit und der Schulgemeinde durch schuleigene Medien (Elternbriefe, Homepage,...) zugänglich gemacht.
- Alle profilbildenden Projekte werden spätestens nach vierzehn Tagen auf der Homepage präsentiert.
- Alle Lehrer tragen durch eine zeitnahe Berichterstattung in Wort und Bild über aktuelle Ereignisse zu einer optimalen Dokumentation in der lokalen Presse bei.

- Jeder Schüler weiß, dass er durch sein Verhalten immer Botschafter der Schule ist.
- Alle an unserer Schule interessierten Schüler und Eltern sind eingeladen, an unserem jährlichen ‚Tag der offenen Tür' die Atmosphäre und die Ergebnisse unserer pädagogischen Arbeit, sowie interessante Schüleraktivitäten zu erleben.
- Alle Viertklässler können unser vielfältiges Schulleben an einem Schnuppertag direkt erfahren.
- Jeder Interessierte ist herzlich eingeladen, unsere öffentlichen Darbietungen (Schulband, Lehrer-Schüler-Theater) zu erleben.
- Alle Schüler nehmen jahrgangsspezifisch an den jährlichen Wettbewerben teil (Vorlese- und
- Känguruwettbewerb, Jugend trainiert für Olympia,...).
- Alle Veröffentlichungen der Schule orientieren sich an einem einheitlichen wiedererkennbarem Design.

Soziales Handeln

Wir legen besonderen Wert auf die Entwicklung sozialverantwortlichen Handelns in Schule und Gesellschaft

Wir legen besonderen Wert auf die Entwicklung sozialverantwortlichen Handelns in Schule und Gesellschaft
Wir erziehen unsere Schüler zu verantwortungsvollen Handeln und sozialem Zusammenleben.
Wir stärken das Zusammengehörigkeitsgefühl und ermutigen zum konstruktiven Umgang mit Konflikten
Wir bilden Schüler aus, sich vorbildlich und verantwortungsvoll im Schulalltag und darüber hinaus einzusetzen.
Wir erziehen konsequent handlungsorientiert zu demokratischem Verhalten.
Wir ermöglichen unseren Schülern individuelle Krisenbewältigung durch die Unterstützung interner und externer Experten.
Wir unterstützen unsere Schüler aktiv bei der Entwicklung zu sozialverantwortlichen und gesellschaftsfähigen Persönlichkeiten.
Wir bieten vielfältige Handlungsspielräume zum Erleben individueller und sozialer Erfahrungen.

- Alle Schüler nehmen an speziellen Veranstaltungen oder Maßnahmen teil, die das Sozialverhalten fördern (Klassenfahrten, Erlebnissporttag,…).
- Alle 5.-Klässler lernen in vielfältigen und wiederkehrenden Interaktionen ihren Platz in der Klassengemeinschaft zu finden.
- Allen Schülern der Klassenstufe 7-10 erhalten die Möglichkeit, im Rahmen einer Klassenlehrerstunde, ihre alters- und geschlechtsspezifischen Belange zu thematisieren.
- Alle Schüler ab Klasse 7 haben in Form der „Peer-Group-Education" die Möglichkeit, Schüler der unteren Klassen zu unterstützen (z.B. Paten für Kl. 5, Streitschlichter, Schulsanitäter, SamS).
- Jeder Schüler übt regelmäßig demokratische Strukturen aktiv ein (z.B. Klassenrat, SV, Schulordnung,…).
- Jeder kann in geschütztem Raum Beratung und Hilfe erfahren, (z.B. Schulseelsorge, Beratung in der Schule, Runder Tisch).
- Allen Schülern werden jährlich vielfältige Projekte angeboten, um ihre sozialen Kompetenzen zu erweitern, („Sozialer Tag", AG- „Jung & Alt", „Schulgarten").

(2) ***Eine identitätsstiftende Vision, als Slogan oder Leitspruch, als einladende Zusammenfassung aller pädagogischen Maßnahmen mit der Besonderheit der Schule. Damit kann jeder „Neue" begrüßt, der „Alte" motiviert und die Schule präsentiert werden. (Slogan)***

Wissen

Von zentraler Bedeutung ist für uns die Vermittlung von **Wissen**, was wir durch eine hohe Qualität von „Lehren und Lernen" erreichen. Dabei verstehen wir Unterricht als sozialen Prozess, der sich an bildungspolitischen Vorgaben sowie am aktuellen fachwissenschaftlichen und pädagogisch-psychologischen Forschungsstand orientiert.

Verantwortung

Über die Vermittlung von Wissen und Kompetenzstärkung hinaus, ist uns die Übernahme von **Verantwortung** besonders wichtig.

Selbststärkung

Wir legen verstärkt Wert auf Zukunftsorientierung und Lebenswegplanung, um jeden Einzelnen in seiner Persönlichkeitsentwicklung zu begleiten.

– für deine Zukunft

Der Namensgeber und unser Slogan verpflichten uns, unserer Schule als Marke mit verbindlichen Gestaltungsgrundsätzen zu präsentieren:

W	– mit hoher Qualität – klar – aktuell
V	– handelnd – empathisch, emotional – sozial orientiert
S	– stark, selbstbewusst – persönlich – authentisch

Werner von Siemens
(1816–1892)

„Es kommt nicht darauf an, mit dem Kopf durch die Wand zu gehen, sondern mit den Augen die Tür zu finden“

Erfinder und visionärer Unternehmer mit großem sozialem Engagement
Begründer der Elektrotechnik

„Der Dynamo wird den Grundstein einer großen technischen Umwälzung bilden“

1847 Begründer der Telegraphen-Bauanstalt Siemens&Halske, Siemens-AG
Erfinder der Dynamomaschine
Nutzung der Elektrizität zur Kraftversorgung
1870 Inbetriebnahme der Indo-Europäischen Telegraphenlinie von London nach Kalkutta
1874 erste transatlantische Telegraphenleitung
ab 1850 Leistungsanreize und Erfolgsbeteiligungen für seine Mitarbeiter

„mir würde das verdiente Geld wie glühendes Eisen in der Hand brennen, wenn ich treuen Gehilfen nicht den erwarteten Anteil gäbe“

1872 Schaffung der Kranken- und Sozialkassen
1873 Einführung einer täglichen Arbeitszeit von neun Stunden
unzählige Auszeichnungen

(3) ***Besonderheiten der Schule, die zur Profilbildung der Schule dienen und über das normale Angebot hinaus gehen. (Schulmarketing)***

Individuelle Lebensvorbereitung

Wir eröffnen individuelle Zukunftsperspektiven durch verstärkte Lebensweg- und Berufswahlorientierung

Soziales Handeln

Wir legen besonderen Wert auf die Entwicklung sozialverantwortlichen Handelns in Schule und Gesellschaft

Übernahme von Verantwortung und Selbststärkung sind neben der Wissensvermittlung unsere zentralen Aufgaben. Deswegen ist die Umsetzung der profilbildenden Leitsätze „Soziales Handeln“ und „Individuelle Lebenswegvorbereitung“ richtungsweisend für unsere Arbeit. Uns geht es dabei um die Stärkung jedes Einzelnen in der Gemeinschaft.

(4) ***Ein zusammenfassendes Imagekonzept, das alles aufeinander abstimmt und koordiniert, ist unser internes Arbeitskonzept für die nächsten Jahre.***

Profilbildung

Wir entwickeln und gestalten konsequent unsere Schule nach innen und außen zur Schärfung unseres besonderen Profils.

Wir arbeiten transparent nach innen und außen, um Vertrauen, Akzeptanz und Interesse für unsere Arbeit zu schaffen.

Wir pflegen unser Image, in dem wir alle Interessierten zu zahlreichen Projekten und aktuellen Veranstaltungen einladen.
Wir arbeiten eng mit unseren Kooperationspartnern und der lokalen Presse zusammen, um gemeinsam mit der Öffentlichkeit Arbeitsprozesse zu verbessern.

Wir stärken die Identifikation und das Wir-Gefühl aller am Schulleben Beteiligten.
Wir zeigen unsere Fähigkeiten und Fertigkeiten, in regionalen und überregionalen Wettbewerben, um unsere Schule als starke Marke im Vergleich zu anderen Schulen zu präsentieren.
Wir sorgen durchgängig für ein starkes, einheitliches Erscheinungsbild.
Wir schaffen durch unsere Öffentlichkeitsarbeit kollegiale Optimierungsprozesse.
Wir begleiten unsere Öffentlichkeitsarbeit durch ein qualitätssicherndes Controlling.

- Alle wichtigen und aktuellen Informationen werden der Öffentlichkeit und der Schulgemeinde durch schuleigene Medien (Elternbriefe, Homepage,...) zugänglich gemacht.
- Alle profilbildenden Projekte werden spätestens nach vierzehn Tagen auf der Homepage präsentiert.
- Alle Lehrer tragen durch eine zeitnahe Berichterstattung in Wort und Bild über aktuelle Ereignisse zu einer optimalen Dokumentation in der lokalen Presse bei.
- Jeder Schüler weiß, dass er durch sein Verhalten immer Botschafter der Schule ist.
- Alle an unserer Schule interessierten Schüler und Eltern sind eingeladen, an unserem jährlichen ‚Tag der offenen Tür' die Atmosphäre und die Ergebnisse unserer pädagogischen Arbeit, sowie interessante Schüleraktivitäten zu erleben.
- Alle Viertklässler können unser vielfältiges Schulleben an einem Schnuppertag direkt erfahren.
- Jeder Interessierte ist herzlich eingeladen, unsere öffentlichen Darbietungen (Schulband, Lehrer-Schüler-Theater) zu erleben.
- Alle Schüler nehmen jahrgangsspezifisch an den jährlichen Wettbewerben teil (Vorlese- und
- Känguruwettbewerb, Jugend trainiert für Olympia,...).
- Alle Veröffentlichungen der Schule orientieren sich an einem einheitlichen wiedererkennbarem Design.

(5) ***Eine klare Beschreibung der besonderen Marke mit Grundsätzen zur beabsichtigten Wirkung. (Corporate Branding)***

Die **W**erner-**v**on-**S**iemens-Schule besteht nunmehr seit 40 Jahren als Haupt- und Realschule und ist die einzige weiterführende Schule der Karolingerstadt Lorsch. Unsere Schule wird – damals wie heute – von Jugendlichen aus Lorsch, Einhausen, Hofheim, Bürstadt und Biblis besucht. 510 Schülerinnen[2] und Schüler werden in modern ausgestatteten Klassen- und Fachräumen von 45 Lehrkräften unterrichtet. Im Anschluss an den Vormittagsunterricht folgt zunächst eine verbindliche Mittagspause bis 13.40 Uhr. Danach bieten wir Fördermöglichkeiten, freiwillige Unterrichtsangebote und Hausaufgabenbetreuung bis 15.05 Uhr an.

Wissen – Verantwortung – Selbststärkung – für deine Zukunft

W	– mit hoher Qualität – klar – aktuell
V	– handelnd – empathisch, emotional – sozial orientiert
S	– stark, selbstbewusst – persönlich – authentisch

Besonderheiten, die über das Normale hinaus gehen:

- Sanfter Übergang in Klasse 5
- Individuelle Förderung
- Runder Tisch
- Schule als Lebensraum
- Theater-AG und Schüler-Lehrer-Band
- Würdigung von außergewöhnlichen Schülerleistungen
- Umfassende, zukunftsorientierte Medienbildung
- Mediothek

2 Zur besseren Lesbarkeit wird nur die männliche Form verwendet.

- Förderung von sozialem Engagement
- Fundierte Vorbereitung auf Schule und Beruf

(6) ***Einfache und verbindliche Richtlinien zur Gestaltung des Erscheinungsbildes der Schule als CD-Manual. (Corporate Design)***

a) ***Einheitlicher Gebrauch des Logos: mittige Platzierung, rund mit Rand (keine Verschnörkelungen), blaue Schrift auf weißem Grund***
b) ***Einheitliche Schulfarbe Himmelblau (RAL 5015) oder C-99 M-43 Y-1 K-1***
c) ***Einheitliches Layout:***
   a. ***Horizontaler blauer Balken mit weißer Schrift (Überschrift)***
   b. ***Fotos mit weißem Kreisbogen abrunden und in den Ecken positionieren***
   c. ***Einheitliche Textschriftart (Myriad Pro), Slogan und Besonderheiten durch Textschriftart „Condensed" (Großbuchstaben) und „Alone on the Earth" (Wissen, Verantwortung, Selbststärkung) hervorheben***
   d. ***Textgestaltung linksbündig***
   e. ***Einheitliches Layout für alle Medien: Flyer, Broschüre, Briefkopf, Homepage, Präsentationen, etc.***
   f. ***Einheitlicher Gebrauch des Slogans***

Die geschwungenen Bögen der Königshalle im Logo sind das „Markenzeichen" der Stadt Lorsch. Die Schlagwörter werden von uns mit Inhalten gefüllt. Der Schriftzug, der in allen Anschreiben und Veröffentlichungen wiederkehrt, ist klar und schlicht. Er weist ohne Umschweife auf wichtige Informationen der Schule hin. Die Schulfarbe ist blau.

(7) ***Wichtige Grundsätze zur Kommunikation und für alle Maßnahmen der Öffentlichkeitsarbeit. (Corporate Communication)***

Jahresplan – Organisations-Übersicht – 2014/15

Wo	Inhalt/ Thema/ Aktion		Zuständigkeiten		Vorbereitung	
	Was?		Wer?		Wann?	
0	Gesamtkonferenz		SL		letzte SW	

Wo	Inhalt/ Thema/ Aktion		Zuständigkeiten		Vorbereitung	
	Was?		**Wer?**		**Wann?**	
1	Di, Einschulungsfeier		SL, FL Religion,		letzte SW	
	Einführungswoche		KL, ???		letzte SW	
	Fr, Ehrung der Klassenbesten		SL + KL		1. SW	
2	Gesamtkonferenz		SL		2 Wo vorher	
3						
4	Elternabende Kl. 6-10		KL 6-10		1. SW	
	Di, Elternabend Kl. 5		SL + KL 5		1. SW	
5	**Betriebspraktikum der Kl. 9H**		KL 9H			
6	**Betriebspraktikum der Kl. 9H**		KL 9H			
	Mo, SEB-Sitzung		SL + SEB		4. SW	
7						
8	**Betriebspraktikum der Kl. 9R**		KL 9R			
	Mo, Schulkonferenz		SL		???	
9	**Betriebspraktikum der Kl. 9R**		KL 9R			
	Gesamtkonferenz		SL		7. SW	
10	Mi, „pädagogischer Kaffee-klatsch“		KL + GSL		7. SW	
	Mi, Infoabend 9H und 10R			?	7. SW	
11	Do, Mathematikwettbewerb		FL 8, SL			
	Fr, Vorlesewettbewerb der 6. Kl.		FL D 6, FS D			
12						
13	Di, Winterspiele der 5. Kl.		KL, FS Sport	?		
14						
15	Mi, „Schleuderdrama“: Projekt-tag für Kl. 9 u. 10		Präventionsteam, SL, KL		11. SW	
	Fr, Tag der offenen Tür		SL, Vorbereitungsteam		13. SW	
16						
17	Di, Mi „Schnuppertage“		KL 5-7, SL		13. SW	
18						

Wo	Inhalt/ Thema/ Aktion		Zuständigkeiten		Vorbereitung	
	Was?		**Wer?**		**Wann?**	
19	Fr, Elternsprechtag		SL		15. SW	
20	Mo, Informationsabend für 4. Kl.		SL, Soz.Päd., Schüler		13. SW	
21						
22	Do, Berufsinformationsbörse 8H, 9R		KL		18. SW	
	Betriebspraktikum der Kl. 8R		KL 8R			
23	**Betriebspraktikum der Kl. 8R**		KL 8R			
	Gesamtkonferenz		SL		21. SW	
24	Fr, Hockeyturnier der 7. Kl.		FS Sport			
25						
26	**Betriebspraktikum der Kl. 8H**		KL 8H			
	Do, Pädagogischer Tag		PR	?	22. SW	
	Do, Girls-/Boysday		OloV		19.SW	
27	**Betriebspraktikum der Kl. 8H**		KL 8H			
28						
29						
30	Gesamtkonferenz		SL		28. SW	
31						
32	Mo, Elternabend für die künftigen 5. Kl.		SL, Caterer, zukünftige KL	?	28. SW	
33	**Do, Übergabegespräche**		SL, GSL, zukünftige KL		28. SW	
34						
35	Di, Elternabend 6. Kl. > WPU Französisch		FS Französisch, SL	?	31. SW	
	Fr, Vorlesewettbewerb der 8. Kl.		KL, FS D		33. SW	
36						
37	Mo, Fussballturnier der Abschlussklassen		FS Sport			
	Mi, Entlassungsgottesdienst		FS Religion			

Wo	Inhalt/ Thema/ Aktion		Zuständigkeiten		Vorbereitung	
	Was?		Wer?		Wann?	
	Mi, Entlassung		SL, FÖV		34. SW	
38						
39	Mi, Sozialer Tag		SL, SV			
	Do, Wandertag		KL			

(8) ***Gemeinsame Grundsätze für das Verhalten aller.*** ***(Corporate Behavior)***

Jeder am Schulleben Beteiligte weiß, dass er durch sein Verhalten immer Botschafter der Schule ist.
Wir vermitteln grundlegende Regeln und fordern deren Einhaltung, um Orientierung und Halt zu geben.
Schulisches soziales Handeln ist fester Bestandteil des Schulkonzepts und wird regelmäßig von allen eingefordert.
Unsere Grundsätze zur Identifikation mit der Schule und dem Verhalten in der Schule werden von allen Beteiligten erarbeitet und in unterschiedlichen Gremien thematisiert und beschlossen.

(9) ***Verbindliche und verlässliche Controlling-Strukturen, Verantwortlichkeiten und Reflexionen, die die Einhaltung der Grundsätze und Richtlinien sicher stellen und für eine konsequente Anwendung und eine Weiterentwicklung sorgen.*** ***(Qualitätssicherung)***

Wir entwickeln und gestalten unsere Schule nach innen und außen zur Schärfung unseres besonderen Profils ständig weiter.

Wir begleiten unsere Öffentlichkeitsarbeit durch ein qualitätssicherndes Controlling.

Konkrete Aufgabenfelder ergeben sich durch:

(1) Befragungen, Initiativen einzelner, Rückmeldungen von Schülern, Eltern und Kollegen, Anweisungen der Schulaufsicht und des Kreises …
Aufgabenfelder werden in der Steuergruppe priorisiert.
(2) Die Konzeptvorlage ist für alle Aufgabenfelder gleich.
Die Maske sieht wie folgt aus:
Was – wer / mit wem – bis wann – wie – Evaluation

(3) Über den aktuellen Stand der Arbeitspakete wird in Konferenzen berichtet.
(4) In zeitnahen Feedback-Runden werden die Maßnahmen evaluiert und somit die Qualität gesichert.
(5) Unsere aktuellen Themen:
  - Evaluation der Verhaltensregeln für die Mensa nach einem Jahr Erprobungsphase
  - Schulordnung
  - Mediothekordnung
  - Lerncoaches (SamS)
  - Einhaltung des Hofdienstes thematisieren
  - Mülltrennung in Hinblick auf Zertifizierung evaluieren.

3. Öffentlichkeitsarbeit als Teil des Schulleitungskonzeptes

Das Schulleitungskonzept ist ein wichtiges Teilkonzept, das besonders in großen Schulen dringend und vorbildlich notwendig ist. Es ist genau wie ein Schulkonzept strukturiert und aufgebaut und lässt sich dadurch einfach in das Gesamtkonzept integrieren. Ein Schulkonzept müsste also immer erweitert und ergänzt werden durch ein Schulleitungskonzept, die anderen Teilkonzepte und pädagogischen Teilkonzepte.

Hier wird speziell die ÖFFENTLICHKEITSARBEIT aus der Sicht der Schulleitung vorgestellt – eingebunden in ein Schulleitungskonzept.

Schulleitungskonzept allgemein für Gymnasien

Selbstverständnis der Schulleitung

Vision der Schulleitung / Schule:

Unsere Schule und pädagogische Arbeit

- selbstverantwortlich leiten und gestalten
- stärken und transparent machen
- sichern und weiterentwickeln

Leitsätze der erweiterten Schulleitung/des Schulleitungsteams als Beispiele und Anhalt

- Schulleitung
  Wir leiten unsere Schule als verantwortliches Team mit zukunftsorientierten Zielvorgaben auf der Basis transparenter und kooperativer Arbeitsformen
- Schulverwaltung
  Wir organisieren unsere Schulverwaltung verlässlich und mit klaren Zuständigkeiten und mit effektiven, effizienten und transparenten Abläufen
- Kollegium
  Wir arbeiten mit dem Kollegium persönlich und kollegial zusammen und fördern die vertrauensvolle, verantwortungsbewusste und ergebnisorientierte Zusammenarbeit in allen Bereichen
- Unterrichtsqualität
  Wir gewährleisten qualifizierten Unterricht mit eigenverantwortlichem Lernen und eine wertschätzende und bildende Erziehung zum Wohle unserer Schülerinnen und Schüler
- Schulentwicklung
  Wir gestalten gemeinsam eine zielorientierte und effiziente Schulentwicklung und sichern durch die kontinuierlicher Fortschreibung des Schulprogramms die Qualität und die Zukunft unserer Schule
- Schulleben
  Wir schaffen zusammen mit unserem Kollegium, unseren Schülerinnen und Schülern und Eltern vielfältige Gelegenheiten zum gemeinsamen Erleben besonderer Talente und fördern ein identitätsstiftendes Schulleben
- Kooperationspartner
  Wir initiieren, fördern und begleiten eine nachhaltige Zusammenarbeit mit unseren Kooperationspartnern für eine erfolgreiche Zukunft unserer Schülerinnen und Schüler

- **Öffentlichkeit**
  Wir sorgen für eine starke Positionierung in unserer Region und eine regelmäßige, authentische und Profil bildende Außendarstellung unserer Schule und unserer pädagogischen Arbeit

Tipp: Diese Beispielsätze in der Grobstruktur belassen und in der Feinstformulierung entsprechend Ihrer Schule und Schulart und Ihren Vorstellungen anpassen, ergänzen und mit der Spinnenanalyse den Ist- und Sollzustand heraus arbeiten, um Schwerpunkte zu finden, an denen man arbeiten kann.

Unser Schulleitungskonzept

Leitsätze der Schulleitung als Selbstverständnis und Schulleitungskonzept
(zur Ist- und Soll-Analyse nach der Spinnen-Analyse bewerten)
Vision: Unsere Schule gemeinsam verantwortlich und vertrauensvoll leiten und gestalten und unsere pädagogische Arbeit stärken, sichern, weiterentwickeln und profilieren.

1 Schulleitung Wir leiten unsere Schule als verantwortliches Team mit zukunftsorientierten Zielvorgaben auf der Basis transparenter und kooperativer Arbeitsformen

8 Öffentlichkeit Wir sorgen für eine starke Positionierung in unserer Region und eine regelmäßige, authentische und profilbildende Außendarstellung unserer Schule und unserer pädagogischen Arbeit

2 Schulverwaltung Wir organisieren unsere Schulverwaltung verlässlich und mit klaren Zuständigkeiten und mit effektiven, effizienten und transparenten Abläufen

7 Kooperationspartner Wir initiieren, fördern und begleiten eine nachhaltige Zusammenarbeit mit unseren Kooperationspartnern für eine erfolgreiche Zukunft unserer Schülerinnen und Schüler

3 Kollegium Wir arbeiten mit dem Kollegium persönlich und kollegial zusammen und fördern die vertrauensvolle, verantwortungsbewusste und ergebnisorientierte Zusammenarbeit in allen Bereichen

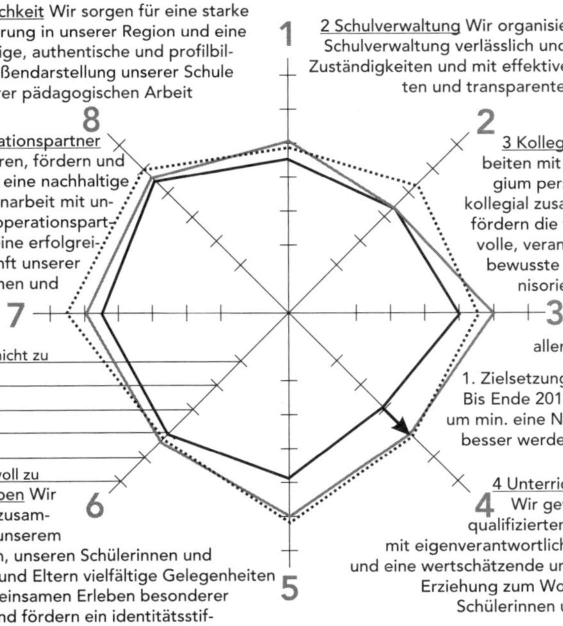

6 Schulleben Wir schaffen zusammen mit unserem Kollegium, unseren Schülerinnen und Schülern und Eltern vielfältige Gelegenheiten zum gemeinsamen Erleben besonderer Talente und fördern ein identitätsstiftendes Schulleben

4 Unterrichtsqualität Wir gewährleisten qualifizierten Unterricht mit eigenverantwortlichem Lernen und eine wertschätzende und bildende Erziehung zum Wohle unserer Schülerinnen und Schüler

5 Schulentwicklung Wir gestalten gemeinsam eine zielorientierte und effiziente Schulentwicklung und sichern durch die kontinuierliche Fortschreibung des Schulprogramms die Qualität und die Zukunft unserer Schule

Schulleitung (Selbstbild) — Kollegium (Fremdbild) — Soll-Analyse/Ziele

© Regenthal

Abb. 50: Unser Schulleitungskonzept

Öffentlichkeitsarbeit

Wir sorgen für eine regelmäßige, authentische und Profil bildende Außendarstellung unserer Schule

Leitziele	Qualitätsstandards	Maßnahmen	Controlling
Wir informieren die Öffentlichkeit regelmäßig über unterrichtliche und außerunterrichtliche Höhepunkte unseres Schullebens.	Alle Projekte und Veranstaltungen veröffentlichen wir in einen gemeinsam entwickelten Halbjahres-Veranstaltungskalender. Über alle besonderen Projekte und Veranstaltungen berichten wir zeitnah in allen uns zur Verfügung stehenden Medien.	Abgabe aller Termine an den Terminkoordinator durch die zuständigen Kollegen bis Ende... Aufgaben der Projektleiter/innen ... Veröffentlichung • auf der Homepage • in Papierform • im Intranet Weitergabe an die Presse	Aktueller Terminplan mit fester Überprüfung und Wartung Vorliegende Print- und andere Medien
Wir binden die Öffentlichkeit kontinuierlich in unser Schulleben mit ein.	Zu allen für die Öffentlichkeit in Frage kommenden Veranstaltungen laden wir gezielt und fristgerecht ein.	Schriftliche Einladungen an besondere Zielgruppen zu (Verantwortlichkeiten) • Konzerten • Theateraufführungen • Vorträgen, etc. Bekanntgabe über Internet und Zeitung	Archiv und Dokumentationen

Leitziele	Qualitätsstandards	Maßnahmen	Controlling
Wir pflegen unsere Homepage zur allgemeinen Information über unsere Schule und zur regionalen und überregionalen Präsentation.	Alle Bereiche unserer Homepage werden regelmäßig und zeitnah aktualisiert.	• Überarbeitung der derzeitigen Homepage (neue Gestaltung) im Schuljahr 2015/16 • Die zuständigen Kollegen halten den Homepage-Beauftragten über Veränderungen und Neuerungen in ihren Bereichen auf dem Laufenden • einzelne Bereiche der Homepage werden kontinuierlich aktualisiert und ergänzt (Pressespiegel), die übrigen mindestens 2 x jährlich	Feedback von Nutzern
Wir präsentieren uns durchgängig mit einem für die Öffentlichkeit einprägsamen Schullogo.	Alle Veröffentlichungen und Werbeträger sind auf ein einheitliches Schullogo abge-stimmt.	Unser Logo/Wahrzeichen findet sich auf allen Printmedien wie • Briefköpfen • Einladungen • Programmen • Abi-Mappen • sowie Schul-T-Shirts, etc. Verbindliche Design-Richtlinien festlegen	Feedback von Nutzern/Empfängern „Werbeträger“ liegen vor und werden akzeptiert

Leitziele	Qualitätsstandards	Maßnahmen	Controlling
Wir sorgen für eine effektive Koordinierung der Öffentlichkeitsarbeit durch einen Koordinator/ein PR-Team.	Alle Bereiche der Presse- und Öffentlichkeitsarbeit werden zentral organisiert und regelmäßig dokumentiert.	• Einladen der Presse zu besonderen Ereignissen und Veranstaltungen • Bekanntgabe von Terminen über die Presse • redaktionelle Überarbeitung von Artikeln für Presse und Homepage • Beachtung des Datenschutzes bei schuleigenen Veröffentlichungen • Flyer-Entwicklung/-Aktualisierung	Archiv Korrespondenz Drucke
Wir pflegen unser anerkanntes Image durch ein professionelles Konzept für Öffentlichkeitsarbeit.	Alle Maßnahmen mit Außenwirkung werden in einem Teil-Konzept aufeinander abgestimmt.	• Erstellung eines Konzepts für Öffentlichkeitsarbeit durch PR-Koordinator bzw. -Team • Konsequente Umsetzung • Evaluation zur Image-Verbesserung	PR-Konzept
Wir verstehen uns als ein aktiver Partner der kulturellen Veranstaltungen der Region.	Alle ProjektleiterInnen beachten die Möglichkeit der Bereicherung des kulturellen Lebens in und um Gehrden und integrieren entsprechend die Zielgruppen.	• Musikalische Beiträge z.B. im Rathaus oder bei Abschlussfeiern anderer Schulen • gemeinsame Aufführungen mit der Musikschule • Theater in der Fußgängerzone, etc.	Vernetzte Veranstaltungskalender

Leitziele	Qualitätsstandards	Maßnahmen	Controlling
Wir betreiben offensive Öffentlichkeitsarbeit im Sinne der eigenverantwortlichen Schule.	Alle Mitglieder der Schulgemeinschaft nutzen die ihnen zu Gebote stehenden Möglichkeiten zur Image-Pflege und -Verbesserung.	• Teilnahme am Wettbewerb • Sponsorenwerbung • Präsenz bei bestimmten Veranstaltungen und entspr. Verhalten • Darstellung der Schule bei Veranstaltungen wie Tag der offenen Tür etc.	Regelmäßige Teilnahme an Zertifizierung „Gütesiegel"

4. Weitere Beispiele aus Schulen

In unserem Onlinebereich haben uns noch weitere Schulen Ihre Schulkonzepte zur Verfügung gestellt. Hier finden Sie u.a.

- die Pestalozzischule GGS Krefeld (www.pestalozzischule-krefeld.de)
- die Otto-Willmann-Schule, Gemeinschaftsgrundschule (GGS) Voerde (www.voerde.de)
- die Herman-Nohl-Schule, Osnabrück (Förderschule Emotionale und Soziale Entwicklung) (www.herman-nohl-schule-os.de)
- die Integrierte Gesamtschule Salzgitter (www.igs-salzgitter.de)
- das Werner-von-Siemens-Gymnasium, Bad Harzburg (www.wvsharzburg.de)
- das Gymnasium Am Löhrtor, Siegen (www.gal.de)
- das Gymnasium Haren (Ems) (www.nibis.ni.schule.de/~gymharen/)
- das Grashof Gymnasium (www.grashof-gymnasium-bredeney.de)
- das Thomas-Eßer-Berufskolleg Euskirchen, Berufskolleg des Kreises Euskirchen (www.teb-eu.eu)
- Gesamtschule Mittelkreis, Goch (www.gesamtschule-mittelkreis.de)
- Gesamtschule Brüggen, Brüggen (www.gesamtschule-brueggen.de)
- Campe Gymnasium, Holzminden (www.campegym.de)
- Georg- Büchner-Gymnasium der Stadt Kaarst (www.gbg.ahgg.de)
- Gesamtschule Berger Feld, Gelsenkirchen (www.gesamtschule-berger-feld.de)
- Adam-von Trott-Schule. Gesamtschule mit gymnasialer Oberstufe, Sontra (www.adam-von-trott-schule.de)

IX. Zum Autor

GERHARD REGENTHAL — Corporate Identity Akademie Braunschweig

Gerhard Regenthal, Jahrgang 1947, studierte Sozialwissenschaften (Psychologie, Pädagogik, Philosophie, Soziologie) und Wirtschaftswissenschaften. Als langjähriger Lehrbeauftragter an der Hochschule für Bildende Künste Braunschweig im Fachbereich Design, als CI-Berater, CI-Berater-Ausbilder und Autor zahlreicher Veröffentlichungen und CI-Lehrbücher hat er in Europa das Konzept Corporate Identity mit praxisorientierten Anleitungen für einen ganzheitlichen CI-Prozess zur erfolgreichen Profilierung von Organisationen nach innen und außen weiterentwickelt und auch auf Schulen erfolgreich übertragen.

Seit 1981 ist er Leiter und Inhaber der Sozialwissenschaftlichen Unternehmensberatung und seit 1991 auch Leiter und Inhaber der Corporate Identity Akademie.

Seine Arbeitsschwerpunkte als gefragter Management-Trainer und Schulberater umfassen ein breites Leistungsspektrum, das alle Maßnahmen und Aktivitäten einer Organisation im Rahmen der Corporate Identity sinnvoll aufeinander abstimmt. Konkrete Schulberatung, schulspezifische Veranstaltungen werden in allen Bundesländern und Schulformen und auch in regionalen Projekten seit über 35 Jahren durchgeführt:

- Schulmanagementseminare, Workshops und Vorträge
- Entwicklung von regionalen Netzwerken und Bildungsregionen
- Lehrer- und Schulleiterfortbildungen, Eltern- (Schulvorstands-) Fortbildungen
- Begleitung/Beratung von Schulleitungen, Schulen und Schulentwicklungsprozessen
- Mitarbeiterführung und –motivation, Personalentwicklung
- Schulmarketing, Öffentlichkeitsarbeit, Markenbildung, Designentwicklung
- Schulprogrammarbeit, Schulentwicklung und -beratung
- Qualitätsentwicklung, Controlling, Evaluation
- Schulinterne Lehrerfortbildung, Kollegiumsberatung / SCHILF

- Teamentwicklung und Gruppenbetreuung
- Kommunikations-, Gesprächs- und Moderationstraining
- Zeit- und Selbstmanagement, Projektmanagement
- Veränderungs- und Konfliktmanagement, Motivation, Akzeptanzbildung
- Coaching von Einzelpersonen, Schulleitungen und Gruppen
- Schulmanagement-Checklisten für die Schule
- CI-Berater-Ausbildung (CIBA) – Sommer-Akademie für Prozessbegleitung…

X. Verzeichnis der Abbildungen[1]

1 Alle Abbildungen haben wir Ihnen zusätzlich auch online zur Verfügung gestellt.

XI. Stichwortverzeichnis

Die Zahlen verweisen auf die Seiten im Buch.

Q